北方報紙輿論對北伐之反應

—以天津大公報、北京晨報爲代表的探討

高郁雅　著

臺灣 **學生書局** 印行

自 序

本書由我在臺灣大學歷史研究所的碩士論文修改而成,承蒙臺灣學生書局出版,在此表達我的感謝之意。

本書能夠完成,首先,要感謝我的兩位指導教授:政治大學的林能士老師與臺灣大學的胡平生老師。林老師是我在中國現代史上的啓蒙師,從大學時代以來,一直對我保持關懷;到臺大念研究所後,胡老師的親切教導,更加深我對現代史研究的興趣與自信。能同時得到他們兩位的指導,我深深感到自己的幸運。

其次,我也要感謝論文口試的兩位委員:政治大學的閻沁恆老師與中央研究院近代史研究所的陳存恭老師。閻老師介紹我許多新聞學的相關知識,訓練我運用內容分析法研究報紙;陳老師多次耐心地修改我的論文,並提供軍政外交史上的寶貴意見。他們的指點與提攜,使我在研究的路上倍感溫馨。

最後,還要感謝一些關心我的人:杜維運老師的鼓勵,古偉瀛老師的照顧,李厚壯、劉聲豪等學長姐的砥礪,孫慧

敏等同學的啓發，邱秀香等學弟妹的切磋，還有我最親愛家人們的支持，沒有你們的陪伴，就沒有寫這本書的我。

高郁雅　謹誌於臺北

民國 86 年 5 月 30 日

目　錄

圖表目錄

一、插　畫

二、表　圖

第一章　導論

第一節　研究動機與問題界定

一、　動機與問題

　　北伐是中國現代史上的一件關鍵大事，它結束長期以來軍閥割據的局面，在形式上完成中國統一，影響往後的歷史發展甚巨。一般對北伐往往持絕對肯定的態度：「當時北方黑暗，軍閥之專橫及草菅人命，已達極度」[1]；「所以蔣總司令領導的國民革命軍所到之處，簞食壺漿，受到廣大人民的熱烈歡迎，而未到之處，其人民亦咸引領企待，若大旱之望雲霓」[2]；「蔣介石因此被視爲百姓的救星，敵軍也紛紛倒戈投誠」[3]。這種受成王敗寇正統觀念影響的說法，筆者認爲過於片面，頗不能代表北伐的全貌；因此希望打破傳統以南方爲研究主體的習慣，轉而從北方的角度來看南方北伐，試圖釐清當時北方人的真實感受，給北伐一個再評價。

　　北伐研究常是個立場十分歧異的領域，這是因爲它極易引人聯

---

[1] ＜北伐統一六十周年學術研討會學者，對蔣公領導才略給予極高歷史評價＞，《臺灣新生報》，民國77年8月14日。

[2] ＜北伐成功給我們的啟示──祝「北伐統一六十周年學術研討會」揭幕＞，《中央日報》，民國77年8月13日。

[3] 墨爾（Ernst Gunther Mohr）著，張采欣譯：《蔣介石的功過──德使墨爾駐華回憶錄》，臺北：臺灣學生書局，民國83年12月，一版，頁115。

想到國民黨政權正統性、國共兩黨合作與分裂等問題，以致使研究充滿了政治意識。本書從北方的觀點看北伐，並不是想從另一個角度來做政治翻案，而是希望以歷史的眼光，將北伐放在一個更廣闊的社會背景下來考察，放在南北地域主義的情境上來考察，放在五四後兩大歷史潮流的重疊交錯中來考察。

因為這份興趣，筆者遂開始展開研究，已作過兩篇相關的報告。曾以天津《國聞週報》為資料，寫成＜北方報紙輿論對北伐之反應——以天津國聞週報為中心的探討＞一文，將《國聞週報》社論中有關北伐的言論，作了一番分析。當時雖對此問題有了初步的發掘，但感到《國聞週報》代表性不足，需另找更具代表性的報紙再作研究；此外也覺得只用一種報紙恐怕無法說明整個北方報紙輿論界的態度，若同時觀察其他一樣銷路廣大、但立場卻不盡相同的報紙，對問題進行交叉比較研究，或許能呈現更為深刻的意義。

另外在上述《國聞週報》的探索過程中，筆者亦對作為史料的新聞報紙本身漸漸有一個領悟：即在使用報紙為資料研究一個政治事件中，報紙不僅提供對問題的記載以利研究外，且因近代中國報界強烈的政治依附特性，使報紙本身每日言論的轉變，恰恰成為對政治問題最直接的體現。承此思緒，即以《大公報》為資料，以中國現代史上另一重大政治事件——1949年中共政權成立為題，寫成＜1949年前後中國報界的政治轉向——以大公報為中心的探討＞一文，研究《大公報》之言論立場與政治勢力間的巧妙關係。

所以本書不僅要去瞭解北方報紙輿論所反映出來的北伐，更將使用的資料放入歷史脈絡中，去看北伐情勢下的北方報紙輿論。因為報紙輿論記載了有關北伐的言論，影響了北伐的成敗；而北伐此一政治事件又改變了報紙輿論界，故本書題目「北方報紙輿論對北

伐之反應」中的「反應」兩字，意義是雙向的，「北伐」與「北方
報紙輿論」二者間相輔相成互為因果。

在探討此辯證命題的研究過程中，所要處理的包括兩個子題：
第一，瞭解北伐客體——北方人民對北伐的反應。由於本書所欲關
懷的是北伐時期北方人民的真實感受，本應去普遍了解他們的想法
；但因為北方人民的範圍實在太大、層次也多，筆者礙於時間與能
力，故只能先從報紙輿論來見其大概。

第二，因為北伐並非是一個靜止不動的孤立事件，而是一段變
遷不已的過程。故若分析在此期間，報紙言論隨著政治局勢轉變的
情形，以及比較此二報言論立場的差異，更能讓我們瞭解此時期的
報紙輿論界，看它們如何在北伐的情勢下生存，並探索其試圖影響
什麼，及影響了什麼。

在上述的第一個子題中，已說明之所以用報紙輿論來進行研究
，係限於時間能力不得已之故。但該子題能否成立還必須先解決一
個假設：即北方報紙輿論是否能代表北方人民的問題。筆者認為，
此假設能夠成立，且恰恰成為連結第一、第二子題間的關鍵。中國
自清末以來的辦報熱潮，起於救亡圖存的維新環境。[4]迥異於現代的
企業化報紙，清末民初「文人論政」式的報紙不靠商業廣告生存，
不以充實新聞取勝，而專事批判政治。這些報人服務於報界，並非
只當成個人營生的職業，且是抒發自己救國心志、政治理念的管道
。他們對政治批評的分歧，說明其各自依附不同政治勢力；而政府

---

[4] 見梁啟超，〈報館有益於國事〉，《飲冰室文集》，第 1 卷，臺北：臺灣中
　華書局，第 1 冊，頁 103；〈敬告我同業諸君〉，同上，第 9 卷，第 4 冊，
　頁 37-38；〈鄙人對言論界之過去與將來〉，同上，第 29 卷，第 11 冊，頁
　1。

對他們的種種管制，又成為反應當時政治局勢的最佳佐證。本書即
以此為切入點，對問題進行分析研究。

二、 題目界定

本書題目是「北方報紙輿論對北伐之反應——以天津《大公報
》、北京《晨報》為代表的探討」，故在此需將題目中的幾個關鍵
詞彙作一番界定，分別是：「北方」、「北伐」、「報紙輿論」。

第一，關於「北方」的範圍界定頗為複雜。中國歷史上南北之
分的觀念由來已久，因為地理環境、歷史文化不同，導致南方人與
北方人在個性上的諸多差異。[5]清季袁世凱小站練軍，形成民國以來
的北洋軍閥割據問題；另外因中國近代對外通商口岸多半分布在南
方，而造成南方人西化進度、革命意識普遍優於北方人的情況，這
些都使得民初南北對立問題更加複雜。

但本書並不將注意力放在南方北方之明確劃分上，而是從國民
革命軍北伐的行動來區分南北方，故以民國十五年（1926）北伐前
夕軍閥實際勢力分布為主。大致而言，「北方」是指北洋軍閥統治
的區域，這包括奉系（東三省、熱、察、冀之張作霖，魯之張宗昌
）、直系（豫、鄂之吳佩孚，蘇、浙、皖、贛、閩之孫傳芳）；「
南方」是指國民革命軍控有的省分，包括了粵之蔣介石、桂之李宗
仁等。[6]總而言之，關鍵在於北伐戰事中，南北雙方敵我認同的問題

---

5 陳序經，《中國南北文化觀》，臺北：牧童出版社，民國66年12月，二版，
 頁9-31。
6 郭廷以，《近代中國史綱》，香港：中文大學出版社，1989年，三版，頁
 546，圖20，軍閥割據——北伐前夕（1926年）。

，所以劃分的標準不盡然是地理因素。地處南方的不盡然全部都參
加國民黨北伐，例如位居東南五省的孫傳芳，因屬北洋軍閥之直系
，故雖位在南方，但卻屬於「北方」。

　　另外時間因素也很重要，在北伐戰爭期間，南北之分並非截然
的，彼此敵我之別也不是永久的。這些軍閥勢力之分布常隨著北伐
的進展而有變化，例如位於北方的「山西王」閻錫山即在北伐後期
加入國民革命軍，[7]正式變成「南方」。

　　在說明清楚本書對南北劃分的定義後，仍然面臨一個問題：如
何以天津的《大公報》與北京的《晨報》來代表整個北方報紙輿論
界？無庸置疑的，北京天津的確是北方最重要的兩大城市，故在處
理北伐這個號召統一、爭奪首都的政治、軍事事件中，觀察被爭奪
方的最大城市，雖或許失之片面，但卻能獲得其第一線人民的直接
感受；且平津兩地知識份子眾多報業發達，也最能匯集輿論。此外
，北京是政治文化中心，天津是佈滿外國租界的經濟中心，分析這
兩個城市中的最大報紙，不但能讓我們掌握他們的感受，也能同時
比較出北伐對此二城市的不同衝擊。

　　第二、界定「北伐」一詞牽涉到北伐起迄時間與著重點的問題
。在北伐起迄時間方面，學界對此爭議已久，各有各的理由。關於
起點問題，有的以民國十五年七月蔣介石誓師北伐為始；有的則認
為民國十三年一月國民黨改組、正式聯俄容共就是在為北伐作準備
。而北伐結束的時間一般爭議較少，大多是以民國十七年（1928）
十二月張學良歸服國民政府、全國完成統一為終點；但也有人認為

---

7 孔庚，＜到山西聯絡閻錫山之經過＞，蔣永敬編，《北伐時期的政治史
　料──1927 年的中國》，臺北：正中書局，民國 70 年，頁 129-132。

民國十七年並未完成統一，以致日後新軍閥割據如舊，要等到民國十九年國民政府平定「中原大戰」後北伐才算結束。8

　　對於各種說法，筆者傾向起於民國十五年、迄於民國十七年之說，而認為起於民國十三年、迄於民國十九年的說法是以南方國民黨為中心來看北伐的。因為本書所要探討的北伐主要是針對其給北方人民的衝擊而言，故當然是以明顯見諸行動的軍事戰爭起迄時間為限。民國十三年國民黨的改組，固然是為北伐戰爭作準備，但當時尚未開戰，對身處北方的人民並不造成威脅；而民國十九年的中原大戰，則是全國已在南方國民政府統治之下的內亂。故本書中的「北伐」，是指民國十五年七月九日，國民革命軍總司令蔣介石在廣州誓師北伐，至民國十七年十二月二十九日東北易幟為止兩年多的時間。

　　選擇上述時間斷限的理由除了認為說法合理外，還考慮到使用資料的因素；本書使用的天津《大公報》、北京《晨報》，就頗能配合這種斷限方式。9而在著重點方面，本書不同於一般的討論，重點不在敘述北伐戰事上細部進展的情形，而在北伐這一整件行動對北方人民的衝擊上。

8　例如李雲漢就認為北伐起於民國 13 年、迄於民國 17 年，且他最近（民國 85 年 6 月 3 日）在政大歷史研究所的演講「北伐史的面面觀」一文中（該文稍後刊載於《近代中國》，第 113 期，民國 85 年 6 月），又將起點提至民國 12 年年底，因國民黨改組事宜是自民國 12 年冬就開始籌備（民國 12 年 10 月俄國顧問來華，11 月黃埔軍校開辦）。

9　但它們卻各有一些問題必須先加以說明：北伐起於民國十五年七月，但《大公報》民國十五年九月才由張季鸞等人接辦，之前曾停刊數月，故民國十五年七、八月這兩個月只能使用《晨報》的記載；而北伐止於民國十七年十二月，但《晨報》在民國十七年六月已因北伐大局漸定而自行關閉，故民國十七年的七至十二月這一段時間只能使用《大公報》的論述。

　　第三，要界定本書中的「報紙輿論」一詞，更是件困難的事。
從字面上看，輿者，眾也；輿論即所謂眾人的議論。中國古代即有
輿論一詞，《晉書》〈王沈傳〉載有：「自古聖賢，樂聞誹謗之言
，聽輿人之論」；《梁書》〈武帝紀〉有謂：「行能臧否，或素定
懷抱，或得之輿論」。以上是指人民對執政者所表示的眾人之見，
嚴格地說，當時所稱的輿論，與今日的涵意不盡相同。[10]現在一般
所謂的輿論，係來自西方的 public opinion 一語，或翻譯成「民意
」，是歐洲十八世紀政治社會的產物。其定義也很複雜，[11]大致是
指社會大眾經公開討論，對公眾問題意見的綜合，而其形成主要是
透過報紙、雜誌、電信、廣播和電視等交通機構，使社會成員間發
生接觸互動。[12]

　　雖然報紙並非是呈現輿論的唯一管道，但因為其每日密集的出
刊形式，而成為觀察輿論變化的最佳資料。且本書研究的時間是在
民國十幾年間，當時其他的大眾傳播媒體如廣播、電視尚不發達，

---

10 雷震，《輿論與民主政治》，臺北：自由中國出版社，民國41年，頁3-11。
11 西方學界對 public opinion 的討論很多，意見也各不相同。杜勒（Leonard
　　Doob）把輿論分為「外在輿論」與「內在輿論」兩種，「內在輿論」不等
　　同於「外在輿論」。他認為人可能因為：形成態度的動力薄弱、社會壓力
　　威脅太強（政府的言論管制）、大眾媒介供應不足及本身個性等因素，不
　　敢將心中所想的意見說出來，使「內在輿論」不能發展成為「外在輿論」；
　　見其著，辛季霖譯，《輿論與宣傳》，臺北：黎明文化事業公司，民國60
　　年，頁23。另外李普曼（Waltor Lippmann）則否定輿論具有正確決定政治
　　的能力。他在前提上就認為，一個人因為與社會的接觸太少，不得不依靠
　　他人給我們的印象來認識外界事物，而這其中已因過濾扭曲了客觀事實的
　　真相，所以依此形成對事情的的判斷當然是充斥著主觀；見其著，林姍譯，
　　《輿論學》，北京：華夏出版社，1989年，一版。
12 曾虛白，《民意原理》，臺北：臺北市新聞記者公會，民國63年9月，頁
　　74。

所以報紙便成爲相當重要的傳播媒介。一份完整的報紙包括客觀新
聞報導與主觀意見評論兩部份，新聞雖是崇尙絕對客觀，但在處理
的過程中，一定避免不了主觀；而評論雖是主觀的，但也必須根據
客觀事實，所以新聞與評論交互影響，彼此同等重要。[13]報紙報導
新聞，提供大眾有關國家社會的新消息，刺激大眾思索新問題；而
報紙的評論（主要是代表報社的社論，此外還有各式短評、時評）
則提供大眾一個對問題思考的參考點，[14]另外讀者投書給予大眾一
個表達意見的管道，甚至廣告啓事也能呈現社會大眾的生活需求。
總之，報紙開闢了一個讓大眾參與時事的園地，是社會現象的縮影
，成爲歷史研究中相當重要的參考資料。

　　所以本書的「報紙輿論」，是指北伐前後北方的報紙輿論界，
並以天津《大公報》與北京《晨報》爲代表。主要是以這兩份報紙
的社論部份來觀察其言論動向，《大公報》每天都有「社評」一篇
，又常有各式短評、讀者投書、週六則有「公開評論」專欄；《晨
報》的社論雖非每天都有，但卻常有讀者投書的「時評」，還有配
合時事的諷喻性插畫，而其副刊每週二爲「國際」專欄、每週五爲
「社會」專欄，都從中觀察出他們對北伐的意向。

　　但是要注意，使用報紙評論來作爲本研究的資料時，必須有兩
個認識：首先，是報紙一般具有的問題。報人的生活與一般人不同
，他們因職業需要，每天必須去接觸社會最黑暗、最複雜、最多變
的環境；因此他們在報紙上所呈現對北伐的感受，可能與一般市井

13　林大椿編著，《新聞評論學》，臺北：陽明出版社，民國47年，頁1。

14　關於探討報紙社論此一新聞形式的研究，尤其是中國近代社論的發展，參
　　見陳聖士，《近代中國報紙社論之演變》，政治大學新聞研究所碩士論文，
　　民國47年5月。

小民不同。[15]而報紙主筆的評論，也常受到其個人私心的影響，不是能百分之百反映出吾人所欲瞭解的輿論[16]。其次，是時代特殊性的問題。本書所用的是民國十幾年時的報紙，當時的報紙與我們今日對報紙的印象是甚有差距的。今日人民識字率高、購買力強、政治興趣大，而社會上交通便利、新聞媒體發展成熟，報紙對我們來說，已成為家家戶戶人手一份（有的人還不只一份）的生活必需品。但在北伐時期，不只能識字閱報的人不多，有餘錢購報、有興趣看報的人也不能和現在同日而語，因此我們從中瞭解的，一定只限於某種知識階層以上的人何況當時還有言論管制制度，報人也不能在報紙上暢所欲言。最重要的是，清末民初的報紙並非今日重視新聞報導的綜合性企業化報紙，而是一種「文人論政」式的報紙，係以評論為主，新聞反居次要地位。故在某種程度上，當時的報紙評論與其說是反映了大眾的意見，倒不如說是一些政治派系、文人群體發表其政治意見的地方。[17]

雖然報紙有上述問題，但筆者認為報紙的一般性問題，是傳播媒體無可避免的，只有在使用時，記住它只是輿論的部份而非全部。而民初報紙的時代特殊性，在研究北伐此一政治事件中尚能控制，因為本來就是社會的上層知識份子對政治感受最深、意見最多，故這種「文人論政」式的報紙，反能讓我們清楚掌握他們的看法。

---

[15] 胡道靜，《新聞史上的新時代》，上海：世界書局，民國35年，頁63。

[16] 尹萍，〈意見領袖：誰的意見？誰是領袖？〉，《遠見雜誌》，第19期，民國77年1月1日，頁12-17。

[17] 張本楠，〈大眾傳播與近代知識份子〉，《近代中國與亞洲學術討論會論文集》，上冊，胡春惠編，香港珠海書院亞洲研究中心出版，1995年6月，頁157-172。

而且本書還準備運用報紙中的插畫、廣告、啓事、副刊等部份，藉
以瞭解北伐對當時北方人生活所造成的改變。總之，因爲報紙相對
廣大的流通率，而成爲研究社會史時相當方便的資料，故本書嘗試
以北方報紙輿論來瞭解北方人對北伐的感受。

第二節　研究回顧與使用資料

　　筆者準備在這一節中，說明有關本書的資料問題。首先是研究成果的回顧：北伐這個題目，究竟曾經如何地被探討過？而這些研究的特色如何？侷限如何？與本書的關連又如何？其次是介紹本書使用的主要史料：《大公報》與《晨報》如何能代表北方報紙輿論的問題。

一、　研究回顧

　　北伐距今不過六、七十年，留下來的資料甚多，學界對其已有相當的研究。但主要因北伐與國民黨政權建立的關係極爲密切，而成爲一個政治敏感度極強的領域，有時會牽涉到資料開放與政治立場的問題，故各方對北伐的研究重心常成南轅北轍的局面。以下分別從臺灣舊史學界、中國大陸史學界、西方史學界以及臺灣近年來對北伐的最新研究四方面來說明。

　　早期臺灣史學界囿於正統觀念，將北伐純粹視爲一軍事戰役，對其歷史之研究主要由國防部史政局（現在改名爲史政編譯局）負責，作些戰略戰術分析、將領回憶錄的工作。其中最重要的一部成果，即是民國四十八年出版的《北伐戰史》。[18]該書是國防部史政局所編寫的戰史系列之一（其他還有開國戰史、剿匪戰史、抗日戰史、戡亂戰史等），係以國民革命軍爲本位所寫成的軍方參考書籍

---

18 國防部史政局所編之《北伐戰史》一書，民國48年原由史政局出版，共4冊，民國56年10月改與中華大典編印委員會聯合出版，分裝5冊，列爲中華大典之一，本書參考的即是民國56年版。

。其特色是大量使用國民革命軍總司令部之原始檔案資料，詳盡細述北伐戰爭中的歷次戰役。由今日看來該書過於偏重描述戰爭經過，忽略北伐其他層面如政治、外交、經濟、社會、文化的探討；雖然保留大量珍貴的第一手史料，但僅將資料依時序編纂而成，未對資料作進一步的分析與說明；且全書官方色彩甚濃，如稱國民黨爲「本黨」，立場不夠客觀。故該書對本書來說是提供參照北伐戰役史事的工具書，其本身對北伐歷史的研究不夠深刻。

　　北伐是國民黨政權穩固建立的開始，故其黨部對北伐歷史的研究頗爲積極，屢次召開北伐紀念學術會議，產生一連串的研究論文集。民國六十七年（1978）時有《北伐統一五十週年紀念特刊》，[19]民國七十七年時有《北伐統一六十週年學術討論集》，[20]民國八十四年有《國父建黨一百週年學術討論集》，其中第二冊爲《北伐統一史》，[21]民國八十五年更有了北伐七十週年的學術討論會。[22]綜觀這幾次紀念論文集，大多由國民黨出資，委託國內相關的研究機構舉辦。而比較這幾本論文集，可明顯看出隨著時移事遷所產生的種種變化：對北伐討論的範圍是一次比一次廣，而官方色彩也逐漸轉淡。五十週年時，還是由國防部史政局出版，內容仍是當年參

---

[19] 國防部史政編譯局編輯出版，《北伐統一五十週年特刊》，民國 67 年 7 月。

[20] 北伐統一六十週年學術討論集編輯委員會編輯出版，《北伐統一六十週年學術討論集》，共上下兩冊，民國 77 年 10 月。

[21] 因為北伐統一七十週年尚未來到，但民國 84 年為國民黨自興中會以來建立滿一百週年之時，故曾舉辦建黨一百週年學術討論會，討論集分為 4 冊：革命開國史、北伐統一史、抗戰建國史、臺灣光復與建設史。見國父建黨一百週年學術討論集編輯委員會，《國父建黨一百週年學術討論集.第 2 冊：北伐統一史》，臺北：近代中國出版社，民國 84 年 3 月。

[22] 該次學術討論會是以民國 15 年北伐開始來計算，故至民國 85 年已是 70 週年。由中華軍史學會主辦，論文集在民國 86 年 5 月出版。

與北伐戰役的將領回憶，如何應欽、顧祝同、李品仙等；六十週年時，改由中國歷史學會等國內學術機構主辦，研究的主題日多，除軍事以外，還有政治、外交、黨務的相關論文發表，寫作時對領袖也不再空格；而到建黨一百週年時，更邀請外國學者與會，如韋慕庭(C.Martin Wilbur)、艾愷(Guy Alitto)等，探討的內容又擴增至經濟、社會、文化各方面。另外臺灣民間的聯經出版事業公司在民國七十一年（1982）時，曾出版一套由張玉法主編的《中國現代史論集》，其中第七輯爲《護法與北伐》，內容則偏重軍事、政治、外交方面的論文。[23]

　　從上看來，臺灣對北伐的研究歷程是從軍事→政治、外交、黨務→社會、經濟、文化，範圍雖日漸廣大，但重點仍在北伐主體——國民革命軍、國民黨、國民政府上作各種層面的分析。這些論文成爲本書探討南方北伐軍各項主題時之重要參考，但本書主旨基本上與這些論文不同，而是從北伐客體——北方人民來研究北伐的。

　　中國大陸對北伐的觀感迷失在另外一面，著重強調中國共產黨在北伐戰爭中的貢獻。例如作爲大陸大學歷史教材的《中國革命史》一書中，就認爲這個反帝國主義、反軍閥割據、追求國家統一的北伐戰爭是由中共領導籌畫、積極參與的。[24]由此可見，海峽兩岸都將北伐視爲國共兩黨第一次角力的戰場，無不盡力誇大自己在北

---

[23] 張玉法主編，《中國現代史論集.第7輯：護法與北伐》，臺北：聯經出版公司，民國71年。

[24] 「北伐戰爭是在中國共產黨正確領導的影響、推動和組織下進行的革命統一戰線之正式鬥爭，……北伐軍英勇善戰，共產黨員和青年團員在戰鬥中起了先鋒模範作用。」見邵云瑞等著，《中國革命史》，天津：天津人民出版社，1986年8月，頁224。

伐中的主導地位，而將對方視為干擾北伐進行的罪魁禍首。

　　西方學者對北伐的單獨研究不多，但卻常在研究國共關係或中共早期的歷史時，附帶討論到北伐。美國學者 Harold R. Isaacs 所著之 The Tragedy of the Chinese Revolution 一書，即從托派觀點來解釋北伐：認為北伐在清黨前，全賴中共所策畫的群眾運動而臻功，在清黨之後，則僅與北方軍閥妥協了事。[25]而曾因公居臺兩年的美國俄亥俄大學（Ohio University）教授 Donald A. Jordan 所著之 The Northern Expedition:China's National Revolution of 1926-1927 一書，則是第一本專以北伐為主題的西文書籍：[26]他肯定軍事行動在北伐中的角色，強調當時國民黨的建國理想，是吸引精英份子的主因，駁斥了 Isaacs「群眾運動至上」的說法；但此書的論述仍偏重於軍事，對北伐的其他層面並無顧及。可見外國學者研究北伐時，雖較能跳脫正統觀念的束縛，然而亦因其本身對中共觀感的不同，形成左派右派的爭執；並且普遍因參考資料不多，有立論泛泛之病。

　　近年來隨著距離北伐的時間越來越遠，臺灣史學界漸能以新的角度來研究北伐，而出現了許多以北伐為研究主題的碩士論文。其中一些是改變過去以蔣介石「嫡系部隊」黃埔軍為主的研究，改以南方其他軍頭入手，從而分析國民革命軍內部的複雜組成，例如林貞惠的《馮玉祥與北伐前後的中國政局》、葉蕙芬的《唐生智與北

---

[25] Harold R. Isaacs , The Tragedy of the Chinese Revolution , Stanford : Stanford University Press,1951.

[26] Donald A. Jordan ,The Northern Expedition: China's National Revolution of 1926-1928,Honolulu:The University Press of Hawaii,1976.

伐前後政局》、王文裕的《北伐前後的桂系與國民政府》。[27]另外
還有人研究政治上非主流的「改組派」，來瞭解國民政府內部的分
歧情形，如張順良的《陳公博在北伐前後的政治活動》。[28]而李仕
德的《北伐前後時期中英外交關係之研究：1925-1928》，係從外交
層面上來瞭解國民政府在北伐前後的對外作爲。[29]此外從群眾運動
、新思潮的觀點來探討國民黨黨務與北伐致勝關係的研究也很多
，如任秀姍的《北伐時期宣傳工作之研究》，蘇啓明的《北伐期間
工運之研究》，吳怡萍的《北伐前後婦女解放觀的轉變》，[30]都從
不同面向切入北伐。

　　以上這些研究成果雖使北伐的研究更多樣化，成爲本書許多問
題深入探討的極佳參考資料；然而這些研究仍是以南方北伐軍爲中
心（即使是南方的非主流系統），基本上與本書的出發點不同。刺
激筆者決定從北方角度來看北伐的，是羅志田近來發表的＜南北新
舊與北伐成功的再詮釋＞一文。他認爲改組後的國民黨，承接五四
新文化運動的群眾思想，相對於當時北方之「舊」，南方國民黨給

27　林貞惠，《馮玉祥與北伐前後的中國政局》，政治大學歷史研究所碩士論
　　文、民國 69 年 6 月；葉蕙芬，《唐生智與北伐前後政局》、政治大學歷史
　　研究所碩士論文，民國 81 年 6 月；王文裕，《北伐前後的桂系與國民政府》，
　　政治大學歷史研究所碩士論文，民國 81 年 6 月。

28　張順良，《陳公博在北伐前後的政治活動》，政治大學歷史研究所碩士論
　　文，民國 80 年 6 月。

29　李仕德，《北伐前後時期中英外交關係之研究：1925-1928》，中國文化大
　　學史學研究所碩士論文，民國 78 年 6 月。

30　任秀姍，《北伐時期宣傳工作之研究》，臺灣大學三民主義研究所碩士論
　　文，民國 78 年 6 月；蘇啟明，《北伐期間工運之研究》，政治大學歷史研
　　究所碩士論文，民國 73 年 6 月；吳怡萍，《北伐前後婦女解放觀的轉變》，
　　政治大學歷史研究所碩士論文，83 年 6 月。

人一種「新」的感覺，因而促成從邊緣走向中央的契機；但就在走向中央的途中，國民黨也漸因付出妥協代價而失去「新」的形象，故在北伐成功之日，即是南北新舊互易之日，結果北伐的勝利幾乎與北伐的失敗同時。[31]與一般重南方、偏政治軍事的研究大不相同，羅志田的文章從南北、文化的角度切入北伐，提供筆者一個全新的觀察點。而本書從北伐當時的北方史料來研究北伐，更試圖直接呈現北方人對北伐各方面的反應，希望運用報紙這種隨著時間變化的特殊史料，使持續兩年半的北伐展現更生動的面貌。

二、 本書的主要史料

本書使用的主要史料是民國十五年至十七年時的天津《大公報》與北京《晨報》，故必先瞭解這兩份報紙的報社歷史、立場特色，及其在北方報紙輿論界的地位問題。

《大公報》的歷史甚長，報館曾數度易主，政治傾向變化頗大。《大公報》在清光緒二十八年五月十二日（1902 年 6 月 17 日）時，由維新派滿人英斂之創刊於天津法租界內，作為其鼓吹君主立憲的刊物。但因為英斂之反對共和，辛亥革命後逐漸退隱，至民國五年（1916）九月時終因經營不善，而將《大公報》出讓給該報的大股東王郅隆。

王郅隆為一實業商人，與皖系軍閥關係密切，《大公報》遂漸成為安福國會的機關報，因經常發表親日言論不得人心，銷路每況

---

31 羅志田，<南北新舊與北伐的再詮釋>，《新史學》，5 卷 1 期，民國 83 年 3 月，頁 87-128。

愈下。皖系戰敗失勢後，報紙更是萎靡不振，勉強支持到民國十四
年十一月時停刊。

　　《大公報》在民國十五年九月時，由吳鼎昌、胡政之、張季鸞
三人接辦而復刊。此三人是留日時期的同窗好友，吳當時是個銀行
家，胡在原《大公報》工作並辦國聞通訊社、《國聞週報》，張是
個窮記者。三人志氣相投，目睹當時政局的紛亂，想辦份言論客觀
的報紙，乃合作成立新記公司，頂下《大公報》來接辦。吳出資當
社長，胡帶著原《大公報》及《國聞週報》的班底出任總經理，張
帶著他的一枝健筆任總編輯。他們強調獨立自主的辦報方針，資金
完全由吳一人籌措，不收外股不拉政治關係，頗能維持其不黨、不
賣、不私、不盲的「四不」主張，因而讀者漸多，事業蒸蒸日上。
32

　　《大公報》恢復出版之際，正值國民革命軍北伐之時，在當時
南北分裂的戰爭狀態下，《大公報》對國民革命軍的北伐行動，基
本上採取觀望的態度，對南北均不作左右袒，以維持報紙的中立。
國民黨北伐完成之後，實行一黨專政，在言論管制的壓力下，《大
公報》雖常能保持獨立言論批評政府的訓政獨裁，但在國家內憂外
患的壓力下，亦漸傾向支持蔣介石的先安內主義；抗日戰爭爆發後
，更為了號召團結禦侮而倡「國家中心論」。《大公報》本身也因
抗戰而隨著政府一路撤遷，而有上海版、漢口版、重慶版、香港版
、桂林版。

　　抗戰結束後，國家已是兵疲民困，但隨即而來的國共內戰更使

32　賴光臨，《中國近代報人與報業》，下冊，臺北：臺灣商務印書館，民國
　　76 年 10 月，二版，頁 568-645。

得人心盡失，報界亦強烈不滿飛騰的物價及政府戒嚴的箝制言論。
另外《大公報》本身內部也早已有了變化，張季鸞在民國二十九年
（1940）病死，繼任的總編輯王芸生思想較爲左傾。因此當國共內
戰進入勝敗已定的白熱化階段時，《大公報》遂起而響應中共迎接
解放。中共建立政權後，《大公報》各版的命運不一，天津版併入
《進步日報》；上海版雖繼續出版，但至 1952 年因經營不善也併入
《進步日報》；持續至今的香港版，仍以中共官方面目在港繼續出
版。33

　　北京《晨報》，也是一份頗有歷史、且數度更名易主的報紙。
它原名《晨鐘報》，民國五年八月十五日在北京創刊，由梁啓超、
湯化龍、蒲殿俊主辦，與上海《時事新報》同屬於進步黨、研究系
一派的機關報，胡適、蔣夢麟、丁文江等人都爲該報撰稿過。李大
釗任第一任總編輯，不久即因言論過激而遭解聘。34民國七年（19
18）九月時，《晨鐘報》因揭露段祺瑞秘密借款之事而遭封閉，同
年十二月改名爲《晨報》繼續出版。35

　　《晨報》在新聞、編排上都有很大的革新，深受讀者歡迎。民
國九年十月曾聘瞿秋白爲特派記者赴俄採訪，在兩年多的時間裡，
刊登許多「俄鄉紀事」之旅俄通訊，報導了十月革命後蘇俄的情況

---

33 1949 年以前大公報的詳細歷史，可參看周雨，《大公報史》，南京：江蘇
　古籍出版社，1993 年 7 月。

34 因李大釗在留日時得湯化龍資助的關係，故當其學成歸國後，湯即邀李爲
　《晨鐘報》第一任總編輯。見方漢奇，《中國近代報刊史》，太原：山西
　教育出版社，1991 年 11 月，一版，頁 758。

35 陳旭麓、李華興主編，《中華民國史辭典》，上海：上海人民出版社，1992
　年 6 月，一版，頁 131 。

。[36]其第七版副刊尤其具有特色，由孫伏園主編，學術性質濃厚，至民國十年（1921）十月時，擴增爲獨立單張名爲《晨報副鐫》，曾首度刊登魯迅之〈阿Ｑ正傳〉小說，成爲北方提倡新文化運動的重鎮。孫伏園辦了三年之後，因意見不合而去[37]，《晨報副鐫》民國十四年十月開始改由徐志摩主編，風格有了很大的變化。當南方國民黨北伐時，北京正屬於張作霖的天下，在言論管制的強大壓力之下，《晨報》乃漸成爲傾奉系的報紙。[38]至民國十七年六月北伐勝利在望，張作霖通電下野出關，親奉的《晨報》眼見北伐軍即將進入北京，乃於六月五日自動宣告停刊。

　　閻錫山進入北京之後，[39]乃派李慶芳接收《晨報》的機器財產，於八月五日改名爲《新晨報》繼續出版，由張愼之任總編輯。《新晨報》大抵還能保持《晨報》時代的特色，營業也還可以。[40]

　　民國十九年（1930）十二月中原大戰後，閻錫山退出北平，東北軍入關，《新晨報》於是停刊，張學良將其改名爲《北平晨報》，由陳博生主持。後來隨著日本對中國的步步侵逼，華北日漸「特

---

36 復旦大學新聞系新聞史教研室，《簡明中國新聞史》，福州：福建人民出版社，1986年2月，一版，頁221。

37 孫伏園在民國13年末，因刊登魯迅〈我的失戀〉一詩，而與《晨報》代總編輯劉勉之不合，孫於是離開《晨報》轉至《京報》，見中共中央馬克思、恩格斯、列寧、斯大林著作編譯局研究室編，〈晨報副刊〉，《五四時期期刊介紹》，第1集，上冊，北京：生活、讀書、新知三聯書店，頁143。

38 張靜廬，《中國的新聞記者與新聞紙》，上海：上海書店，1991年，一版，頁45。

39 閻錫山為國民革命軍第三集團軍總司令兼京（平）津衛戍總司令。

40 曾虛白，《中國新聞史》，上冊，臺北：政治大學新聞研究所出版，民國55年，頁327。

殊化」，《北平晨報》在民國二十五年（1936）三月改由冀察政務
委員會接辦，由田雨時負責；至民國二十六年春，又被羅隆基所奪
。[41]七七事變後北平淪陷，《北平晨報》終被日本正式控制，一直
到民國三十二年十二月才停刊。

　　在瞭解這兩份報紙各自久而多變的歷史後，還需分析在本書使
用的時段之中，《大公報》、《晨報》的代表性問題。從地位上而
言，《大公報》續刊之後，即以其言之有物的社評為特色，頗能吸
引讀者，很快地成為華北第一流的大報紙。[42]《晨報》則在北京夙
有聲譽，與《益世報》、《順天時報》並稱為北京三大報紙，[43]而
其副刊更為有名，與上海《時事新報》的副刊「學燈」、上海《民
國日報》的副刊「覺悟」、北京《京報》的副刊，並稱為五四時期
的四大副刊。[44]從立場上而言，在本書研究的北伐時期中，同樣位
於北方的《大公報》與《晨報》對南方北伐軍的態度是不同的。《
大公報》對國民黨北伐的軍事，基本上是採取觀望的中立態度，即
就事論事直言批評；然而相對於其他同樣位於北洋軍閥統治地區之
報紙，《大公報》算是屬於較不傾向北京政府，而對南方政權有所

41　田雨時，＜我辦北平晨報＞，《傳記文學》，26 卷 4 期，臺北：傳記文學
　　出版社，民國 64 年 4 月，頁 35-42。

42　同註 39，頁 338。天津的主要報紙除《大公報》外還有《國聞週報》及《益
　　世報》，《國聞週報》為《大公報》的姊妹刊物，而《益世報》北京天津
　　都有，是天主教會辦的報紙。

43　北京三大報中選擇《晨報》，而不用《順天時報》及《益世報》為主要史
　　料的原因是，《順天時報》為日人所辦，《益世報》為天主教會辦的報紙，
　　不似《晨報》完全由中國人所辦，性質較易掌握。見賴光臨，《七十年中
　　國報業史》，臺北：中央日報社，民國 70 年，頁 73。

44　張光宇主編，《中國社團黨派辭典》，西安：陝西人民出版社，1992 年，
　　一版，頁 438。

寄望的。《晨報》則在此時期明顯地較傾向掌管北京政府的奉系，對國民革命軍北伐進展流露出懼斥的態度，最後還隨著張作霖的下野而宣告停刊。因此觀察、比較此時期的《大公報》與《晨報》，可看出北方報紙輿論對北伐之基本心態及其中的轉變與歧異。

　　本書即是以上述兩份報紙爲主要史料，而將北伐分爲幾個主題加以分析，各主題除利用報紙引證分析外，也參考相關研究之專書、論文，期待能給問題更周全的探討。

第三節　研究方法與章節架構

　　上節介紹過本書所使用的資料性質之後，本節接下來要說明處理這些資料的應用問題。首先介紹研究時所運用的方法有哪些？其次敘述本書章節架構的安排情形。

一、　研究方法

　　本書旨在研究北方報紙輿論對北伐之反應問題，因為使用的主要資料是報紙，所以《大公報》、《晨報》對本書來說，既是一種史料亦是一份媒介，故要運用到大眾傳播的內容分析法。

　　內容分析法(Content Analysis)是一種從美國傳入的研究方法，[45]係以分類量化的方式，研究傳播媒體的內容，探求其言論的立場及態度的形成。[46]

　　說明本書使用的研究方法後，再參看其他同樣以報紙為資料的研究成果，觀察他們運用的方法及所得到的效果，或許能提供本書更具體的學習經驗。以下即挑選其中六本研究成果來觀察，這六本學位論文都是以報章雜誌為資料來研究某一時期的歷史，研究民國初期的有兩本：盧嵐蘭的「近代中國社會變遷中報紙整合功能之研究（1912-1921）──以申報與大公報為例」，是以上海《申報》與天津《大公報》為資料，研究其在民國初期社會變遷中所發揮的整

---

[45] 從 1921 年至 1930 年是內容分析法的初步發展階段，提倡的中心地在美國哥倫比亞大學新聞學院。

[46] 閻沁恆，＜傳播內容之定量分析與定質分析＞，《新聞學研究》，第 1 集，民國 56 年 5 月，頁 305-324。

合功能；[47]陳國祥的「新青年雜誌對中國文化與政治發展問題的言論分析」，則是以《新青年》雜誌來研究當時的政治與文化，分析其對新文化運動及政治問題的主張與影響。[48]研究抗戰前十年的有四本：邵銘煌的「抗戰前北方學人與獨立評論」，是以北平《獨立評論》雜誌為資料，研究其與當時北方學人間的關係；[49]陳儀深的「獨立評論的民主思想」，同樣是以《獨立評論》為資料，分析其中顯現出 1930 年代自由主義知識份子的民主思想；[50]李盈慧的「抗戰前三種刊物對中日問題言論之分析——東方雜誌、國聞週報、獨立評論之比較研究」，則是除了《獨立評論》雜誌外，又加入上海《東方雜誌》、天津《國聞週報》，觀察這些刊物對當時中日關係的看法；[51]車雄煥的「戰前平津地區知識份子對日本侵華反應之研究（1931-1937）——以獨立評論、大公報、國聞週報為中心的探討」，則專以北方的三種刊物：北平《獨立評論》、天津的《大公報》與《國聞週報》為資料，研究當時北方知識份子對中日問題的討論。[52]

---

[47] 盧嵐蘭，《近代中國社會變遷中報紙整合功能之研究（1912-1921）——以申報與大公報為例》，政治大學新聞研究所博士論文，民國 82 年 6 月。

[48] 陳國祥，《新青年雜誌對中國文化與政治發展問題的言論分析》，政治大學新聞研究所碩士論文，民國 68 年 6 月。

[49] 邵銘煌，《抗戰前北方學人與獨立評論》，政治大學歷史研究所碩士論文，民國 68 年 6 月。

[50] 陳儀深，《獨立評論的民主思想》，臺北：聯經出版事業公司，民國 78 年 5 月。

[51] 李盈慧，《抗戰前三種刊物對中日問題言論之分析——東方雜誌、國聞週報、獨立評論之比較研究》，政治大學歷史研究所碩士論文，民國 72 年 6 月。

[52] 車雄煥，《戰前平津地區知識份子對日本親華反應之研究（1931-1937）——

　　比較上述六本學位論文，可看出使用不同研究方法所得到的不同效果。其中盧嵐蘭與李盈慧兩本有使用到新聞學的內容分析法，其他四本都只將報章雜誌上的相關報導當成必然支持其推論的史料。如此不但常犯誇大報紙真實性、絕對性的毛病，且易忽略報紙立場對其言論的影響，更未能深入比較這幾份刊物間的不同與意義。而兼用內容分析法的盧嵐蘭與李盈慧卻大大提高其論文的深度：盧將民國元年至十年上海《申報》與天津《大公報》的各類版面量化統計，分析各類新聞廣告的逐年趨勢，並比較兩報各類版面的比重，清楚勾勒出《申報》與《大公報》在統合社會變遷中所佔的不同地位；李盈慧處理的是許多人已研究過的課題，即是以刊物言論分析抗戰前知識份子對中日問題與政府對策的看法，但她兼用內容分析法的結果，將上海《東方雜誌》、天津《國聞週報》、北平《獨立評論》三種不同地點不同性質的刊物，比較分析其對日本侵略中國北方所產生的不同反應，而能得到一般研究無法達到的深刻意義。

　　因此本書在處理《大公報》、《晨報》對北伐的不同反應時，會用到新聞學的內容分析法，以比較這兩份報紙，在報導及評論北伐上所展現的不同態度。具體的選樣與分類，將在文中仔細說明。

二、　章節架構

　　在第一章「導論」的最後，將介紹本書章節架構的安排情形。第一章「導論」，即本章，已如上述。

以獨立評論、大公報、國聞週報為中心的探討》，政治大學歷史研究所博士論文，民國 85 年 6 月。

　　第二章「北伐前後的時局背景」，因爲北伐不是一個靜止的事件，而是一段持續兩年半的過程，故需要先介紹北伐戰爭的歷史背景，以便其後對照報紙言論變遷與時事進展的關係，下分二節：第一節「北伐前南北大事概述」，以當時的南北分裂爲格局，分述南北政局在北伐前之大勢；第二節「北伐情勢的消長演變」，以北伐戰事爲主軸，描述南方北伐軍事、政治上的進展，以及北方對此的應變情形。

　　接下來進入本書的重心，從北方報紙對北伐的言論記載分析北方報紙輿論對北伐之反應。因爲北伐爲一南北對抗的戰事，故第三章及第四章即分別從對北方、對南方在此戰爭中的評價來談，並各從政治、軍事、外交、社會、經濟、文化思想等方面進行對照分析；且在各種面向的討論中，再加入時間因素，分析隨著北伐的進展，這些問題又發生什麼樣的變化。首先是北方部份：第三章「北方報紙輿論對北方軍閥的觀感」，下分四節：第一節「厭戰謀和的普遍心理」，從人心思想上來談北方連年戰爭的局面；第二節「軍閥政治及其評價」，從政治上來看北方特殊的軍閥政治性質；第三節「對抗民族統一路線的外交戰略」，從北方的外交策略說明其在面對南方北伐所發生的矛盾；第四節「南北心結與聯治思想」，從地域情感、實際利益分析北方人對南方北伐的反抗行爲。

　　第四章「北方報紙輿論對南方黨軍的看法」，爲探討南方的部份，其下也分四節：第一節「新文化與主義的號召」，對應於第三章第一節，從文化思想上談南方當時的特色；第二節「黨、黨軍及其變質」，對應於第三章第二節，從政治軍事上看南方的表現與變化；第三節「反赤恐共問題」，對應於第三章第三節，從外交上分

析南方特殊的聯俄容共問題；第四節「局勢壓力與北伐的告成」，對應於第三章第四節，說明北伐告成前夕的戰局壓力與告成後社會的各種反應。

第五章「北方報紙輿論對北伐的意義與影響」，將重點放在報紙輿論本身上，研究北伐局勢下的北方報紙輿論，下分三節：第一節「北伐情勢下的北方報界」，從政治勢力對言論的管制看當時報紙所處的新聞環境，藉以分析清末民初以來文人論政報與政治間的依違關係；第二節「《大公報》和《晨報》差異的意義」，以內容分析法比較二報對北伐言論的差異，並試圖由二報不同的政治背景與交際網絡予以解釋；第三節「北方報紙輿論對北伐成敗的影響」，從二報的讀者數量推測這些反應對北伐成敗的影響。

第六章「結論」，總結本書，將北方報紙輿論與北伐作一結合，試圖給北伐一個再評價。

第二章　北伐前後的時局背景

　　本章準備簡述北伐前後的時局背景，以作爲本書史實之介紹，並用來對照報紙輿論與時事間的關係。[1]第一節概述民國五年（1916）六月袁世凱死後至十五年（1926）七月北伐前夕，中國軍閥割據時之南北大事，以瞭解北伐產生的時代背景；第二節敘述民國十五年七月至十七年十二月北伐戰役的經過情形，試圖觀察南方如何進行北伐？北伐途中經過何許變化？北方怎樣面對此一變局？以上兩節基本上按時間先後作史事之重點描述，以政治、軍事層面爲主，對外交、文化也有相關補充。

第一節　北伐前南北大事概述

　　民國五年六月袁世凱死後至十七年十二月國民黨北伐完成，是所謂軍閥分裂割據時期。[2]袁死後副總統黎元洪繼任爲總統，曾任陸軍總長的段祺瑞出任國務總理。段是袁死後最有實力的人物，他與依附他的人在北洋自成一派，因首領段祺瑞爲安徽人而稱爲皖系，

---

[1] 另外筆者也欲利用本章的撰寫，向讀者呈現個人對這段歷史的認識；作爲一個報紙的異時空閱聽人，有必要說明清楚自己是以何史實爲基礎，對《大公報》及《晨報》的言論作出詮釋的。

[2] 本節史事大致以張玉法所著《中國現代史》一書之第4章＜軍閥的興衰＞、第6章＜早期的國共關係＞爲參考，故行文時不再詳細標示參考頁數。參見張玉法，《中國現代史》，臺北：東華書局，民國80年9月，九版，頁171-252、355-450。

地盤在陝、蒙、北京、津浦鐵路沿線、皖、浙、閩等地。

　　段祺瑞不喜黎元洪總統及國民黨佔多數的國會，逐漸釀成總統府與國務院間的府院之爭。民國六年對德參戰案使府院之爭白熱化，段派「公民團」強迫國會通過參戰案，黎遂將段免職，北洋各省督軍因而宣告獨立。黎無法解決「督軍團事變」，只好邀安徽督軍張勳前來調停。不料張反迫黎解散國會，以行其擁溥儀復辟的計畫；黎只有走避使館，並重任段祺瑞爲國務總理出兵平亂。

　　張勳之亂平定後，副總統馮國璋代黎元洪爲總統。段享有再造共和之功勢力膨脹，不僅對德宣戰並向日借款，且另組新國會（安福國會），不恢復被黎解散的舊國會。

　　孫中山於是南下號召護法（舊約法），在德國的援助下，[3]海軍與國民黨議員南下，在廣州成立軍政府。而當時西南實力軍閥滇桂系之所以接納孫，是因爲面對段祺瑞武力攻南的威脅，需賴孫的聲望來助長聲勢。[4]

　　面對孫中山在南方組軍政府的分裂行爲，段祺瑞主張以武力敉平，馮國璋則傾向和平解決，彼此意見不同而有歧見。[5]另外因段日

3　因孫中山反對德宣戰，故德國幫助孫中山南下對抗段祺瑞。德國資助的款項
　　約有兩百萬，由孫派曹亞伯負責接洽。見林能士，〈護法運動經費的探
　　討──聯盟者的資助〉，《中華民國史專題論文集：第 2 屆討論會》，臺
　　北：國史館，民國 82 年 12 月，頁 527-546。

4　當時西南的實力人物爲滇之唐繼堯、桂之陸榮廷。民國 5 年反袁帝制時，各
　　方反袁人士以西南爲中心，成立軍務院策動反袁，唐繼堯陸榮廷二人出力
　　甚多，因而在反袁運動後地位驟增，漸成爲軍閥派系向外擴張。滇系持「大
　　雲南主義」，控有雲、貴並向四川開拓；桂系持「大廣西主義」，控有兩
　　廣並向湖南求發展。

5　關於直皖系不同的對南態度，陳志讓的解釋是，湘川此塊長江上游的區域位
　　置重要，是南北兵家必爭之地，因而成爲南北軍閥間的緩衝地帶。控有平

益增強皖系的勢力，反皖系的北洋軍人乃漸成為一派，因其領導人馮國璋為直隸人而稱為直系，地盤在直、豫、鄂、京漢鐵路沿線、湘北及長江下游等地。至民國七年時，北方直皖兩系漸趨對立，段因武力對南失敗而下臺。其後為解決直皖系間的摩擦，在馮國璋代理黎元洪的總統任期屆滿後，直皖妥協選出溫和派北洋元老徐世昌為總統。

南方的孫中山於軍政府中本無實權，亦收不到稅，因而導致原先支持孫的海軍與國會議員漸漸被桂系收買。另外此時也因北方段祺瑞武力對南的威脅消失，西南實力軍人不再需要孫中山這塊護法招牌，乃將先前的大元帥制改為七總裁制，孫被迫離粵赴滬。

民國八年（1919）列強召開歐戰結束後的巴黎和會，中國也因段祺瑞武力對南政策無結果而圖南北妥協。南北和議在上海召開，但卻因南北雙方利益差距太大，彼此無法妥協而破裂。

孫中山此時在上海專事撰述，因心痛國會議員被桂系收買，乃決心改造黨為「中國國民黨」。同時五四運動在這年發生，孫在上海充分感受到新潮流的激盪，因而開始思考引導新空氣入其革命運動的可能性。

和議失敗後南北統一無望，此後大勢遂從南北對抗轉為北與北、南與南內部的對抗。南北各自都失去了統一的中樞勢力，聯省自

漢線的直系位於此區上方，既然認識到長江流域為一不可分割的經濟單位，因此自然傾向與此區軍閥保持合作關係；而控有津浦線的皖系遠在東部，其與南方間因缺少這種緩衝區，故對南方的態度易流於強硬。見陳志讓，＜中國軍閥派系詮釋＞，張玉法主編，《中國現代史論集.第 5 輯：軍閥政治》，臺北：聯經出版事業公司，民國 69 年，頁 3-32。

治運動乃應時而生。[6]

和議破裂後北方直皖兩系恢復對立，段祺瑞繼續推行其武力對南政策，遣直系將領吳佩孚攻打南方。吳率兵南征，原本以爲可獲湖南督軍之職，不料段卻將此職留給皖系的張敬堯，吳遂止兵不前，段之武力攻南行動再度失敗。民國九年（1920）北方直皖兩系爆發戰爭，結果皖系失敗直系獲勝。

趁此北方巨變，孫中山靠著陳炯明的軍隊，以「粵人治粵」爲口號攻回廣州。[7]孫重回廣州後積極準備北伐，而與陳炯明發生意見衝突；[8]陳是聯省自治運動的熱衷者，希望在廣東立足徐圖發展，反對孫北伐的主張。

割據東北的張作霖爲奉天人，其派稱爲奉系。因先前皖系徐樹錚在外蒙發展威脅到東北的奉系，於是奉系在直皖戰爭中與直系合作對抗皖系。直皖戰後，北方成爲直奉兩系並立之局，而直奉間又漸漸對立。

民國十一年北方爆發第一次直奉戰爭，在此戰中，奉系爲對抗直系，乃聯絡同樣失勢的皖系、南方孫中山組成反直三角同盟，但仍不敵直系而失敗。此後直系勢力更爲龐大，[9]至十二年時，直系首

---

6 聯省自治由南北交戰最烈的湖南省首先提出，期以聯邦制的方式達成中國暫時統一，以免去軍閥混戰的混沌狀態。參見李劍農，《中國近百年政治史》，臺北：臺灣商務印書館，民國81年9月，臺一版第十九次印刷，頁543。

7 孫中山此次回粵亦獲皖系的支助，因先前直皖戰爭中直奉兩系與南方桂系合作打敗皖系，故失勢的皖系決定幫助孫打回廣州趕走桂系。

8 莫世祥，《護法運動史》，臺北：稻鄉出版社，民國80年10月，頁158。

9 直系勢力大而內部複雜，馮國璋死後直系的領袖曹錕也是直隸人，此時直系大將吳佩孚駐兵洛陽稱為洛吳派，不同於急進擁曹的津保派。而所謂新直系，是指民國13年第二次直奉戰爭直系戰敗曹錕失勢下臺後，在14年冬因孫奉戰爭而成為東南五省聯軍總司令之直系將領孫傳芳，以及藉此戰爭

領曹錕賄選當上總統。

南方的孫中山本欲藉由反直三角實踐其北伐的計畫,但遭實力派陳炯明的反對。孫將陳免職,陳遂發動圍攻總統府的事變,孫被迫再度離粵,北伐計畫也中途而止。不久第一次直奉戰爭失敗的奉系出資幫助孫回粵,孫又聯合對廣州有興趣的滇桂軍打回廣州趕走陳炯明。但孫的情況仍未好轉,廣州控制於滇桂軍之手,陳亦退至東江一帶尚未肅清。

俄國自建立赤色政權後積極推動國際共產革命,西方諸國視如毒蛇猛獸,列寧因此認為到柏林最近的路是經由中國。當時俄國在中國最想要聯絡的是北方直系之吳佩孚,但因吳鎮壓工運,乃轉而聯絡南方的孫中山與北方的馮玉祥。早在民國九年孫在上海時,俄即派吳廷康(G.N.Voitinsky)與孫見面,十年又派馬林(G.Maring)至廣州與孫會談。孫雖重視俄國革命經驗與實質援助,但因當時最想得到西方列強的支持,故一直未能與俄國建立合作關係。直到孫對西方的支援絕望,又受到陳炯明事變的刺激,才在爭取俄援的目的下決心與俄合作。[10]十二年孫與越飛(AdolfA.Joffe)公佈「孫越宣言」合作協議,俄派軍事顧問及政治顧問鮑羅廷(Michael M. Borodin)來華協助,孫派蔣介石赴俄考察。

北方曹錕賄選的行為激起反直力量大結合,民國十三年(1924)北方爆發第二次直奉戰爭,反直三角同盟與自直系倒戈的馮玉祥成功打敗直系。直系敗後,北方形成奉系與馮玉祥國民軍系並立的

東山再起的吳佩孚。

[10] 沈雲龍,<陳炯明叛變與聯俄容共的由來>,《傳記文學》,32卷2期,民國67年2月,頁11-19。

局面，而由此時有聲名而無實力的段祺瑞出掌臨時執政政府，不久國奉兩系又漸對立。

　　此次直奉戰爭孫中山因參加反直陣營而在戰後獲邀北上共商國事，但所提之召開國民會議、廢除不平等條約的要求都未獲重視。另一方面，孫在得到俄援後，亦積極改組黨建立黨軍，改變先前「以軍閥制軍閥」的策略；不再理會北方軍閥間的混戰，專心做好北伐的準備工作。俄援下新練成的黃埔軍戰力鬥志均較前優越許多，迅速平定廣州商團事變，兩次東征肅清陳炯明餘部，並將大本營的心腹之患——滇桂軍一舉解決。

　　民國十四年（1925）北方國奉兩系又爆發戰爭，結果奉系獲勝，馮玉祥退守西北。北方無止境的混戰使彼此漸漸消耗，[11]至十五年七月南方北伐軍開展時，北方主要的軍閥有：北京的奉系、退守西北傾向南方國民政府的馮玉祥、觀望自守的「山西王」閻錫山，以及新直系的兩個軍閥：長江中游的吳佩孚、長江下游的孫傳芳。

　　中共雖在民國十三年改組時以個人身份加入國民黨，但其後在國民黨內的壯大行動引起右派人士反彈。孫中山病逝後，國民黨成立合議制的國民政府，國共兩黨的衝突也日益表面化。至十五年蔣介石因「中山艦事件」突圍而出，中共與左派勢力爲之一挫；但因中共尚需依附國民黨發展，而蔣北伐也需俄援之助，故雙方妥協解決此事，並做出北伐的決定。以上即是民國十五年北伐前夕中國南北大事概述。

11　軍閥解決問題通常是靠展示武力而非實際戰鬥，但整個軍閥時期的趨勢是戰爭規模越來越大，相互比劃式的戰爭逐漸失控。參見薛立敦，＜軍閥時代：北京政府下的政治鬥爭和黷武主義＞，《劍橋中華民國史》，上冊，北京：中國社會科學出版社，1994年1月，一版，頁316-357。

第二節 北伐情勢的消長演變

本節準備敘述民國十五年至十七年（1926-1928）北伐戰事進展的經過情形，並說明北方軍閥對此的反應，以作爲之後討論研究的參考及對照。[12]

國民黨自改組後就積極準備北伐，首先整理內部鞏固革命基地，並逐漸統一南方。舊桂系崩潰，李宗仁的新桂系代之而起，不久即宣佈加入國民黨參與北伐。

而此時北方軍閥陷入大火拼，民國十四、十五年間的國奉戰爭，直奉兩系合作打敗國民軍系，馮玉祥退往西北，段祺瑞也下野，臨時執政政府瓦解。

民國十五年三月，湖南軍人唐生智趕走省長趙恆惕出掌湖南，引起直系吳佩孚的不滿。四月吳遣軍入湘支持趙氏，以趙之親信葉開鑫爲省長。唐生智不敵，遂求援南方的國民政府，表示願意在湖南與國民黨合作對抗吳佩孚。國民黨準備北伐已久，此時見機不可失，於是在六月通過北伐案，以援湘之役爲北伐的第一仗。七月九日，蔣介石就任國民革命軍總司令，在廣州正式誓師北伐，分別發表就職宣言、爲出師北伐告廣東全省人民書、告士兵同志書、告海

---

12 本節關於北伐戰爭的史實，主要參考張梓生＜國民革命軍北伐戰爭之經過＞一文，故行文時不再詳細標示參考頁數；該文收於張玉法主編，《中國現代史論集．第 7 輯：護法與北伐》，臺北：聯經出版事業公司，民國 71 年，一版，頁 263-338。另外近代中國雜誌社所編，＜「從黃埔建軍到北伐統一」大事記要＞一文，按年月日將民國 13 年至 17 年有關北伐的史事詳細列出，為對照北伐史事前後次序的參考工具；該文收於《近代中國》，第 6 期，民國 67 年 6 月，臺北：近代中國雜誌社，頁 158-183。

外僑胞書等文告四種。[13]

　　當時國民革命軍的編制共分為八軍，第一軍為黃埔軍，軍長是何應欽；第二軍為湘軍，軍長是譚延闓；第三軍為滇軍，軍長是朱培德；第四軍為粵軍，軍長是李濟琛；第五軍為李福林的福軍；第六軍為程潛的湘軍；第七軍為桂軍，軍長是李宗仁；第八軍為唐生智的湘軍。總人數約有十萬人，面對北方軍閥八十萬以上的大軍，可謂以寡擊眾。[14]而北伐初期的策略是：「打倒吳佩孚，聯絡孫傳芳，不理張作霖」，試圖將北洋軍閥逐步收拾。

　　北伐出師後首先攻打長江中游的吳佩孚，戰事相當順利，不久即克湖南湘潭、長沙，進入湖北；八月，於汀泗橋一役大破吳軍。汀泗橋是武漢三鎮的門戶，吳在此率大軍堅守，但仍不敵北伐軍，此役令北方軍閥軍心大動，開始正視南方北伐軍是新起的勁敵。[15]九月，北伐軍克漢口、漢陽。另外退守西北、原本即傾向南方國民政府的馮玉祥，此時更宣佈全軍投入國民黨，在五原就任國民軍聯軍總司令，正式加入北伐的行列。十月，北伐軍克武昌。

　　北伐軍消滅長江中游的吳佩孚後，繼續出兵攻打長江下游的孫傳芳；國民政府一改之前與東南孫傳芳妥協的策略，正式發表討孫宣言。[16]十一月上旬，北伐軍克江西南昌，孫北去投奔張作霖。面

---

[13] 何應欽，＜北伐的回憶＞，《傳記文學》，33 卷 1 期，民國 67 年 7 月，頁 20-22。

[14] 李雲漢，《中國近代史》，臺北：三民書局，民國 74 年，頁 423。

[15] 長達十餘年的軍閥混戰中戰爭本是常事，民國 15 年 7 月南方北伐軍誓師出動時，首當其衝的吳佩孚並未將其當成一個大威脅來看待，甚至北伐軍本身也不知自己會進行地如此順利。至汀泗橋一役，吳佩孚才知事危，而孫傳芳、張作霖也開始準備抵禦北伐軍。

[16] 統領東南五省的孫傳芳，在北伐軍出師攻打吳佩孚時，因知自己實力未充，

對南方北伐出乎意料的強大威脅，北方軍閥於是聯盟共同抵抗；十二月，共組安國軍，由張作霖出任總司令，並以孫傳芳、張宗昌任副司令。

北伐軍佔領吳佩孚、孫傳芳大部份的地盤後，這些省分在國民黨的統治下，迅速感染反帝國主義的風氣。民國十六年（1927）一月，在高漲的民族主義氣氛及中共群眾運動的鼓吹下，爆發收回漢口、九江英租界的事件。而英國面對國民黨北伐軍逐漸進入其地盤長江流域，初期態度甚為恐懼排拒。

國民黨佔領武漢後，即決議國民政府應隨北伐的進展而北上，準備將首都從廣州遷至武漢。但此時國民黨內部存在已久的國共問題也漸漸加溫，武漢方面被當權左派控制，右派乃議決國民政府不遷往武漢而暫駐南昌，等攻下南京後再遷至南京，使國民黨內左右派間的關係更形緊張。

三月，北伐軍克上海、南京。當克南京的北伐大軍進城時，發生糾眾侵入外國領署、機關、住宅之暴動，以致英美兵艦向城內開砲轟擊，是為「南京事件」。[17]為了緩和英美的不滿情緒，蔣介石

為保五省安寧起見，乃決定堅守邊界，宣佈「人不犯我、我不犯人」政策，當時國民黨也與之有和平協議。不料北伐軍行動順利，不出幾月即迅速平吳，接著又來討孫。

17 關於南京事件，國民黨最初的解釋是冒穿南方軍服的北方部隊所為，後來又認為是中共刻意製造的。此事件的根源是，北伐軍進入英美勢力範圍的長江流域後，國民黨便面臨試圖與英美拉近關係的課題；而北方親英美的直系、南方國民黨內親俄的中共份子都不願見國民黨與英美關係親善，故都有可能加以破壞。而南京事件發生時，國民黨內清黨排共尚未展開，當時蔣介石在對外壓力下，不願讓北方軍閥及列強認為國民黨內存在分歧；等清黨完成後，面對內部的寧漢分裂，蔣就傾向將南京事件指為中共份子所為。見韋慕庭，＜國民革命：從廣州到南京，1923-1928年＞，費正清主

遂以妥協態度解決寧案，平息列強眾怒。北伐此時進展到江浙一帶，蔣為求取得江浙財團及英美列強的支持，乃決心解決黨內存在已久的國共問題。四月，北方張作霖搜查俄使館，搜出大量赤化中國的證據，一時反共風氣達到高峰。蔣亦在上海實行武力清黨，格殺共黨份子，並宣佈定都南京；而此時汪精衛回國至武漢與寧方對峙，國民黨內部爆發「寧漢分裂」。

漢方包括國民黨內之左派、中共份子、兩湖軍人唐生智等，他們認為蔣介石清黨違背孫中山的改組精神，乃決心東征討伐寧方；寧方包括蔣介石黃埔軍系、反共的西山會議派、桂系等，也準備出兵應戰。

六月，山西的閻錫山見北伐軍已來到北方，乃宣稱響應國民革命軍，帶著他的十餘萬晉軍加入國民黨，在太原就任北方革命軍總司令之職。張作霖則在北京成立軍政府出任大元帥，以統一對抗南方的北伐行動。但此時南方國民黨內部卻因寧漢分裂而元氣大傷，寧漢雙方為求勝利，都盡力爭取馮玉祥的支持；馮最後見漢方處境漸趨不利，乃決定與寧方合作。同時武漢的兩湖軍人亦對中共在境內製造的農村暴動不滿，不久決定「和平分共」。

寧漢之間存在的問題並非僅是純粹左右派之爭而已，雙方分別清共分共也未能彼此完全合作。他們各自內部都還有著種種的分歧：寧方內部蔣派、西山派、桂系間存在著矛盾，漢方內部汪派與唐生智派所求也有所不同，但分共後對反蔣的立場則甚堅持。[18]八月

編，《劍橋中華民國史》，上冊，北京：中國社會科學出版社，1993 年，頁 594-811。

[18] 蔣介石因北伐順利而聲譽日隆，故漸成為各方反對的焦點。漢方的汪派與野心軍人唐生智反蔣的原因自不必說，而寧方內部也有許多人與蔣利益矛

，唐生智率軍東征倒蔣。北伐軍事因國民黨內爭而毫無進展，蔣為平息糾紛乃決定下野。但是蔣去後反蔣各派仍不能合作，黨內紛爭依舊不斷，孫傳芳於是趁機南下，企圖偷渡長江反攻南京，一時國民黨情況十分危急，賴一、七兩軍合力抵抗，轉危為安。戰後桂系揮軍西征，十一月，唐生智失敗逃往日本，汪派張發奎南下與桂系爭奪廣州，中共乃先後發動「南昌事變」與「廣州事變」，使汪精衛反受黨內人士的指責，汪在十二月出國，至此黨內紛爭漸漸平息。

國民黨內因蔣介石下野後內部糾紛仍舊持續不斷，使北伐軍事造成延誤，故要求蔣復職的聲浪也漸漸醞釀。十七年（1928）一月，在黨內各方的要求下，蔣順利復職並繼續領導北伐。二月，軍事委員會將北伐軍重整為四個集團軍：第一集團軍以蔣介石為總司令，第二集團軍以馮玉祥為總司令，第三集團軍以閻錫山為總司令，第四集團軍以李宗仁為總司令。[19]共約有七十五萬人，而所面對的北洋軍閥此時約有一百萬的兵力。[20]

四月，第一、第二集團軍出兵北上破山東的張宗昌。面對國民革命軍北伐戰事，田中義一改變幣原喜重郎的外交政策，以護僑為辭出兵山東，支持張宗昌，有意阻止北伐軍北進。五月，第一集團軍克濟南，日軍製造「五三慘案」；蔣介石為求儘速完成北伐，決

盾，例如省籍地域之分也是問題所在，例如廣東人與廣西人均十分嫉視江浙派獨攬大權。

19 文公直，《最近三十年中國軍事史》，上冊，第 2 編，臺北：文海出版社影印，民國 60 年，頁 455-470。

20 古屋奎二編著，中央日報社編譯，《蔣總統秘錄》，第 7 冊，臺北：中央日報社，民國 65 年 8 月，頁 19。

定繞道北伐避免刺激日本，而以外交手段解決濟案。之後北伐改道
，主要由第二、第三集團軍負責，並因面對日人的壓力，越來越傾
向以政治手段結束北伐軍事。

　　另一方面，在北伐軍強大的威脅下，張作霖也決定避免死力抗
爭，準備退出北京返回東北，以便保全實力日後再起。乃委託北京
仕紳王士珍組北京治安維持會，以進行北京的和平讓渡。六月，國
民政府令閻錫山爲京津衛戍總司令，負責接收京津。[21]閻允諾將以
和平方式接收北京，同時保證不會窮追奉軍。[22]北伐軍接收北京天
津後，國民政府改直隸省爲河北省，改北京市爲北平市，並決定國
民政府定都於南京。

　　張作霖爲求保全實力日後再舉，故不接受日本援助硬撐的要求
，堅持出關回奉。日本少壯軍人見張不願合作，乃在張回奉途中將
其炸斃。張作霖之子張學良繼承東北的領導權，因憎恨日本殺害其
父，故不與日本合作。另外新疆省督辦楊增新，也見北伐成功而表

---

[21] 奉系雖敗但主力猶存，革命軍若窮追深入，不但會引起東北人保衛家鄉的
　　門志，日本也會出兵干預。故蔣介石決定任奉軍出關，日後再求徐圖解決；
　　但由誰來負責接收京津卻令其大費思量。國民革命軍四個集團軍中，第一
　　集團軍已因「五三慘案」後停止在津浦線上；而第四集團軍李宗仁此時遠
　　在武漢，白崇禧雖隨軍北上，但未參與實際戰門，且當時地位尚不足以當
　　此重任。第二集團軍的馮玉祥雖對北伐出力獨多，但因其野心大兵力強，
　　蔣對其甚懷戒懼；且馮標榜反日不受日人歡迎，與奉系的關係也不佳。而
　　第三集團軍閻錫山中道出師北伐厥功較微，實力也不太強，稍加放任當不
　　至釀成大患；且閻生性觀望，與日人及奉系關係均佳，較不易得其反抗。
　　見王禹廷，＜北伐告成全國統一（下）＞，《傳記文學》，42卷4期，民
　　國72年4月，頁109。

[22] 曹子西主編，《北京通史》，第9卷，北京：中國書店，1994年10月，
　　頁39-40。

明願服從國民政府，北伐於此已大致告成。[23]

　　東北的張學良雖在日本的壓力下尚未能正式表明歸服國民政府，但東北易幟已是指日可待。七月，國民黨於北平舉辦北伐完成祭告孫中山的典禮，同時蔣介石也開始籌議裁軍。奉軍退回東北後，還有一些直魯殘軍徘徊在津東灤河一帶，奉軍並不讓其也退至東北；至九月時，蔣派白崇禧率軍予以肅清。十月，國民政府通過訓政綱領，開始進行國家建設。十二月二十九日，張學良終於正式通電東北易幟服從國民政府，次日國民政府任命張為東北邊防司令長官，繼續統轄東北各省，起自民國十五年七月的北伐至此宣告完成。

---

23 楊增新 6 月 11 日表明服從國民政府，20 日新疆省政府改組成立，由楊增新任省主席，7 月 5 日國民政府致電嘉勉。

第三章　北方報紙輿論對北方軍閥的觀感

　　接下來的第三章與第四章進入本書主題，準備將天津《大公報》、北京《晨報》中關於北伐的記載與言論作一番整理，藉以分析這兩份北方報紙對南方北伐的反應。爲了便於陳述與比較，將分作兩章來處理，分別從北方、南方的角度觀察，並在其下各分四個與北伐有關的課題加以申論。本章即先由北方入手，探討這兩份北方報紙在當時南方北伐的情境下，對北洋軍閥的一些觀感。

　　本章共分爲四節，第一節以反戰思想爲主軸，從北方報紙輿論中抽取軍閥混戰下的人心趨向；第二節以政治情勢爲重點，觀察北方報紙輿論對軍閥施政的評價，並論述其對軍閥敵我陣營的認同；第三節從外交環境著眼，探討報紙輿論如何看待北方政府的對外關係，以及如何因應南方對外交正統權的爭奪；第四節融入有趣的地域觀點，分析面對南方北伐的奮起，北方報紙輿論流露出怎樣的南北心結。

　　因爲北伐並非是一個靜止不動的事件，而是一段長達兩年半的過程；在這期間北方報紙輿論對南方北伐的反應，勢必會隨著戰局的勝負情勢而有變化；故在研究上述的各項主題中，時間成爲一個重要的考慮點。即一方面探討報紙輿論對北伐的反應，一方面觀察隨著時移事遷，這些反應所發生的變化，並分析這些改變所代表的意義。

　　因爲北伐是個南方攻打北方的戰爭，所以將探取一種對照的研究法；即是圍繞著四個與北伐密切相關的主題，分別從北方、南方

的角度入手；一面深入探討，一面互相對照。但必須說明的是，這種分法也僅是便於比較南北雙方的消長情勢，而非截然的二分法；蓋四個重點在北方南方均是交織互現的，即分析北方（第三章）時也會提到南方，論述南方（第四章）時也會牽及北方。

第一節　厭戰謀和的普遍心理

北伐產生的時代背景是軍閥的分裂割據與連年用兵，北洋軍閥長達十餘年的混戰帶給北方民眾各方面的重大損失。一般認為，生存在戰火下的北方人民對戰爭帶來的破壞極為不滿，而這種厭戰求和的心理，及對北方政府的普遍失望，導致北方民眾會歡迎南方，從而造成一個有利於北伐的輿論環境。

本節即是想瞭解此種說法是否成立，準備從《大公報》、《晨報》上的反戰言論著手，試圖釐清其中所呈現的人心取向。在論述中將分兩個步驟加以處理：首先，探討軍閥混戰帶來的破壞及給人民的切身感受，致使北方報紙輿論流露出怎樣的反戰態度，並將觀察這兩份報紙如何看待同樣也是一場戰爭的北伐；其次，將研究戰火下的和平運動，探索《大公報》、《晨報》如何記載與評價當時各方的停戰妥協訴求，並分析這兩份報紙自身的和平理念。

一、　戰爭的規模與損失

民國五年（1916）六月袁世凱死後，其下的北洋軍頭群龍無首，乃成為一個個擁兵自重的軍閥，從而展開長達十餘年的分裂割據混戰時期，也開啟北方人民在戰火下顛沛流離的生活。軍閥習以武

力解決問題，憑藉著效忠個人的軍隊，與其他軍閥爭奪地盤。而軍閥戰爭又有逐漸擴大規模的趨勢，至民國十五年（1926）南方北伐出動時，北方軍閥間的混戰已進入大火拼階段，戰爭的慘烈可由下表得知：

軍閥戰爭規模成長趨勢表（民國 6~17 年）[1]

年	戰爭名稱	規模		參加人數		傷亡人數
		戰爭省分數	影響省分數	軍隊人數	指數	
6	反復辟戰爭	1	——	55000	100	100
7	湖南戰役	1	4	100000	181	2000
9	直皖戰爭	3	3	120000	218	3600
11	第一次直奉戰爭	4	6	225000	409	40000
13	第二次直奉戰爭	5	9	450000	818	41000
15	國奉戰爭	8	5	600000	1090	——
15~17	北伐戰爭	12	8	1100000	2000	63840

軍閥間混戰不休，最苦的是生活在戰火下的無辜民眾。軍閥為了籌集軍費，時常巧立名目徵收賦稅、濫發軍票，加重人民的經濟負擔；又強徵兵差、任意拉夫，造成農村人力短缺影響生產耕作；而士兵軍紀敗壞、劫掠民家，更成為百姓生活中的惡夢；此外攤派軍費、亂收釐金，也阻礙工商業的發展；還有戰火直接的波及，更

---

[1] 資料來源：齊錫生著，楊云若、蕭延中譯，《中國的軍閥政治》，北京：中國人民大學出版社，1990 年，頁 129-131。

造成人心不安與生命財產的重大損失。[2]因此飽受戰火摧殘的北方人民，一提到軍閥間的循環內戰，沒有不感到無奈與痛恨的。

　　翻閱當時的《大公報》與《晨報》，幾乎時時都有戰爭的消息，處處都是百姓受苦的記載。《大公報》在民國十六年（1927）一月一日即以一篇名曰〈七哀〉的文章，清楚敘述各行各業受到戰爭的破壞：

> 民國十五年之禍亟矣，海內沸騰，兆民荼毒，六朝不足以喻其亂，五代不足以比其酷……。哀農民，新捐倍蓰，軍役孔繁，兵匪踩雜，此去彼來，誅求擄掠，月以繼年……。哀兵士，民之及壯，能自食也，徒以政窳國亂，散之四方，百業無門，投諸師旅，背父母，離鄉井，戰地殞生，一瞑萬古……。哀拉夫，正業良民，忽遭軍役，牽鎖上車，如待刑之囚，鞭捶就道，若市場之畜，飛禍天來，家族呼號，前途冥茫……。哀紳商，交通阻塞，捐稅苛繁，懷有限之資本，供無限之榨取。[3]

　　《晨報》也於民國十七年二月十四日，以一篇名為〈河北人喫黃土泥〉的社論，深刻描寫戰地民眾生活的悲慘：

> 去歲河北天災流行，……於此天降災屬之會，更重以人禍，……所有戰區之中，米糧皆盡，蔬菜一空，芻秣騰貴，柴薪告絕，戎馬倥傯，大軍雲屯，屠割至於羊豚，宰殺不留雞犬，遂致四境不聞雞鳴，一路幾絕牛跡，農村荒涼，至於

---

2 林明德譯著，《中國近代軍閥之研究》，臺北：金禾出版社，民國 83 年，一版，頁 229-233。

3 〈七哀〉，《大公報》，民國 16 年 1 月 1 日，第二版。

此極，可謂慘矣。[4]

眼見人民生活受到戰爭的巨大傷害，《大公報》與《晨報》清楚地流露出同情的態度，他們認為：「百姓在這個用兵的時候，也知道命是賤的，哪敢要什麼大價錢，只要還他『不亂要錢，不亂要命』八個字的低價，也就心滿意足了」。[5]但是軍閥割據混戰是一種永無休止的惡性循環，正因為中國沒有一位能掌握全局的絕對實力人物，獲得政權的都是時運使然，不久勢必會遭到其他軍閥的聯合反對；故每個軍閥都想入主北京統一中國，但卻沒有人能真正完成它。《大公報》說：「現在無論何方有力人物，其氣魄才力，皆不足以當收拾中國全局之任」；[6]使「國民苦於拉鋸式戰爭久矣，……此種犧牲，不知何所為而出此，一語道破，不過各方有各方之夢境，雖明知力量不足，仍必勉事掙扎，以迄夢境之實現」。[7]如此只是讓軍閥輪流上臺，徒使戰火波及無辜的人民。

面對軍閥不顧民怨一味征戰，北方報紙輿論表示出其強烈的反對立場；但他們也只能持續地發表這種反戰言論，並無力改變現狀。《晨報》曾以一幅插畫深刻描繪人民求和願望的微弱。（見 45 頁圖一）

就在北方人民苦於軍閥混戰的情況下，南方號召反軍閥割據、求國家統一的北伐軍號角響起了，這自然能獲得北方人一些寄望。[8]然而這種對北伐的粗略印象，是否能代表整個北方報紙輿論界？又

---

[4] 〈河北人喫黃土泥〉，《晨報》，民國 17 年 2 月 14 日，第二版，社論。

[5] 〈北京現狀下之聯想〉，《大公報》，民國 15 年 12 月 8 日，第一版，社評。

[6] 〈辭歲〉，《大公報》，民國 16 年 12 月 31 日，第一版，社評。

[7] 〈夢境重重〉，《大公報》，民國 16 年 12 月 23 日，第一版，社評。

[8] 張靜如就認為，正是北洋軍閥混戰削弱自身及失去民心，動搖了它的基礎，

圖—9

從而匯集北伐成功的有利條件。見張靜如、劉志強，＜北洋軍閥統治時期
的社會與革命＞，《教學與研究》，1986 年第 6 期，北京：中國人民大學
出版社，頁 13。

9　《晨報》，民國 17 年 5 月 25 日，第七版。

如果有這種輿論，是否在北伐兩年半期間內持續保持不變？

事實上翻閱《大公報》及《晨報》，就發現其對北伐的看法並不單純。首先，北伐雖然號召反割據求統一，但這個「反對軍閥混戰」的北伐，本身也是一場軍事戰爭。《晨報》即言：「此次北伐能至長江，蘇俄六萬支槍為之也」；[10]《大公報》也謂：「黨軍連日以飛機襲保定，每次擲下炸彈，禍延平民，吾人聞耗，誠感悲慨」。[11]《晨報》曾刊登國民和平促進會的求和電，就將人民對南北戰爭的一律痛恨表露無遺：

> 民國以來，變亂相承，迄無寧歲。南與北戰，北與南戰，南與南戰，北與北戰，循環起伏，迭為因果。……南曰革命，所以救國救民也；北曰討赤，亦所以救國救民也。其真正意旨之所在，及其實施之方略如何，成績如何，雙方之比較優劣又如何，吾人姑不深論；第就吾國人歷來所受痛苦言之，則諸公所謂救國救民者，其結果恐適以禍國禍民也。[12]

因此在飽受戰禍之苦的北方人民眼中，北伐戰爭也是一場戰爭，也會帶來人民生命財產的損傷，是並無特殊之處的。

其次，北方報紙輿論亦認為打著統一旗幟的北伐軍並不特別，因為在北洋軍閥長達十餘年的混戰中，每個軍閥發動戰爭時，也都打著「統一」、「護憲」的各式招牌。[13]故《大公報》認為：「戰為何乎，為爭正統耶，京粵兩組織皆無合法之根據，事實上亦皆不

---

10 ＜智力＞，《晨報》，民國 17 年 4 月 16 日，第二版，社論。
11 ＜論飛機擲彈＞，《大公報》，民國 17 年 5 月 25 日，第一版，社評。
12 ＜又有奔走和平運動者＞，《晨報》，民國 16 年 10 月 6 日，第三版。
13 陳志讓，《軍紳政權》，臺北：谷風出版社，1986 年 11 月，頁 3。

能統令全國」。[14]所以任何號稱反對軍閥混戰、求取國家統一的「征戰」，聽在有無數次受騙經驗的人民耳中，只不過是又一次戰爭的藉口；《晨報》就以一幅生動寫實的插畫，嘲諷軍閥假借民意混戰不休。（見 48 頁圖二）

　　再者，爲了因應南方北伐軍的威脅，北洋軍閥激發其生死存亡的本能，動員更多人力、花費更多金錢進行抵抗，雙方因而爆發更大規模的戰鬥，也帶給北方民眾前所未有的損失，《大公報》多次表示：

> 自所謂討赤軍興，時逾一年，合東南孫部計之，動員不下百數十萬，……各地良民學生死於赤化兩字者，復不可以金錢數量計。[15]
>
> 討赤軍興，行將兩年，人民利益，唯有八字，曰：『兵災匪禍，家破人亡』而已。[16]
>
> 民國過去之戰爭，或數日止，或數旬止，久者數月必止矣。其戰區狹則數府縣，廣亦不過一二省，然論者猶太息痛恨於戰禍之烈。以視此次戰事互兩年餘之久，十數省區之廣，而未能已者，又如何哉。[17]

因此不論北伐是否真能結束軍閥混戰帶來永久和平，它首先就得先擊敗北洋軍閥，故一定會先引起其最大動員的抵抗。這對早已痛恨軍閥興兵作戰的北方民眾而言，無疑是雪上加霜，勢必將怨氣加諸

14　＜勸南北猛省＞，《大公報》，民國 15 年 9 月 2 日，第一版，論評。

15　＜「不見棺材不落淚」＞，《大公報》，民國 16 年 6 月 14 日，第一版，社評。

16　＜討赤利益＞，《大公報》，民國 16 年 12 月 7 日，第一版，社評。

17　＜戰爭之犧牲＞，《大公報》，民國 16 年 10 月 17 日，第一版，社評。

圖二[18]

18 《晨報》，民國 16 年 9 月 7 日，第七版。

於北伐軍的進攻上的。

　　最後，綜覽當時的《大公報》及《晨報》，還能在其中發現時間因素對言論變化的影響。在北伐剛開始之時，誰都不知其後來會成功，也不清楚南方北伐軍實力如何，與北洋軍閥有何不同。因此在厭戰求和的普遍心理下，只將北伐視爲又一次的軍閥征戰，而要求雙方一律停戰。例如《大公報》在民國十五年九月二日（即是其復刊的第二天），就有一篇名曰＜戰卜＞的論評，以無所謂和譏諷的語氣，認爲七月才初起的北伐軍：

> 戰亦如是，不戰亦如是，則厭惡之心生；戰勝亦如是，戰敗亦如是，則鄙屑之念起；無論若何之號召，皆等量齊觀，無論何誰之勝負，蓋熟視若無睹。……今日國人所以厭戰者，戰而不能安耳；苟信斯人，戰而能安，則簞食壺漿以迎王師者。[19]

這就是說，北不北伐，並無所謂；誰勝誰負，亦不關心，最好是雙方別打。九月二十七日的一篇＜是謂棄民＞又說：「古云，不度德，不量力，宜其敗也。……惟以混戰爲事，是不啻蟪蛄之智，虎豹之勇，而欲以言統一，豈非狂悖之尤者哉」。[20]《晨報》則將南方北伐軍根本也視爲軍閥：

> 「派生」的新軍閥，年來襲取舊軍閥專政手段，攫奪勢力，進圖取代舊軍閥之地位；舊軍閥爲利害關係，不得不聯合起來，和對方拼個死活，這便是眼前新舊軍閥對壘的真相。其

19　前溪，＜戰卜＞，《大公報》，民國 15 年 9 月 2 日，第一版，論評。

20　宜之，＜是謂棄民＞，《大公報》，民國 15 年 9 月 27 日，第一版，時事小言。

實新舊也者，不過時間性之區分，雙方壓制思想，錮蝕人心，

草菅民命，斷送國權，是沒有兩樣的。[21]

　　民國十六年（1927）春，國民革命軍與孫傳芳進入決戰，北方報紙輿論眼見情勢至此，態度便漸漸有了改變：「老實說，吾人第一希望，是可和則和；第二希望，如不能和，請快打」。[22]他們或許察覺到，戰爭既不可避免，只求速戰速決，以免演變為長期鏖戰，增加人民痛苦；也許北伐是終止軍閥混戰的一個方式，而順勢提出這種呼籲。但我們仍可觀察出，雖然在戰局壓力下，言論的傾向漸有改變；然而終其北伐期間的所有言論，不管何時，要求反戰、呼籲節制作戰的呼聲仍是從不歇止。因此在民國十七年十月十日北伐大體完成之時，《大公報》製作了一版＜革命軍事完成之回顧＞，[23]而緊接著在標題之後，諾大的「願從此永久國內不用兵！」的大字並排於其左；足以顯示北方報紙輿論持續一貫的反戰立場，也可說明其對北伐戰爭的基本態度。

二、　民心思和

　　軍閥循環混戰起因於彼此割據一方、互不相讓，歷史上解決分裂達成統一的方式大略有二：經由武力征戰或和平談判，孫中山遺囑中「召開國民會議」的主張，即是以政治協商的方式謀求結束分裂對峙。[24]飽受戰火之苦的北方人民，既然反對戰爭，自然會傾向

21　心，＜今年雙十節的意義＞，《晨報》，民國15年10月10日，第二版，
　　社論。

22　＜小言＞，《大公報》，民國16年2月11日，第一版。

23　＜革命軍事完成之回顧＞，《大公報》，民國17年10月10日，第六版。

24　蔣永敬，＜孫中山對中國統一的主張＞，《「近代中國與亞洲」學術討論

以和平妥協解決延宕不決的時局，《東方雜誌》上曾刊載：「十五年來戰爭不息，國富盡耗，民生垂竭的中國，不能再事戰爭以蹙國運。一切國內政權的支配，應以政治方法謀求解決，武力的衝突必須避免，這是近來國內一般人民的意見」。[25]

自從軍閥割據混戰伊始，各方籲和的聲浪就未間斷，至民國十五年七月南方北伐軍興、南北擴大戰爭規模，各種和平運動就更加如火如荼地進行著。只不過之前反戰求和的對象是北洋軍閥，北伐開始後的對象又加上南方北伐軍。翻閱這兩年半間的北方報紙，就能發現有關戰爭的報導有一半，而有關謀和的記載也有一半。民國十五年九月北伐初起攻打孫傳芳時，《大公報》就曾刊登標題為＜東南一片求和聲＞的上海總商會分致孫傳芳及蔣中正之停戰籲和電，[26]並在社評＜悲蘇人＞中為其感嘆：「蘇人最以和平名，每逢戰爭，則紳士奔走商界號呼以求和平。然求者自求，拒者自拒」。[27]《晨報》也先後刊登過江浙協會及各省商界聯合會停戰籲和電，請求速開國民會議，和平解決國事。[28]

身為輿論中心的北方報紙，除不斷刊登這些各方求和的呼聲外，也時常表明自己的和平主張。《大公報》民國十六年三月七日起所增闢的副刊「銅鑼」，就在當日發刊詞中說明「銅鑼」此名的意

會論文集》，香港：珠海書院亞洲研究中心，1995 年 6 月，頁 21。

25 幹，＜雜評＞，《東方雜誌》，32 卷 21 號，民國 15 年 11 月 10 日，頁 1。

26 ＜東南一片求和聲＞，《大公報》，民國 15 年 9 月 18 日，第六版，上海總商會電、江浙協會電。

27 ＜悲蘇人＞，《大公報》，民國 15 年 9 月 11 日，第一版，社評。

28 ＜南京和平運動＞，《晨報》，民國 15 年 10 月 13 日，第二版，南京國聞社電；＜商民痛言＞，《晨報》，民國 17 年 3 月 3 日，第二版，東方社上海快函。

旨：

> 烽煙瀰漫，到處都是一片刀光血影，有多少母子離散，夫婦
> 慘別。我們且學『鳴金收兵』的辦法，打起鑼來，請大家休
> 息休息！[29]

《晨報》亦曾刊出一幅有趣的賣冰淇淋插畫，請混戰中的軍閥們消
消火。（見53頁圖三）

但令人奇怪的是，翻閱當時的北方報紙，就會發現眾多的謀和
呼聲不僅來自於厭戰的人民，也有許多來自於軍閥本身。例如《晨
報》就曾刊載孫傳芳謂：「余志在討赤，蔣介石果能真正掃除共產
黨，與余志相同，未嘗不可與之謀和」；[30]亦記載奉軍外交處處長
吳晉表示：「現蔣介石既反對共產黨，並對過激黨徒極力取締，是
其主張已與兩帥主張相同。閻百川現既出任調停，蔣介石最近亦有
與兩帥合作之表示，兩帥自無不贊成」。[31]

乍看上述談話，可能會認為軍閥無心作戰中國和平有望；但仔
細考諸軍閥歷史及對照談話當時的時事，便可知這些和談的訴求並
不單純。首先，長達十餘年的軍閥混戰局面之所以維續下去，即是
靠軍閥善用打打談談的策略。當其軍事失利或戰局膠著時，便會提
出這些外表冠冕堂皇的和電，為自己爭取休養生息的機會，《晨報
》就以一幅插畫表明所謂妥協問題的曖昧難懂。（見54頁圖四）

再者，由上述孫傳芳與吳晉談話的發表時間來看，正是民國十

---

[29] ＜第一下＞，《大公報》，民國16年3月7日，第八版，銅鑼。

[30] ＜中國需要兩種人＞，《晨報》，民國16年7月20日，第三版，第一軍
團長孫傳芳談話。

[31] ＜今後時局以政治手段解決＞，《晨報》，民國16年6月7日，第二版，
奉外交處處長吳晉談話。

圖三[32]

圖四[33]

33　《晨報》，民國 16 年 7 月 24 日，第七版。

六年六、七月間。此時北伐進展快速，孫傳芳等北洋軍閥招架不住，正謀爭取時間休養元氣；而另一方面，南方北伐雖軍事順利，但卻面臨清黨分共及寧漢分裂的內訌，亦是元氣大傷暫時無力北伐。因此這些軍閥的謀和呼聲，只是雙方作戰上的策略運用，並非為了人民的真正福祉，也不能保證永久的和平。關於此點，當時北方的報紙輿論在長期經驗下亦十分清楚，《晨報》即說：

> 歷來戰爭過去之後，政治運動便應運而生。然其結果所謂政治者，每不過屬戰勝者之主張與便利，絕非能得他方之諒解。故時過境遷，反對者即振振有詞，起而撲之矣。往例歷歷，無待枚舉。[34]

因而認為：

> 夫以孫蔣俱在勢窮力絀之際，吳軍內部複雜，奉系固守北方千迴百轉，時局或將暫時脫離軍事而以政治的方法，藉解目前之爭，亦未可知。……民國十數年來大亂所以益滋者，其癥結全在武人攘權奪利，不肯相率而入民治之途軌。彼輩一日不覺悟，亂萌則一日未能芟除。所謂護法也，護憲也，國民會議也，皆不過資其一時之利用而已。[35]

《大公報》亦說：「蓋息爭罷戰者，僅息之罷之已耳，非根本上消除戰爭」；[36]故「戰之事愈緊，而和之聲亦愈高，愈戰愈和，愈和愈戰。今干戈滿中國，而妥協之聲，依然不絕於耳，此誠曠古

34　＜最後勝利在于政治＞，《晨報》，民國 15 年 10 月 29 日，第二版，社論。
35　＜國民會議與時局＞，《晨報》，民國 15 年 10 月 20 日，第二版，社論。
36　＜息戰運動之前提＞，《大公報》，民國 17 年 5 月 16 日，第一版，社評。

之奇聞，中國之常事也」；[37]「從前尚希望各方不打，則後則希望其速打，及至現在，當事者卻又揖讓雍容，相持莫肯先發，佈必戰之勢，無決戰之心」。[38]而事實上「和平與妥協，猶為二事，和平為永久和平，妥協為一時休戰。和平者，全國一致本共同之目的，摒棄內戰，和平改革。妥協者，各勢力領袖互相利用，息兵一時」。[39]所以「上海北京兩總商會之息爭禦侮電，應可代表普通商界心裡；而雙方當局，不禁其發拍與宣佈，亦為可注意之點。……亦今日苟言息爭，則必須根本覺悟，務使此次內戰為最後一次，……假令息爭為暫時休戰之義，其禍更大而遠」。[40]

　　不過這些軍閥和電也不能僅當成其戰略之應用而已，在某一程度上，有時也能反映出些許實際狀況。那即是經過多年混戰的消耗，軍費人力的巨大損失，令誰也無力再支撐下去。《大公報》即分析：「方今國民所希望者，能戰則速戰，否則速和，乃事實上人人不願戰、不能戰」[41]；故認為：「籌款問題南北均感為難，時局推演至此，進退兩難，和戰均苦，在國民固感苦痛，在當局亦焦急萬狀」。[42]

37　＜南北妥協之可能性為何＞，《大公報》，民國 16 年 5 月 19 日，第一版，社評。

38　＜亂象推演伊於胡底＞，《大公報》，民國 17 年 3 月 23 日，第一版，社評。

39　＜妥協與和平＞，《大公報》，民國 16 年 8 月 2 日，第一版，社評。

40　＜論京滬兩商會電＞，《大公報》，民國 17 年 5 月 9 日，第一版，社評。

41　＜不戰不和間之自家整理＞，《大公報》，民國 17 年 2 月 25 日，第一版，社評。

42　＜南北之財政與軍事＞，《大公報》，民國 17 年 3 月 20 日，第二版，北京特訊。

　　但不論這些軍閥和談的訴求是否出於真心，事實上和平妥協亦不可能辦到；因爲彼此的妥協都帶有條件，而各方的底線又不能交集。當時北方報紙對此曾多方分析，認爲阻礙妥協的層面十分複雜，且不時會有新的問題產生，《大公報》即言：「吾人完全以政治眼光觀察，殊覺真正和平之可能性甚小」，[43]各方「和平之意願雖不可掩，而妥協之辦法則絕不說出」。[44]自從國民黨北伐中途清黨分共之後，原先北洋軍閥「反赤」的口號就出現漏洞，而「南北相較，亦令北方討赤之旗色，黯淡而無光」，[45]北伐期間最大的妥協論戰也因此展開。

　　然而赤不赤其實並非重點，雙方一直又有各自的腹案。對北伐軍而言，其進展順利勝利在望，自不可能就此打住，《大公報》就說：「江西戰爭初開的時候，和平空氣，兩邊都有；到了近日，黨軍一味悶打，孫軍卻迭迭表示悲天憫人的態度。……我們單看和平聲浪從那邊來，就可發現勝負的天秤架了」；[46]故「妥協之聲，洶洶於北，而南略無聞焉」。[47]雙方妥協的內涵亦相當複雜，《大公報》表示：「若僅以南方拋棄聯俄爲前提，則離題不知尚相距若干萬里，……據吾人所知，今之在南方握有軍權者，大抵皆非贊成赤

43　市隱，＜說和＞，《大公報》，民國15年10月13日，第一版，社評。
44　＜和平歟戰守歟＞，《大公報》，民國16年3月27日，第二版，北京特訊。
45　＜妥協歟戰爭歟＞，《大公報》，民國17年2月2日，第一版，社評。
46　＜勝與負的天秤＞，《大公報》，民國15年10月13日，第一版，時事小言。
47　＜南北妥協說之另一觀察＞，《大公報》，民國16年2月17日，第一版，社評。

化之人；不過欲利用蘇俄之力，以進行其推倒北方之策畫，故不得
不有聯俄之標榜」。[48]

　　另一方面，戰事不利的北洋軍閥或許願意接受妥協，但其亦有
接受和談之底線，以留給自己東山再起的空間。例如面對南方要求
北佯軍閥改名易幟，《大公報》就記載北佯軍閥不能接受此一條件
：「孫傳芳對某記者謂青天白日旗是國民黨旗，當然不能代表中華
民國」；張學良亦說「尊重主義則可，改名易幟則不可」。[49]不過
到了南方寧漢分裂內訌纏身無力北上時，南方又對妥協放出信號，
但是此時則換成爲北方姿態較高：「奉方又以此次蔣介石所以急於
求和者，因武漢派業已進逼九江，若非津浦線上停戰，大難對付。
奉方若輕率承認，則武漢解決之後，蔣必依舊北伐，豈非上一大當
？是以奉方欲討議具體條件之前，必須徵實蔣確有較永久之妥協誠
意，而後方能允諾」。[50]如此南北雙方妥協之條件既談不攏，分裂
又只是繼續混戰下去，故《大公報》認爲：「中國必須統一，而現
有兩政府，不議和而統一，勢必決戰以求統一，此無可奈何者也」
。[51]

　　時局就在和也不成打也不成的窘境下徘徊，最後北伐事實上是
在邊打邊停下斷斷續續完成的。當北伐即將兵臨城下而北方力已不
支之際，爆發了日本阻撓北伐的「濟南慘案」。外患發生，人民籲

48　淵泉，＜南北妥協可能耶＞，《晨報》，民國 16 年 2 月 15 日，第二版，
　　社論。

49　＜張學良對日本記者談話＞，《晨報》，民國 16 年 7 月 20 日，第二版。

50　＜三角妥協澈底乎？苟且乎？＞，《晨報》，民國 16 年 7 月 19 日，第二
　　版。

51　＜難乎其爲細胞＞，《大公報》，民國 17 年 2 月 14 日，第一版，社評。

和的呼聲響徹雲霄，《大公報》與《晨報》刊載了大量的求和新聞及通電：「上海總商會請息內爭禦外侮，北京總商會響應」、[52]「國際紅卍字會通電中外呼籲和平」。[53]張作霖見一時反攻無望，亦利用民意氣氛猛打「和平牌」，「通電因對外即息兵，國內政治問題靜候國民裁決」；[54]奉方並表示：「此次撤兵，亦係為促成和平起見，乃我退一尺，彼進一丈，可為痛心。……故自動的撤退，並非戰敗」。[55]

所以此時北伐軍若繼續揮兵北上，勢必引來日本的強力杯葛，徒遭厭戰民眾更大的反感。而張作霖回奉途中被日本炸死後，繼承其之張學良因懷恨日本，亦傾向以和平方式解決時局。《大公報》載稱：

> 夫自皇姑屯事件以來，黨國當局，國軍領袖，乃至一般社會，對奉天問題之觀念，殆完全一變。所以自四總司令來平祭靈，即決議以和平方法，促進統一，關內關外，分別處理。

---

52 《晨報》，民國17年5月8日，第二版，上海來電、北京去電。

53 《晨報》，民國17年5月15日，第三版。

54 《晨報》，民國17年5月10日，第二版。

55 《晨報》，民國17年5月27日，第二版。

56

故雖然最後還是「繞道」北伐，但南北雙方已先達成和平讓渡北京
政權、關外形式統一的默契。如此號召結束軍閥混戰的北伐戰爭，
最後也在民意趨向、外交環境、及自身實力的限制下，某一程度地
以妥協結尾。

---

56 ＜灤東軍事輿統一前途＞，《大公報》，民國 17 年 9 月 17 日，第一版，
　　社評。

第二節　軍閥政治及其評價

　　本節準備從北伐當時北方的政治環境著手，探討《大公報》及《晨報》對北洋軍閥的評價，藉以釐清面對南方北伐的爭權壓力，北方人民的政治取向問題。

　　在討論中將分兩個步驟來處理：首先，觀察隨著時間進展，北方報紙輿論對當時北方主要軍閥的評價有何改變，並探究北方人民對軍閥施政的滿意程度；其次，探討南北軍閥的敵我認同情形，試圖瞭解當時北方報紙輿論如何區分北伐作戰的南北陣營。

一、　軍閥遞嬗與施政評價

　　北洋軍閥的征伐混戰，帶給北方人民極大的痛苦；然而由於當時中國仍是分裂不統一的局面，只能寄望這些握有實力的軍閥改良時局。故北方人民對軍閥就產生一種又愛又恨的矛盾感情，依時依人也有不同的評價。

　　在長達兩年半的北伐戰爭裡，北方主要的軍閥有吳佩孚、孫傳芳及張作霖三人。薛立敦（James E. Sheridan）將民初分軍閥為四種類型，其中吳佩孚、張作霖屬保守型。[1]這是學者日後對軍閥的分類，而在北伐戰爭期間，北方報紙輿論對其領導者之個人評價如何？是否影響北伐的民意基礎？是我們期望從《大公報》與《晨報》中得知的，以下分別對這三人加以論述。

---

[1] 四種類型分別為領袖型、保守型、反動型、改革型；見 James E. Sheridan, *China in Disintegration : the Republican Era in Chinese History,1912-1949*,New York: The Free Press,1975,pp.59-71 。

　　直系吳佩孚是北伐戰爭初期北方最有實力的人物，在列強及人民心中頗得聲譽。民國十一年（1922）第一次直奉戰爭直系戰勝後，勢力達到頂峰，至十三年第二次直奉戰爭直系戰敗後勢力暫衰。但到十四年底國奉戰爭之際吳又東山再起，十五年七月南方北伐時，吳據有長江中游一帶，面對南方北伐的挑戰並不引以為意。但隨著北伐的勢如破竹，吳在十五年十月失去武昌，成為第一個被北伐軍解決的北洋軍閥。對吳的失敗，《大公報》曾多次加以批評：

> 洪憲篡國，西南義師起，吳佩孚以偏裨從曹錕入蜀，……不及十年，遂稱霸於域中。當其開府洛陽，威行京國，山東西，江南北，無不承其號令。……曾幾何時，竟爾覆敗，偌大乾坤，一肩行李，茫茫四顧，無以自容。[2]

> 吳佩孚獨霸一時，為迷信武力統一之人。中國之應統一，與統一之有恃於武力，誰曰不然；特吳氏所恃者唯其本身或其一系之武力，又除武力外更無所事，故終一蹶而不可復振。……綜論吳氏之為人，一言以蔽之，曰有氣力而無知識。[3]

更謂段祺瑞與吳佩孚：

> 北洋系軍人中，段吳兩氏，總算是鐵中錚錚，庸中佼佼。……老實說，前幾年，天下人希望成功，不知道做了多少夢。無如夢夢成空，令人沒有勇氣。……兩位優點固多，弱點也不少，雖各有不同，卻害了一個共同毛病叫做『不知政治』四個大字。……一登臺，便老氣橫秋，想模仿袁世凱，卻並不

---

[2] ＜吳佩孚下落＞，《大公報》，民國 16 年 6 月 27 日，第一版，社評。
[3] ＜跌霸＞，《大公報》，民國 15 年 12 月 4 日，第一版，社評。

> 知袁世凱本領安在，比袁世凱口氣還大十倍。以為拿出段祺
> 瑞三字，孫中山必走，拿出吳佩孚三字，蔣介石必逃。祇要
> 名字好，招牌老，天下事還有什麼辦不了。……我們都是從
> 前希望過兩位成功的人，總算是兩位的好朋友；我們以為兩
> 位以後作政治以外人物，必然比政治上人物成就為多。……
> 那政治玩意，實在與兩位性情不合，不是好玩的。北洋系中
> 想玩的人，還多的狠（很）；北洋系外想玩的人，更多的狠
> （很），讓他們玩吧。我們並不是已經知道政治舞臺上有什
> 麼好角色，請兩位讓賢；不過是二簧聽厭了，北方還有梆
> 子，南方也有崑曲，想改個調門聽聽；梆子崑曲唱的好不
> 好，是我們聽戲人的運氣。[4]

上述都是對吳迅速傾覆的諷論，但事實上北方報紙輿論先前對吳的
評價並不差，只是在吳無力抵擋北伐軍的威脅後，才表示對其失望
之意。《大公報》也知道，抵抗不了南方北伐並不是吳個人的問題
，而認為吳：

> 其人雖妄，私人品行，猶有可取。雖任情專擅，固亦自信愛
> 國。……故吾人雖反對吳之政策，今轉不欲多所詆評。茲所
> 論者，北洋正統消滅之事實而已。[5]

除吳以外，另一位直系大將孫傳芳，北伐前割據長江下游一帶
，號稱控有東南五省。因北伐先打吳佩孚，孫為保全自己，曾與蔣
介石商議互不侵犯協議；在當時東南江浙地區的和平風潮下，孫「

---

4 市隱，＜段芝泉與吳佩孚＞，《大公報》，民國 15 年 9 月 25 日，第一版，
　社評。
5 榆民，＜回頭是岸＞，《大公報》，民國 15 年 9 月 4 日，第一版，社評。

人不犯我、我不犯人」的保境安民措施甚獲時譽,[6]《大公報》即說
:「孫氏為人規模不大而頭腦頗清晰有決斷,……更利用社會反對
共產之心裡,專攻蔣介石親俄赤化一點,不特對孫中山表示尊崇,
對三民主義表示可商,即對蔣個人亦謂只需脫離蘇俄操縱,便可罷
戰言和」。[7]

　　至北伐軍圍攻武昌時,孫即遣軍介入,北伐軍亦由廣東攻擊江
西福建;箭頭指向孫傳芳,孫亦招架不住,民國十五年十一月乞援
於張作霖,張組安國軍共抗北伐,孫出任副總司令。次年三月,孫
戰敗北逃,對於孫的失敗,《大公報》亦多所批判:

> 現代武人中,孫傳芳畢竟是個人才,督蘇年餘,聲譽甚好。
> 可惜馳騖虛名,誇張太過,實力本來不夠五省,偏要掛起盟
> 主招牌。樹大招風,位高受忌,到現在反受五省之累。[8]
> 孫之猶不能見恕於輿論者,為其貌開明而內兇狠。方其誓師
> 伐黨也,宣言三事,曰愛國愛民愛敵,東南翕然,甚稱其賢。
> 然孰知其於九江南昌,竟大事殺戮。……最近上海罷工,孫
> 之部下,搜得身懷傳單之工人學生,輒立時殺之。……抑孫
> 傳芳為人,夸詐好名,玩弄當世。[9]

然而民國十六年(1927)四月起國民黨的一連串內訌,給孫一

6　楊天石,《尋求歷史的謎底》,下冊,臺北:文史哲出版社,民國83年12
　月,一版,頁488-489。

7　天馬,〈孫蔣戰事前途之推測〉,《大公報》,民國15年10月3日,第一
　版,社評。

8　天馬,〈滑不過去〉,《大公報》,民國15年9月9日,第一版,時事小
　言。

9　〈兩年來東南時局之回顧〉,《大公報》,民國16年3月4日,第一版,
　社評。

個反攻的絕佳機會。孫於八月渡江南下，一時南北情勢逆轉。雖不久又敗退江北，但這段短暫的再起時間，東南股市竟然大漲，民心亦有巧妙變化，《大公報》就記稱：

> 孫軍長驅南下，各種公債突飛暴漲，據連日滬電，各種債券行市，幾增高四分之一以上。[10]
>
> 孫勝則漲，孫敗則跌，商人趨向，有如此者。……方去年今日，孫傳芳猶控東南五省，儼然巨閥。及江西一敗塗地，遂失東南。殆其退江北，走魯南，大將紛去，寄人籬下，人固料孫傳芳亡命海外之有日矣。又誰知其一戰而奪徐州，收淮上，竟陳兵江岸，席取金陵哉。今之孫，猶是去年之孫，其在蘇本無過人惡政。[11]

而外國更「以為孫軍過江，可望成功，……詎未逾三日而孫軍全敗報到京，外人間殆不無失望也」。[12]從北方報紙輿論對孫忽貶忽褒、勝時褒敗時貶的關係中可知，孫在人民心裡有多重面貌，亦可看出北伐戰局對輿論轉向具有強烈影響力，逼使他們不得不為承時之作。

　　在吳、孫陸續失敗後，奉系的張作霖繼而主導北方政治。張出身東北綠林，清末投效當局改編為官軍，民初控有東北，數度進出關內外。民國十五年再度入關驅走馮玉祥之國民軍，控制北京政府。此時吳佩孚已被北伐軍消滅，孫傳芳也前來投奔，張遂組安國軍

10　〈公債與時局〉，《大公報》，民國16年8月30日，第一版，社評。

11　〈江戰感言〉，《大公報》，民國16年9月3日，第一版，社評。

12　〈外人有聞孫敗失望者〉，《大公報》，民國16年9月5日，第二版，京訊。

共抗北伐。但張力亦不支,扶持張的日本乃策畫製造「濟南慘案」阻撓北伐。濟案發生後,張在要求息爭禦侮的民意下,欲趁機退回東北,但被日人炸死於歸奉途中。[13]

　　北方報紙輿論如何評價幾度進出關內關外的「東北王」張作霖？張在北伐戰爭中組安國軍以抗南方,實際負責北方政務軍事最久；故本節所欲瞭解北方民眾對其領導人的評價,事實上亦以對張的看法最為重要。翻閱當時的《大公報》與《晨報》,可明顯看出其對張的評價,是隨著北伐戰局的進展而有變化。當吳、孫失敗,張入關組安國軍政權時,北方報紙輿論對其寄望頗深,並肯定張地位實力的重要性,《大公報》即言:

> 北方實力,無出張右,坐鎮京師,經逾半載,部下服從,各派政客亦馴服無敢異動。[14]

又說:

> 張氏此來,應與北京政局有若干之關係也。……孫勢已微,吳不待論,是則吳張合作之局,事實已成過去,而北方責任,將為奉系所獨負。……蓋京津一帶,今全在奉軍勢力之下,大江以北,最大之軍閥團體,莫如奉系。……故張氏登臺,在北方今日,毋寧最為合理也。[15]

《晨報》亦謂:

> 張作霖此次入關,外界固力傳具有政治意味,不謂張將擁

13　關於張作霖之生平與炸死經過,可參考 Gavan　McCormark , *Chang Tso - Lin　in Northeast China,1911-1928:China,Japan and the Manchurian Idea*, the Board of Trustees of Leland Stanford Junior University,1977.

14　<北京改制>,《大公報》,民國16年6月19日,第一版,社評。

15　<論北方政局>,《大公報》,民國15年11月10日,第一版,社評。

人，即謂張將為人所擁。但以吾儕觀察，此皆為無聊政客之
一種宣傳與希望。以張今日所處之地位，果何必要而擁人，
更何需急急于為人所擁。故張此次之最大任務，當然係屬軍
事問題。16

但隨著張的戰力日下，北方報紙輿論也漸改評價；至北伐末期
張軍事不敵而以和平方式讓渡北京政權時，《大公報》發表對其極
為嚴苛的社論：

夫張氏崛起草莽，未嘗學問，遭逢時會，扶搖直上。……南
北之戰，離合操縱，迭主事變，卒於北都建制，竊名號以自
娛者恰近一年。……駕馭綠林兄弟，使貪使詐，行權弄術，
蓋純為舊式梟雄式人物。而其對外尤慣能往復玩弄，伸屈自
如。故在國民之惡彼者，儘管斥為賣國，罵為親日；在張氏
自身，則往往以愛國自詡，甚至以不借外債不訂密約誇耀於
人。……按張氏立身施政，完全舊式思想，其失敗處亦在漠
視國民思潮，不肯順應潮流，不親正人，不聞讜論，日與奴
隸廝賈為緣，而所負荷者乃國家大事，才力地位，絕對不倫。
17

總之，從當時北方報紙輿論對北方軍閥的評價，可知其通常是
在大戰甫定時，對戰勝者頗懷寄望，但不久就對軍閥的無能感到失
望，亦在北伐戰局的壓力下改變評價。北方軍閥失政固然令人痛心

---

16 德言，〈時局緊張與奉張態度〉，《晨報》，民國 15 年 11 月 15 日，第二
版，社論。
17 〈張作霖死亡之公表〉，《大公報》，民國 17 年 6 月 20 日，第一版，社
評。

，北方軍閥失利更令人憂心。北方報紙輿論就在多重的心結與壓力下，一再調整對軍閥評價的口徑。

接下來要觀察北伐戰爭時期，北方人民在軍閥統治下的生活情形，及其對軍閥施政的滿意程度。關於北洋軍閥的政治型態，國外學者研究很多，評價有好有壞。長達十餘年的軍閥時期，因軍閥輪流主政，而呈現動亂頻仍的景象；民國六年（1917）以降的十二年時間，北洋政權變動劇烈，總共出現過十個國家元首、四十五任內閣、五個國會、七個憲法。[18]但也有外國學者肯定軍閥政治的特殊地位，白魯恂(Lucian W. Pye)就認為民初軍閥為中國首度高度公開競爭的政治型態，雖然競爭的方式是比拳頭，但中國人卻不必固定效忠於哪一個政權，而只要有實力，誰都可問鼎中原。[19]

究竟北伐期間北方軍閥的施政情形如何？翻閱當時的北方報紙輿論，可知基本上中國官僚貪污腐敗、徇私苟且的習性亦照舊未改，《晨報》就有一幅諷刺官僚作風的插圖。（見69頁圖五）

較特別的是因戰爭耗費巨大，影響尋常政務的進行，使官員欠薪的報導層出不窮。《大公報》即言：「三四年來，枯窘益甚，以視疇昔，已同隔世。致昨今兩年，則欠薪二十個月，殆成普通現象。……此真官僚社會之奇哀，寄生階級之末日也」。[20]而自從孫傳芳戰局不利逃向北方後，主要稅收來源的江南又告失去；如此寄食

---

[18] 張朋園，＜黎著「北洋政治：派系政爭與憲政不果」＞，張玉法主編，《中國現代史論集.第5輯：軍閥政治》，臺北：聯經出版事業公司，民國69年，頁151。

[19] Lucian W.Pye ,*Warlord Politics: Conflict and Coalition in the Modernization of Republican China* , New York : Praeger Publishers ,1971,pp.3-12.

[20] ＜北京官僚生活之末日＞，《大公報》，民國16年5月14日，第一版，社評。

圖五[21]

北方的人越多，能收到的稅卻日少，造成政府財政嚴重不足，《大公報》就說：「北方惟一養命泉源之淮南鹽款，從此復無放還之望，數十萬盼賑孔亟之災官，不特過節不能發薪，後此愈無希望」，[22]《晨報》即有一幅描述官僚欠薪窘況的插畫。（見 71 頁圖六）

　　面對發不出薪水給官吏的窘況，北方安國軍政府成立後採取裁冗減政的措施。[23]但軍費的龐大支出，使減政緩不濟急；且就算減政，「也儘管有人兼差累累，大撈特撈。所以財政越困難，越是不公開；越是不公開，卻越是有人去鑽幹，肥者太肥，瘦者太瘦，政界向來如此」。[24]何況財政之難本在於軍費過高，「使戰爭永不解決，財政將根本無辦法，即減政亦無補」。[25]

　　教育文化方面，一般認為因軍閥本身教育程度低，見識思想較保守，而有忽視教育文化的傾向。[26]然而一些研究亦指出，儘管軍閥本身不學無術，但尚能優禮文人；[27]且因當時割據分裂的局面，軍閥無力控制全國，學術自由的程度甚至較後來國民黨訓政時期

22　<弔災官>，《大公報》，民國 15 年 9 月 11 日，第一版，社評。

23　<北京新氣象>，《大公報》，民國 17 年 6 月 21 日，第二版，京訊。

24　<替北京災官說幾句話>，《大公報》，民國 16 年 4 月 15 日，第一版，社評。

25　<北京減政問題>，《大公報》，民國 17 年 3 月 30 日，第一版，社評。

26　陳志讓統計 1912-1928 年曾任團長以上的 1300 位軍官中，受過教育的不到百分之三十，其餘均是文盲或半文盲；見其著<軍閥派系詮釋>一文，張玉法主編，《中國現代史論集.第 5 輯：軍閥政治》，臺北：聯經出版事業公司，民國 69 年，頁 10。關於軍閥迷信與保守，參見張玉法，《中國現代政治史論》，臺北：東華書局，民國 77 年 9 月，一版，頁 161-162。

27　《晨報》曾在民國 17 年 7 月 9 日刊載，「張學良將其父遺產內，提出九百萬元增進奉天省教育經費」，見是日第二版，奉天路透電。

圖六[28]

爲高，新文化運動就誕生於此時期。[29]

　　然而學術風氣儘管十分活潑，但普遍的財政困難卻嚴重影響教育界，教師欠薪、學校倒閉、學生無錢上學的新聞不絕於耳，《晨報》就刊登過一幅描述學校蕭條景象的插畫。（見 73 頁圖七）

　　北方報紙輿論相當痛心教育界的窘困，認爲教育「其所以弄到沒有辦法，完全是由一個『窮』字造成的」。[30]教師薪水本少，如今又「積欠薪金二十一個月，一月所得只有四五元」，[31]使教師生活困難無心授課，嚴重影響教育水準：「廉薪積欠，影響衣食，故爲教員者，不得不多覓鐘點，或多兼數校，在生活壓迫之中，爲務廣而荒之事，其成績可知矣」。[32]許多教師在迫於生計下另尋他職，學校因老師出走而瀕臨倒閉邊緣，《大公報》就報導：「據本報北京通訊員調查北京各國立學校，本年上半年，上課不足兩個月」，[33]國立西北大學更曾在《大公報》第一版刊登求援廣告，希望各界捐款救助，以免學校破產關門。[34]然而因北伐戰事日趨緊張，戰費越來越多，教育經費只有持續遭受冷落。

---

[29] Lucian W. Pye 即謂此時期因軍事倥傯，使文人失去政治上的傳統地位，轉而用心耕耘學術；同時商人因需負擔軍閥債券費用，而獲得相對政治上的發言權，形成中國史上特殊的「學術向知識份子開放、政治向商人開放」之局面，同註 19，頁 154-166。

[30] 瞿世莊，＜北京中小學教育問題＞，《晨報》，民國 17 年 3 月 30 日，第三版，時論。

[31] ＜津保教員乞賑＞，《大公報》，民國 16 年 7 月 17 日，第七版，本埠新聞。

[32] ＜送九校＞，《大公報》，民國 15 年 9 月 11 日，第一版，社評。

[33] ＜半年上課不到兩月之北京高等教育＞，《大公報》，民國 16 年 6 月 7 日，第一版，社評。

[34] 《大公報》，民國 15 年 9 月 25 日，第一版。

圖七[35]

35　《晨報》，民國16年7月6日，第七版。

　　對因經費匱乏而使教育破產，北方報紙輿論表示相當不滿：「
吾人不解政府當局，何以對於上述危急之情形，事前漫不加意，必
俟罷課索薪方允設法救濟。……吾人更不解今日軍警當局擁有不少
之財源，對於區區數萬元之中小學基金，何事把持不放，忍視首都
教育之破產？」[36]原本一向投注於教育的俄國基金，亦因北方反赤
槍決李大釗、封閉俄使館而喪失：「自俄款委員南歸後，基金進行
，便告終止」，[37]教育經費問題無疑更是雪上加霜。

　　在人民生活方面，軍閥統治下的經濟一向備受批評，軍閥混戰
影響百姓生活，對商業發展破壞甚巨。但亦有學者研究指出，此時
經濟情況其實並不算差，第一次世界大戰期間因列強捲入戰爭無暇
東顧，使我國民族工業獲得前所未有的發展契機。戰後這種發展並
不停歇，民國十二至十六這五年間，企業成長數超過第一次世界大
戰期間的成長數。[38]謝文孫就認為，在我們所熟知的軍閥混戰下，
社會並非處於無政府的狀態；就算在沒有中央正式政府的時日裡，
地方性的自然行政系統還是結構分明，這主要是經濟上的持續運作
。[39]究竟北伐期間北方軍閥統治下百姓的生活如何？我們試圖從當
時的北方報紙輿論中加以窺見。

　　首先，翻閱當時的《大公報》及《晨報》，時常可發現其有批

---

[36] 力，＜中小學亦任其關門耶＞，《晨報》，民國 15 年 11 月 4 日，第二版，
　　社論。

[37] 力子，＜國校破產之原因與眼前挽救之方針＞，《晨報》，民國 15 年 10
　　月 7 日，第二版，社論。

[38] 杜恂誠，＜北洋政府時期的經濟＞，許紀霖、陳達凱主編，《中國現代化
　　史》，第 1 卷，上海：上海三聯書店，1996 年 2 月，一版，頁 330。

[39] 謝文孫，＜軍閥的經濟解釋＞，張玉法主編，《中國現代史論集.第 5 輯：
　　軍閥政治》，臺北：聯經出版事業公司，民國 69 年，頁 38。

評軍閥增稅的言論：「近年來為戰事籌餉之故，創立新稅之事層出不窮」。[40]本來軍閥就常向人民攤派軍費，如今又在抵禦北伐的壓力下，新稅日多一日，人民自然心生不滿起而抗爭，《大公報》就曾報導：「湘西津市，最近出一驚人之事，即駐軍苛捐病民，民不勝憤，約數萬人遊街，高呼反病民之捐稅」。[41]且收稅制度本身並不合理，「中國稅課，則向來因人而異，貴官豪富，例得免徵，中產半貧，負擔最重。試看偌大一座京城，真實負擔市政經費者，惟筋骨勞動之車夫及皮肉生涯之妓女而已。彼享受最多收穫最優者，照例對國家社會不負納稅之責」。[42]

　　戰爭造成的物價暴漲使人民生活日趨艱難，孫傳芳在東南作戰時，《晨報》曾報導：「蘇省地方，因有軍事行動，……銀根日緊，商務停滯」；[43]《大公報》更統計當時上海的物價指數：「一年中約暴漲至百分之十，近年增長程度，尤為劇烈」。[44]而持續增加的軍費苛稅亦使北方商業大受影響，《大公報》曾記載：「記者昨與商界中人接談，……據聞北京商業，尚不發達，所謂巨莊大號者，不過少數幾家而已，……若官廳又舉辦奢侈稅，當此商業停滯，市面冷落，吾輩商民實無法支持」。[45]《晨報》亦言：「此數年之

40　<稅入與徵收>，《晨報》，民國17年3月21日，第二版，社論。

41　<愛民與畏民>，《大公報》，民國16年2月10日，第一版，社評。

42　<北京之警費問題>，《大公報》，民國17年3月25日，第一版，社評。

43　<援贛聲中之東南>，《晨報》，民國15年8月30日，第五版，南京通信。

44　<本年物價生活程度若何>，《大公報》，民國16年5月22日，第一版，社評。

45　<奢侈稅與北京商界>，《大公報》，民國16年11月26日，第三版，京訊。

金融界，較之民國初年有天壤之別，……北京之消費者，大都恃官吏；既災官滿城，商業焉能發達，加以各學校亦炊煙屢斷，各會館向來多人滿為患，而去年則多空屋，而城內外之空屋亦極多」；[46] 並以一幅描述苛捐雜稅的插畫說明人民的沈重負擔。（見 77 頁圖八）

　　商業界如此，一般人民的生活更為困難。至民國十七年北伐戰爭末期，北方直魯一帶出現大量難民舉家遷往東北避難。他們或因北伐進入決戰階段，或因察覺北方政權已瀕臨變天，總之不堪再受戰爭摧殘而決心離鄉出走，到地廣人稀的北大荒另闢天空。《大公報》與《晨報》時常刊載難民的報導：「直魯難民，因人禍天災，拋家攜眷，歷盡艱苦輾轉北來者，去歲一稔中，共有八十餘萬」；[47]「所謂難民也者，乃因天災人禍，失其生活之途，或安息之所，其人本不限於直魯有之，今特以直魯為多而魯尤最夥耳。據聞開春以來，扶老攜幼，由海陸兩路赴東三省之直魯人民，平均日約千五六百人」。[48]

　　不過綜觀當時北方的報紙，雖常有刊載政治弊污、學校倒閉、人民痛苦的新聞，但大體並未發現報紙輿論有將對北方政府的失望轉而寄望南方政權的。他們對軍閥的厭惡主要在循環混戰上，一切政治上的種種，是戰爭拖累及中國一向的施政方式；即不論哪一政

---

[46] 虎，＜去年之回顧＞，《晨報》，民國 16 年 1 月 6 日，第七版，經濟界，評論

[47] 大可，＜北滿一帶移民最近分佈（一）＞，《晨報》，民國 17 年 2 月 5 日，第六版，雪天哀鴻錄。

[48] ＜難民出關與東北開發＞，《大公報》，民國 17 年 4 月 2 日，第一版，社評。

圖八[49]

權爲之，都仍有弊端。北方軍閥施政雖不甚令人滿意，北方人民的生活也充斥著痛苦，但從北方報紙輿論對南方政權的瞭解中，亦認爲南方的問題也不少。《大公報》曾批評：

> 南北政府社會的文武新舊領袖人物，大家臉上都抹的紅紅綠綠，沒一個乾淨漂亮的臉子，要講罪惡，誰都有分。[50]
>
> 中國今有三災，約曰災民、災官、災黨。災民、災官，北方特多；災黨，則南方為眾。……入黨等於捐官，辦黨等於當差。……及至反共清黨，形勢全非，黨費停發，黨災遂起。[51]
>
> 北方自成軍治，……各署用人，多以長官之任意行之。南方去年曾有命令，非黨員不得為官吏，故求官者，輒先鑽營得介紹入黨。[52]

故《大公報》在孫傳芳龍潭戰役失敗、北方反攻無望後仍言：

> 國民黨太無建設經驗，財政經濟，人才尤少，爾後政費必成問題，影響所及，或且別生事故，前途茫茫，未可樂觀。夫北京則辦事條理，較見優良，規模久具，維持較易。[53]

二、　軍閥之敵我認同

　　以上是北方民眾對北方軍閥的評價，但何謂北方軍閥？何謂南方黨軍？北伐戰爭期間，北方報紙輿論是如何區分南北陣營的？而

---

[50] ＜時局之謎＞，《大公報》，民國 17 年 2 月 11 日，第一版，社評。

[51] ＜三災論＞，《大公報》，民國 17 年 3 月 19 日，第一版，社評。

[52] ＜保障技術人才問題＞，《大公報》，民國 17 年 3 月 14 日，第一版，社評。

[53] ＜北方匪禍＞，《大公報》，民國 16 年 9 月 25 日，第一版，社評。

這些敵我認同在長達兩年半的戰爭中有無發生改變？是接下來探討的重點。

　　始自民國十五年七月、終至十七年十二月的北伐戰爭，既然是一個南打北的戰爭，作戰雙方勢必會和南北地緣發生聯繫。根據一般對北伐的印象，北方陣營主要是張作霖、孫傳芳、吳佩孚，南方陣營主要有蔣介石、馮玉祥、閻錫山、李宗仁。但由孫傳芳之地處東南、馮玉祥之位居西北、閻錫山之屹立山西，便可知地理上的南北並非唯一決定因素；且馮、閻二人是否自始即屬北方，亦尚有疑問。試先看兩篇《大公報》的社論：

> 我們假定拿中國現在勢力，分為南北兩組，南組對立的是武漢與南京，可左可右的舉足輕重的是馮玉祥。北組對立的是奉天與馮玉祥，可左可右的舉足輕重的是閻錫山。……現在任何實力派都說不上有絕對的權威，所以與其說是鬥力，無寧說是鬥智。既講鬥智，這第三者之參加何方，便大有關係了。[54]

> 中國的時局，現在真是混沌到了極點。……現在北方說，閻錫山究竟打奉天不打，若是不打，該怎麼樣，若是要打，打了又怎麼樣。張作霖究竟與山西和不和，若是不和，該怎麼樣，若是要和，和了又怎麼樣。拿南方說，蔣介石究竟和武漢派打不打，打而勝便怎麼樣，打而不勝又麼樣。馮玉祥調停寧漢，若是成功，便該怎麼樣，若不成功，又怎麼樣。凡

---

[54] 〈假定下時局的一種判斷〉，《大公報》，民國 16 年 7 月 29 日，第一版，社評。

　　此種種，都神秘而不可判斷。[55]

　　從上述發表於民國十六年（1927）南方寧漢分裂時的兩篇社論來看，除可知當時南北各自面臨的複雜處境外，更可發現《大公報》將閻錫山劃爲北方，這就與一般對北伐的印象有所出入。孫傳芳、吳佩孚是自始即歸張作霖名下與張竭誠合作的嗎？當時北方人是如何看待位居北方的馮玉祥與閻錫山？軍閥各派各人間的恩怨情仇或許無法從其冠冕堂皇又朝令夕改的通電中得知，但藉由對照時事、持續觀察當時北方的報紙輿論，就能從中瞭解北方人意識中的「南方敵人」爲誰。以下先探討北伐戰爭期間北方陣營的組成情況；再論述北方認定的南方陣營爲何，除界線清楚的蔣介石、李宗仁不論外，分別從北伐軍的主要將領——唐生智、馮玉祥、閻錫山三人來談。

　　翻閱當時的《大公報》與《晨報》，就可知統整在安國軍政權下共抗北伐的北方軍閥，事實上並非自始即團結合作的。就在北伐戰前，吳佩孚助奉打贏國奉戰爭，迫國民軍退往西北。北伐戰爭開始後，吳軍事失利，而當時固守東南與吳同屬直系的孫傳芳爲保全實力，並不應吳「南方討赤全仗大力」之求，[56]反而傳出與北伐軍訂互不侵犯協議的訊息，[57] 當時的《晨報》就說：

　　　　當黨軍未下湘鄂以前，國中勢力大別爲二，曰吳，曰張。蘇
　　　　之孫傳芳，魯之張宗昌，則分隸于二者之下也。而孫之于吳，
　　　　其地位似隸屬又非隸屬，較之兩張關係，復微有間，此國人

---

[55] ＜混沌與變化＞，《大公報》，民國 16 年 7 月 24 日，第一版，社評。

[56] ＜吳佩孚促孫傳芳赴鄂＞，《晨報》，民國 15 年 7 月 25 日，第二版，漢口專電。

[57] 同註 6，頁 487。

之所共知也。吳張之棄小嫌而謀合作，故含多少好漢結識好漢之意味，實則吳借張之幌子，以自張其軍，張亦欲倚吳統馭關內各派，冀得一時之安，其基礎固皆建築於自身利害關係上也。[58]

　　北洋軍閥已混戰多年，彼此結下的恩怨不勝枚舉；但軍閥本擅聯盟，一旦有了共同敵人，向能頓解夙怨共同合作。[59]就在北伐軍與吳爭奪武漢之際，孫與北伐軍無法達成協議，雙方遂作殊死鬥。[60]嗣孫亦不敵，如此在面臨南方北伐的共同巨大壓力下，以張、孫、吳為主的北方陣營於是逐漸建構起來。

　　然而在建構初期，北方軍閥間亦時常產生矛盾。以吳張關係而言，吳因戰敗勢衰，不得不求助於人，但因牽涉到個人利益，亦常與張有摩擦。奉軍入豫，張需事先電告「請吳原諒奉方苦心，聲明絕無謀佔地盤之心」；[61]而後面對吳之電詰張作霖，張亦在覆電中表示吳「責人則明，責己則闇」。[62]

　　孫張關係方面，北伐之初孫對吳袖手旁觀、反與蔣謀和的舉動，一度令張對孫感到懷疑。而北伐軍在湘北與吳軍對峙時，孫曾致電正在北方的吳佩孚謂：「目下情形，南實嚴重於北方。果能迅速

58　德言，<今後各實力派之離合與時局>，《晨報》，民國 15 年 10 月 6 日，第二版，社論。

59　齊錫生曾以國際關係上的均勢聯盟觀點分析中國軍閥政治，頗能解釋軍閥間忽而為友、忽而為敵的短暫利益聯盟。參見齊著，楊云若、蕭延中譯，《中國的軍閥政治》，北京：中國人民大學出版社，1990 年。

60　詳請參見林德政，<北伐初期國民革命軍與孫傳芳之間的和與戰>，《成功大學歷史學報》，第 17 號，民國 80 年 6 月，頁 215-247。

61　<張作霖請吳來京>，《晨報》，民國 16 年 2 月 11 日，第二版。

62　<張作霖對吳剖辯>，《晨報》，民國 16 年 3 月 16 日，第二版。

解決西北，則事屬大佳，否則當求南北兼顧之辦法，庶免顧此失彼
。最好將北方之事，完全請奉方主持」。[63]這即是說，此時張、吳
合力在北方對付馮玉祥之國民軍，北伐軍既動，先攻兩湖，吳佩孚
首當其衝，孫乃將自己東南的事與奉張北方的事，做了輕重緩急的
區分。《晨報》在同日即言：「細繹文意，迅掃西北，談何容易；
而湘粵正乘此時機，積極進取。或許孫於言外隱示如西北軍事不能
立即結束，亦應迅速南下，以重大局」。[64]

　　到後來孫與北伐軍和議失敗，張因見北伐對其亦隱然造成威脅
，方決定與孫合作共謀抵抗。但合作伊始遠在北方的張作霖畢竟尚
未直接受到北伐軍之衝擊，故雖一度達成孫張合作協定，但復在自
身利益的考量下，決定「變更對南策略，由孫傳芳抵禦黨軍，……
由張作霖領銜之討赤通電，暫不發表」。[65]至孫徹底兵敗北逃投靠
，張才明白自己亦面臨生死關頭，故開「奉方重要會議，諸將領結
拜誓同心，對南態度大體決定」；[66]民國十六年六月十八日，「安
國軍諸將領，擁戴張作霖為大元帥」，[67]孫傳芳、張宗昌分任副總
司令。從軍閥割據時代的循環混戰，經北伐初期的疑忌參半，到面
對北伐巨大壓力下的團結一心，北方軍閥逐漸聯合起來，抗拒南方
的北方陣營至此建構完成。[68]

---

[63] ＜希望吳佩孚速回武漢＞，《晨報》，民國 15 年 8 月 1 日，第二版，孫傳
芳南京談話。

[64] ＜迅掃西北之敵然後迴師南下坐鎮長江＞，《晨報》，民國 15 年 8 月 1 日，
第二版。

[65] ＜南下奉魯軍不過長江＞，《晨報》，民國 15 年 11 月 28 日，第二版。

[66] ＜諸將領結拜誓同心＞，《晨報》，民國 16 年 6 月 16 日，第二版。

[67] ＜統一北方之軍與政治＞，《晨報》，民國 16 年 6 月 18 日，第二版。

[68] 惟直系吳佩孚先已戰敗退出戰場。

　　南方陣營方面，唐生智曾在孫傳芳反攻長江的龍潭戰役時與孫合作，因而頗具爭議性。唐爲湖南人，湖南的地理位置應屬於南方，但自民國二年（1913）以後，北方勢力南移，當政者地位尷尬，可說是亦南亦北，或南或北。唐早年參加辛亥革命，與革命事業有過關係；但唐又爲依附吳佩孚的趙恆惕之部下，而趙屬於北洋系。其後唐野心日大，驅走趙自爲省長；吳引兵救趙，唐求援南方國民政府，而任北伐前敵總指揮，至此正式成爲南軍。[69]但國民黨內寧漢分裂時，唐參與漢方，武漢分共寧漢合作後，唐仍堅持東征反蔣，與當時趁機南下反攻的孫傳芳計畫合作，南北陣營取向一度相當曖昧。當時的《晨報》即有報導：

> 近寧漢已決裂，南京之特委會者，已發免唐生智之職，此在稍明國事者，早已料及。蓋唐生智根本並非國民黨份子，乃時勢所迫，互相利用而已。最近一年，唐時有代表分駐京津與奉方聯絡，蓋彼欲在南方擴張實力，排除異己，非得切實協助，不克成功也。週者江南風雲陡變，唐之信使，奔走亦更忙。[70]

　　但唐的投機傾向令北方報紙輿論相當不齒，其在國民黨寧漢分裂時原站在漢方立場支持共黨，至部下爆發「馬日事變」表明反共導致漢方失利時，又轉而要求漢方反共，《大公報》即言：

> 長沙五月馬日之變，為武漢政府下一大衝動。……唐生智

[69] 王成斌等編，《民國高級將領列傳》，第 1 集，北京：解放軍出版社，1991 年 3 月，一版，頁 397-408。

[70] ＜唐生智果有代表與奉方接洽＞，《晨報》，民國 16 年 10 月 24 日，第二版。

者，固武漢農工團體所仰望以為忠實同志，……然及唐氏奉
全權處理湘事之命令，……其電漢政府，……全文皆為軍人
洗刷，證明解散工農協會及黨部之是，瀰天風雲，數語了
之。……湘事之壞，壞在省黨部及省政府，誠如唐生智所謂
領導失人，而唐生智本人即在領導地位者也。[71]

唐雖計畫聯孫倒蔣，但因程潛等部按兵不動，使孫唐合作流於紙上
談兵。[72]此外蔣介石下野息爭後唐的持續東征引起國民黨各方反對
，其失敗命在旦夕，唐的南北傾向已不再被北方報紙輿論所重視。

　　據守西北，後卻加入北伐陣營的馮玉祥亦是位爭議人物。馮籍
貫安徽，出生於直隸（河北），原為北洋直系曹錕下的大將，後因
與吳佩孚不合，民國十三年（1924）第二次直奉戰爭時倒戈，其部
改為國民軍。後又與奉系不合退居西北。[73]馮為了打開生路，決心
接受俄援並與國民黨合作，在北方策應北伐軍事，民國十五年九月
於五原誓師，全軍加入國民黨。[74]翻閱當時的北方報紙，可知馮雖
位居西北亦曾為北洋系統，但因與奉系素有嫌隙，加入國民黨後又
實際負責北伐在北方的作戰，故北方報紙輿論都將其視為南方陣營

---

[71] ＜唐生智處理湘事辦法＞，《大公報》，民國16年7月9日，第一版，社
　　　評。

[72] 張世瑛從李宗仁、萬耀煌的回憶中，均得出唐有以程潛為江右總指揮呼應
　　　孫傳芳渡江的行動，後因程潛態度轉變按兵不動才失敗。見其＜龍潭戰役
　　　的評價與反思＞一文，《中華軍史學會會刊》，第2期，紀念北伐七十週年
　　　專號，臺北：中華軍史學會，民國86年5月，頁161。

[73] 當初張、馮、段約定合作倒直後，奉軍不得入關，段氏不可用安福系舊人，
　　　但奉軍不守約定入關，與國民軍對峙於京津。見立民，＜北方兩大勢力之
　　　衝突與調節＞，《東方雜誌》，22卷2號，民國14年1月，頁2。

[74] 劉鳳翰，＜馮玉祥與北伐＞，《中華軍史學會會刊》，第2期，紀念北伐
　　　七十週年專號，臺北：中華軍史學會，民國86年5月，頁463-468。

。《晨報》記載當局：「對蔣可和對馮不和」；[75]「奉方對於馮玉祥，乃認為第一敵人……，此時奉方對面之敵人，唯有馮玉祥一人。對晉對南，均有和解餘地，對馮誓抱徹底討伐之決心」。[76]

　　在南方陣營裡，南北敵我認同最有問題的恐怕是閻錫山。閻為山西人，其在日本留學時曾加入同盟會，與革命黨有過淵源。但因習於見風轉舵、依附當局的性格，民國後閻支持掌握北京政權的袁世凱，反而與國民黨關係疏遠。袁死後，閻轉而支持皖系段祺瑞；直皖戰後段氏傾覆，又與直系合作；第二次直奉戰後直系失敗，閻再度與段祺瑞攜手。段下臺後，又與實力派軍閥張作霖、馮玉祥關係複雜：民國十四年國奉戰前，與馮合作反奉；國奉戰後，與奉、直合作反馮。[77]如此閻一直利用山西獨特的地理屏障及彈性的對外策略，不受軍閥混戰的影響，不受政權更迭之累，一直屹立於山西。因民初政局掌握在北洋軍閥手中，故北伐前閻與北洋軍閥的關係，反比對南方密切，《大公報》就說過：「山西閻錫山，常服從北京之中央機關，故北洋政權，安然維持」。[78]

　　至北伐戰啓，馮玉祥投奔南方陣營後，閻陷入張、馮衝突中。其雖見北伐軍盛而開始與國民黨人接洽，並獲命為國民革命軍北方總司令，但閻以時機尚未成熟置而不發。閻對奉張亦留有餘地，雙

---

75 ＜奉寧議和之前提＞，《晨報》，民國 16 年 6 月 9 日，第二版，張作霖招待日本記者團談話。

76 ＜時局與戰局＞，《晨報》，民國 16 年 10 月 25 日，第二版，奉方幹部某要人談話。

77 曾華璧，《民初時期的閻錫山：民國元年至十六年》，文史叢刊之 57，國立臺灣大學出版委員會，民國 70 年 6 月，頁 182。

78 ＜山西形勢之歷史觀＞，《大公報》，民國 16 年 11 月 3 日，第一版，社評。

方一直有代表互相往來。[79]對閻這種一向觀望現實的特性，《晨報
》即道：

> 自時局緊張以來，閻錫山態度，隱為天下所注視。民國以來
> 閻始終維持保境安民宗旨，祇求人不犯我，絕不我先犯人，
> 故山西得超然於政潮之外，而人民獲安居平安之鄉。……現
> 時北方時局日益複雜，閻殆成為中心人物，各方代表麇集太
> 原，徵求意見，唯閻對各方，仍以調人自居，不願有所偏倚。
> [80]

　　仔細翻閱當時的北方報紙，就可發現關於閻的報導很多，對其
之評價也不停地改變。民國十五年十二月北方安國軍成立之時，《
晨報》曾報導：「安國軍總司令張作霖所委之安國軍三副司，除張
宗昌孫傳芳已先後宣告就職外，閻錫山亦已於十日有電至津，向張
報告，允即就職」。[81]不過隨著北伐之氣勢日盛，閻的態度就漸漸
模糊；雖奉晉和談的報導仍時有所聞，但篇幅已日少。若按時間先
後比較奉晉關係的報導或言論，便可知雙方的立場雖隨著戰事變化
而搖擺不定，但閻已大體漸從北方轉到南方。「晉既望奉合作，奉
亦欲晉援助，則雙方縱有見解未盡完全之點，而終可發見可以同意
之辦法」；[82]這是十六年六月十一日之報導，當時奉方主和氣氛仍
濃。不出幾日孫傳芳北上進京，與奉方談判合作協防，報導即變為
：「晉奉礙難表示協防，……自張宗昌孫傳芳入京之後，妥協聲浪

---

[79]　簡笙簧，＜晉綏軍與國民革命軍北伐＞，《中華軍史學會會刊》，第 2 期，
　　　紀念北伐七十週年專號，臺北：中華軍史學會，民國 86 年 5 月，頁 241。
[80]　＜時局複雜中之閻錫山真態度＞，《晨報》，民國 16 年 6 月 3 日，第二版。
[81]　＜閻錫山允就安國軍副司令＞，《晨報》，民國 15 年 12 月 13 日，第二版。
[82]　＜奉晉合作之大關鍵＞，《晨報》，民國 16 年 6 月 11 日，第二版。

，頓為主戰空氣壓倒，所謂奉晉妥協，乃便成為過時之新聞。……
妥協姑息，本非國人之望，能夠痛痛快快大戰幾回合，得一徹底解
決，固亦甚善」。[83]但其後南北雙方戰事仍無大進展，國民黨陷入
自身內訌中，十六年八月下旬，孫趁蔣介石下野大舉南攻，此時閻
見南北情勢或有變化，對北方態度又有了空間：

> 茲據調查，晉方態度，殆一如往，或未更易。自奉魯決心攻
> 豫，對於山西，期望與晉合兵之心甚切。……但晉方態度，
> 則似不為然，閻對馮懼固有之，敵視尚未見，閻對馮依然保
> 持不離不合之態度，且同在青天白日旗下，出兵擊馮，太欠
> 自然。……晉方表示，依然願北方局面長久和平。……晉方
> 對南關係，據稱亦未變。[84]

　　但孫南攻失敗後，閻眼見北方反攻無望，乃決心將主力投入南
方，並開始配合北伐戰事。然而在閻正式投奔南方陣營之初，奉方
仍言：「倘閻悔過息兵，仍當不追既往」；[85]「奉晉開戰之速，則
殊出一般預想之外」。[86]不過隨著南北的持續消長，閻之劃為南方
陣營，已是確定不疑的事，《晨報》的一幅舞獅插畫，就將北方敵
對陣營的組成份子表明清楚。（見 88 頁圖九）

83 ＜主戰聲浪壓倒妥協空氣＞，《大公報》，民國 16 年 6 月 16 日，第二版。

84 ＜山西最近真相＞，《大公報》，民國 16 年 8 月 30 日，第二版，北京特
　　訊。

85 ＜張作霖昨夜發表討伐閻錫山通電＞，《晨報》，民國 16 年 10 月 3 日，
　　第二版，官方消息。

86 ＜寧漢與奉晉＞，《大公報》，民國 16 年 10 月 23 日，第一版，社評。

圖九[87]

87　《晨報》，民國 17 年 2 月 27 日，第七版。

第三節　對抗民族統一路線的外交戰略

　　民國十五年至十七年(1926-1928)的北伐戰爭，不僅是近代中國的劃時代大事，同時也是中外關係史上的重要轉折時期。[1]本節準備從當時北方報紙有關外交事務的言論中，釐清其如何評價南北外交能力的問題。

　　對外關係本是個相當複雜的課題，尤其當時中國有南北兩個政府，列強如何因應中國政權交替的變局？各國的態度有何差異？對南北雙方又造成什麼樣的影響？北方政府有自己的外交習慣，南方亦將對外活動劃入其北伐戰術中，如此南方對外交權的爭奪帶給北方怎樣的衝擊？當時北方報紙輿論有何評價？而在長達兩年半的北伐期間，這些評價又發生怎樣的改變？

　　對外代表權是國家權力的象徵，一般國家都將外交權劃歸中央所有，地方是不能單獨與外國進行交涉的。統一的國家如此，但在分裂或內戰的國家中，卻會帶來分歧與矛盾。分裂國家都堅持正統與法統，而國際外交卻取決於利害與強弱，當利害與強弱情勢未變時，正統與法統很難影響到國際外交；而至利害與強弱情勢全變後，正統與法統通常亦只是國際外交變局的認同而已。故強權與外交乃為一體之兩面，北伐期間列強對華外交由北京政府過渡到南京國民政府，即是如此。[2]

---

[1] 唐啟華，〈英國與北伐時期的南北和議（1926-1928）〉，《興大歷史學報》，第 3 期，民國 82 年 4 月，頁 129。

[2] 張水木，〈北伐期間國民政府與德國外交關係之建立〉，《近代中國》，第 54 期，民國 75 年 8 月，頁 63。

　　南方北伐的一個重要策略即爲攻擊北方軍閥與帝國主義勾結。長期以來，中國人的威權觀中始終存在著民族主義的因素，即判斷一個政權「合法」、「有道」與否，標準之一即是看其對外的表現如何。[3]北伐時期南方走民族統一路線的外交戰略，列強的反應如何？北方政府如何面對？當時的北方報紙輿論有何評價？而南方的反帝訴求在面臨換取列強承認上，又日漸做出怎樣的妥協改變？

　　「國家分裂」vs.「對外正統」、「反帝號召」vs.「列強承認」，這四者間是錯綜複雜的；再加上隨著北伐戰局的消長，南北不斷調整其對外姿態，而使得問題更爲互動牽連。本節在論述上以時間爲界，分爲北伐前期、後期兩個步驟來處理：首先，探討北伐前期北方政府與列強的關係，分析北方報紙輿論對南方民族主義外交戰略的評價，並瞭解北方政府在此壓力下的反帝努力；其次，觀察北伐後期隨著戰局進展，南方修正其對外政策以換取列強承認的情形，探究列強的因應方式及對南北雙方的影響，並分析北方報紙輿論對南方爭奪外交代表權的反應。上述北伐前後期的分法，大致以民國十六年四月南方建立反共的南京政府、將外交手段由激烈改爲溫和爲界。[4]

一、　北方政府的對外關係

---

[3] 王躍，＜軍紳政權與國民革命＞，許紀霖、陳達凱主編，《中國現代化史》，第 1 卷，上海：上海三聯書店，1996 年 2 月，一版，頁 392。

[4] 李恩涵指出北伐初期激烈型的革命外交，代表爲廣州及武漢外交部長陳友仁，利用激昂民氣強行收回漢口九江英租界；北伐後期溫和型的革命外交，代表爲南京政府外交部長伍朝樞與王正廷，改與列強和平談判的方式增進雙方關係。見其著，《北伐前後的「革命外交」（1925-1931）》，臺北：中央研究院近代史研究所，民國 82 年 8 月，頁 7-13。

　　自清末列強來華拓展貿易後，對外關係便成爲中國近代史上極重要的一頁。因滿清戰敗於列強，被迫簽訂一連串喪權辱國的不平等條約，強烈影響中國的國際地位與經濟發展。故近代以來，對外關係一直是中國人心中的痛，也是每個中國政權必須面對的嚴重課題。

　　外交並非是一條單行道，對外關係本是雙向交流，是眾多國內外因素的匯集點。故不僅列強間的衝突會影響其利益分配，列強自己國內的政治情勢亦會左右其對外決策。另外更重要的是，中國本身也在不停變化，每位中國領導人上臺後，都在政治情勢、自身利益與民意壓力的考量下，不斷矯正其對外方針。因此觀察清末民初以來中國的對外關係，即可發現不只是中國政權在因應外國的挑戰，列強也在配合中國的改變。

　　對列強來說，其在近代中國走的路是曲折的，歷經中國從統一走到分裂，再從分裂邁向統一。清末民初時，中國國力雖不強，但畢竟是個統一的國家，滿清與袁世凱都有能力統合國內，故列強只需面對一個「中國」。然而自袁死後繼以南北分裂，中國進入軍閥割據時期，國內政治勢力眾多分散，喪失具有絕對實力的政治中心，此時列強要找誰交涉雙方關係？後來至北伐戰爭期間，中國各方軍頭集中於南北兩個陣營進行對決，此時列強又要如何面對中國重新回歸統一的變局？如何在南勝北敗的消長中，將外交承認由原先支持的北京政府過渡到新興的南方政權上？

　　列強在軍閥割據時代，面對中國的分崩離析，不得不開始與地方派系交涉，以照顧其在華利益。列強雖仍承認北京政府，但對各自勢力範圍內的軍閥勢力，又不得不默認其治權。例如在長江流域

擁有最多利益的英美，就與割據在此的直系關係密切；和東北問題切身相關的日本，就幫助據有北方的皖系，皖系失敗後再與奉系關係複雜。在特殊情況下，列強各有其支持的軍閥；但在正式的外交承認上，仍認為入主北京的政權才是中國唯一的正式政府。[5]

割據各地的軍閥也喜與列強接觸，他們希望向外借款購械擴充軍備，好在內戰中打敗其他軍閥擴展地盤；而列強同時亦希望支持的軍閥在內戰中獲勝，以便使自己的勢力範圍跟著擴大。惟英美等國限於協議對華軍火禁運，事實上未曾介入中國內爭；法、日亦參加禁運，但未嚴格遵守；蘇俄未參加禁運，除扶持中共以外，又軍援國民黨與北方的國民軍，介入中國內爭；不過國人未能洞悉詳情，以為所有軍閥與列強利益攸關，雙方形成引人詬病的「勾結」關係，使中國內戰無止無休。[6]《大公報》即說：「中國頻年內戰，原因不只一端，而外國人貪圖利益，濫賣軍火，要不失為延長戰禍之一因」。[7]

民國十五年七月南方北伐戰爭爆發後，軍閥與列強間相處的習慣模式發生巨大改變；翻閱當時北方報紙，即可發現隨著戰局進展，列強漸將外交重心由北方轉向南方。不過在北伐初期時，列強並

5　Andrew J. Nathan 就認為，割據各地的軍閥都想入主北京的原因有三：（1）北京代表獲得正統政權的勝利象徵（2）能取得代地位向外國借款（3）能代表中國獲取關餘，參見其著，*Peking Politics , 1918-1923 : Factionalism and the Failure of Constitutionalism* , University of California Press,1976,pp. 59-64.

6　對此感謝中研院近史所陳存恭老師提供寶貴意見，關於北伐期間軍閥與列強的複雜關係，詳見陳著，《列強對中國的軍火禁運：民國 8 年至 18 年》，臺北：中央研究院近代史研究所，民國 72 年。

7　〈禁止軍火入華問題〉，《大公報》，民國 17 年 3 月 13 日，第一版，社評。

不看好南方北伐軍的實力，且因國民政府採聯俄容共政策，提出打倒帝國主義的口號，直接威脅列強在華利益，使南方與列強關係緊張。

英國在華利益最大，其勢力範圍所在的長江流域更是北伐首當其衝之地，因此成為最先直接捲入中國內戰的國家。由於此時南方的聯俄容共與反帝訴求，使英國此資本主義老國戒懼不已，報上常有租界外僑恐慌的消息。[8]《大公報》說：「蓋英人與粵政府自港工潮一役，香港商業，幾為劇除，英國官商損失，不知凡幾。深慮南軍若據長江上游，英人在長江原有之地位，隨香港之後，而破壞殆盡」。[9]《晨報》也謂英國「各界深覺外人之一般利益已受危險」。[10]

英國為保護其既得利益與僑民安全，最初對南方北伐採取反對與抵制的態度，其強硬派多次主張出兵干預，以對抗國民革命；但限於國力，在未獲美、日支持之下，改採觀望及綏靖的政策。北伐攻打長江中游吳佩孚時，英艦在武漢一帶活動，北伐軍認為此乃英派艦助守；[11]至北伐攻打長江下游孫傳芳時，亦認為英方增艦協防，[12]「希望各國共同出兵」。[13]當時北方報紙於雖然畏懼北伐，但

---

[8] ＜各地外僑之不安狀況＞，《大公報》，民國 16 年 4 月 5 日，第二版，上海東方社電。

[9] 子子，＜武漢戰事與英人態度＞，《大公報》，民國 15 年 9 月 7 日，第二版，北京通訊。

[10] ＜英國注意長江局勢＞，《晨報》，民國 15 年 12 月 2 日，第二版，倫敦電。

[11] 轟榮臻，＜北伐戰爭的回憶＞，《國民革命軍北伐親歷記》，北京：中國文史出版社，1994 年 12 月，一版，頁 3。

[12] ＜英國輿論之兩派主張＞，《大公報》，民國 15 年 12 月 8 日，第一版，

認為英國公然出兵於理不合，《大公報》即說：「武漢戰事中，英艦曾砲擊南軍，同時廣東汕頭，發生此事。前者為干涉內政，後者為侵犯主權，按諸公法，皆在不許」。[14]

除英國外，其他列強也陸續開始對中國的變化做出反應。因此時其他各國利益尚未直接受損，故並不應英國共同出兵的要求，而保持觀望中立。《晨報》稱：美國「目下係採一種等候政策」；[15]「擬不步英國調兵之後塵，……因美國在中國無租界，故認為英美對華大為不同，美國對華政策亦自不同」。[16]法國「自中國內爭以來的靜候態度，現尚無意變更」。[17]而日本更因「反英運動，日本貿易上卻受利益，……對於英國勢力之崩潰，自引以為利。然中國反英運動，結果終影響於列國，……日本對華方針，不免自相矛盾，對英外交，亦取不即不離之態度」。[18]上述各國雖對北伐暫不干預，但因當時俄國幫助南方，故各國基本態度亦傾向支持北方，只是介入的時間還未到。[19]美國就曾表明「無意承認粵政府」[20]，至

譯電。

[13] ＜英國要求各國共同出兵＞，《晨報》，民國 16 年 1 月 26 日，第二版。

[14] ＜望英人猛省＞，《大公報》，民國 15 年 9 月 9 日，第一版，社評。

[15] ＜美政府對華取觀望態度＞，《晨報》，民國 15 年 12 月 17 日，第三版，華盛頓電。

[16] ＜對華問題英美地位不同＞，《晨報》，民國 16 年 1 月 27 日，第二版，華盛頓路透社電。

[17] ＜法國閣議明白反對英案＞，《晨報》，民國 15 年 12 月 30 日，第三版，巴黎電。

[18] ＜日本不出兵＞，《晨報》，民國 16 年 1 月 27 日，第二版，東京東方社電。

[19] 法國政府實際上支持英國出兵的建議，然列強未就干預中國革命達成協議。同註 6。

北伐攻打重大利益所在的上海時，爲了保護各國在華僑民的生命財產，態度就漸趨積極，而「向南北當局提議劃上海爲中立區，……要求避免將上海公共租界作爲戰場」。[21]

　　第一次世界大戰後中國民族自覺意識日益高漲，五四運動後民氣沸騰，「內除國賊、外抗強權」成爲國人心中的熱烈企望。孫中山改組國民黨，認爲帝國主義與軍閥聯爲一系，欲吸收新文化運動後的新生力量，對抗引帝國主義爲奧援的北方軍閥。[22]民國十二年（1923）底「關餘事件」，[23]民國十四年「五卅慘案」、「沙基慘案」、「省港罷工」等，都是南方利用激昂民氣的表現。[24]民國十五年北伐時，即走激烈的「革命外交」路線，運用群眾動員收回利權，而向全國人民號召，具體成就爲民國十六年一月強行收回漢口九江英租界。此事件配合攻打傾英的吳佩孚進行，不但使吳兵敗不

20　＜美國無意承認粵政府＞，《晨報》，民國15年12月10日，第二版，華盛頓電。

21　＜上海劃爲中立地帶＞，《晨報》，民國16年2月8日，第二版，上海路透電。

22　羅志田即認爲，民初孫中山爲革命需要而企求日援，造成其與當時反日民氣衝突，因此一直未能從邊緣走向中心；孫日後改組國民黨，即是修正作法轉與當時蓬勃民氣結合，才能重新由邊緣走向中心。＜「二十一條」時期的反日運動與辛亥五四期間的社會思潮＞，《新史學》，3卷3期，民國81年9月，頁89-90。

23　清末以來中國海關早已抵押作爲條約賠償，但每年關稅扣除賠償後的剩餘，列強必須交給北京政府。孫中山爲了革命經費，想向英美交涉撥發屬南方的部份給南方，但不成功，使孫對西方失望轉而尋求蘇俄援助。見王正華，＜廣州時期國民政府的外交＞，《中國國民黨黨史論文選集》，第4冊，臺北：近代中國出版社，民國83年11月，一版，頁500-501。

24　關於五卅、省港等案，詳見閻沁恒、蔣永敬，＜北伐時期的對外交涉＞，《國立政治大學歷史學報》，第5期，民國76年5月，頁101-105。

敵，英人也無力回天，《晨報》就記載：「英美人殊屬無法解決中
國目下之排外風潮」，[25]「亦知非武力所能奏功」。[26]

　　不過這種走民族統一路線的外交成就，北方報紙輿論評價如何
，是否如一般所言造成北方民心的大變動，則甚堪玩味。翻閱當時
的《大公報》與《晨報》，就可發現情況相當複雜。首先，他們因
反赤恐共的心理，而將南方的反帝成就套上色彩，認為不過是以赤
色帝國主義代替白色帝國主義，《大公報》謂：「帝國主義不只一
國，軍閥不只一人，……故吾人欲打到帝國主義、打倒軍閥，帝國
主義與軍閥亦即欲利用吾人以打倒其他之帝國主義、其他之軍閥」
；[27]《晨報》更說：「赤色帝國主義者之陰險，遠過於白色帝國主
義者也」。[28]

　　再者，他們亦認為南方只是利用民氣打響自己，反帝運動有著
重重內幕，《晨報》說：

> 當漢口事件之初發也，舉世咸以為此乃黨政府預定收回租界
> 之第一聲，雖對外稍嫌魯莽，而對內尚博同情。唯據最近所
> 得可靠消息，則該事件之發動，純為國民黨右派人物之計
> 畫，亦在鼓動外交之大交涉，使黨政府陷於困難之境。……
> 本報初得此項報告時，尚不十分置信，昨從某方得廣東國民
> 政府本月十三日致蔣中正一電，始知黨政府態度，不特慎

---

25 ＜英美人無法阻止排外風潮＞，《晨報》，民國 16 年 1 月 7 日，第二版，
　　紐約聯合社電。
26 ＜漢口事件英報盛讚堅忍政策＞，《晨報》，民國 16 年 1 月 7 日，第二版，
　　倫敦路透社電。
27 ＜帝國主義與軍閥＞，《大公報》，民國 16 年 5 月 2 日，第一版，社評。
28 ＜北方亦應與俄絕交＞，《晨報》，民國 16 年 12 月 17 日，第二版，社論。

重，且極溫和。………「改善」兩字殊堪玩索，可見黨政府
已拋棄「廢棄」不平等條約之主張。[29]

這即是說，北伐初期南方自認最大的反帝成就，在當時北方報紙輿
論的反應中卻不如我們一般所想，而且幾乎馬上就認清其中包含南
方策略之運用。故《晨報》記載漢案後，「蔣介石嚴令禁止廣東反
英運動」[30]；而使英國認為南方「陳友仁君應允維持漢口英租界紀
律與秩序，係有益於粵政府之舉」[31]。所以表示「今後黨政府能否
容納民眾要求，徹底做去，亦僅藉為承認問題之代價，誠大足注意
也」。[32]

　　激烈的革命外交雖不能得到北方報紙輿論全心的贊同，但因當
時民族主義氣勢高漲，南方反帝仍會對北方民眾造成一定程度的號
召。故北方當局為與南方競爭，亦必須做出相當的反帝活動。《大
公報》曾記載日人談話，就發覺中國北方的反帝傾向日烈，「最近
北方政府漸迎合南方政策，……而南北對外直有態度相同之狀」。
[33]

　　一般對北方軍閥的反帝努力較少注意，事實上北方外交有其特
點與成就，並非只和列強掛鉤而已。[34]但軍閥反帝較不能明顯看出

29　＜黨政府暗示可交還英界＞，《晨報》，民國16年1月15日，第二版。

30　＜蔣介石嚴令禁止廣東反英運動＞，《晨報》，民國16年1月19日，第
　　二版，廣東東方社電。

31　＜漢案與各國輿論＞，《晨報》，民國16年1月10日，第二版，倫敦路
　　透電。

32　＜漢口英界事實上收回＞，《晨報》，民國16年1月8日，第二版 。

33　＜佐分利東歸後之談片＞，《大公報》，民國16年2月10日，第一版，
　　轉載天津日報。

34　唐啟華認為北伐期間北方崛起一些「職業外交家」，如顧維鈞、羅文幹等

成就，因其受既有條約束縛，需以和平漸進的方式與列強談判。[35]
《晨報》謂：「南北外交根本不同，……南方不受條約之束縛，一
切行動，悉可自由」；[36]《大公報》也說：「今茲所以毅然宣佈裁
釐加稅，亦其自由之歷史地位有以致之」。[37]

　　雖然北方政府有心收回對外利權，但當時南北分立的局面，讓
北方外交當局交涉時困難重重。[38]列強為了拖延談判，常以中國內
戰南北分立、北方政府無力代表全國為由，拒絕與北方政府協商。
《晨報》即記載日本表示：「關稅增稅問題，既屬含有應行於中國
全土之性質，似各國正式加以考慮之時機，宜在南北意見一致之時
」；[39]英國亦主張：「修約及其他懸而未決之問題，應俟中國國民

人的外交表現相當傑出，在中國國勢衰微時，沒有進一步喪失權利，反能
收回部份國權。見其著，＜北伐時期的北洋外交──北洋外交部與奉系軍
閥處理外交事務的互動關係初探＞，《中華民國史專題論文集：第 1 屆討
論會》，臺北：國史館，民國 81 年 12 月，頁 321。

35 陳能治認為軍閥對外交部甚少干涉，故北京外交部具有足夠的能力，獨自
負起收回利權的重責；而軍閥外交部並非完全受制於列強，不應忽視其之
努力與成就。＜評介梁肇庭著「中蘇外交關係，1917-1926」＞，張玉法主
編，《中國現代史論集.第 10 輯：國共鬥爭》，臺北：聯經出版事業公司，
民國 71 年，頁 46-48。

36 淵泉，＜南北妥協果可能乎＞，《晨報》，民國 16 年 2 月 15 日，第二版，
社論。

37 ＜南京宣佈裁釐加稅＞，《大公報》，民國 16 年 7 月 2 日，第一版，社評。

38 早在民國十年北京政府代表中國參加華盛頓會議時，就曾被質疑其是否具
有代表中國的能力，能否執行條約或協定，故北京政府收回國權的運動，
比南方負擔沈重許多。見川島真，＜華盛頓會議與北京政府的籌備──以
對外「統一」為中心＞，《民國研究》，第 2 輯，南京：南京大學出版社，
1995 年 7 月，頁 114。

39 ＜關稅問題＞，《晨報》，民國 17 年 4 月 3 日，第三版，電通社消息。

能以自力建設政府時，再行交涉」。[40]對列強以此為藉口，當時北
方報紙輿論相當不滿，《晨報》謂：「北京政府在事實上固未能代
表全國，然此屬內政上行政權之行使問題，與對外談判無關」；[41]
「須知中國內部雖有紛爭，而對外心裡，舉國一致，絕無南北界線
之可言」。[42]

　　北伐期間許多對外條約都正好瀕臨期滿，正是向外爭取修改的
時機；但因中國南北分立延宕未定，北方政府對外交涉只有繼續受
阻。當時北方報紙輿論除強力譴責列強外，亦對自己政權的無力感
到灰心，《晨報》說：「中國最不幸的事，莫逾于各國對華不平等
條約，正在期滿可修改之時，而中國內戰乃適于此時最烈」；[43]「
關稅會議之不能成功，各國陰謀雖屬主因，而我國主持之者，不能
超越於政潮以外，亦與有責焉」。[44]《大公報》亦謂：「吾國一日
無統一政府，一日未向各國實行改約之前，凡因不平等條約而來之
各種義務，吾國民仍須勉負之」。[45]

二、　對外正統爭奪戰

---

[40] 淵泉，＜讀英國提案全文＞，《晨報》，民國 15 年 12 月 27 日，第二版，
社論。

[41] 淵泉，＜忠告日本＞，《晨報》，民國 16 年 1 月 21 日，第二版，社論。

[42] 梁啟超，＜敬告英國人＞，《晨報》，民國 16 年 1 月 30 日，第二版，專
論。

[43] ＜今日正國人研究修約問題之時（上）＞，《晨報》，民國 17 年 3 月 14
日，第二版，社論。

[44] 淵泉，＜修約應有準備＞，《晨報》，民國 15 年 10 月 16 日，第二版，社
論。

[45] 誠，＜警告南北軍人＞，《大公報》，民國 15 年 9 月 11 日，第一版，社
評。

　　國際外交具有強烈的現實性格,各國的外交決策,都在考量本國利益下不斷調整。當一國發生內戰或政變使政權發生轉移時,原先與該國政府建有邦交的國家,就面臨更換交涉對象的考驗。對外正統的轉移是段漫長過程:剛開始時,各國為求維護現狀及保持安全,通常會支持該國舊政權;不久隨著戰局消長的變化,各國便不再死守著舊有的支持,或基於最佳利益而與新政權展開非正式交涉、或保持觀望中立以求留有餘地;到後期因戰事的逐漸底定,各國承認既成事實,取消舊政權的外交代表權,進而與新政權建立正式外交關係。

　　這種變化是雙向互動的,隨著戰局的進展,南方對外政策也漸由激烈改為溫和,期待列強的支持承認。而另一方面,因南方佔據的中國土地越來越多,列強日益看重南方,使南方的對外姿態亦水漲船高。南方改變北伐前期激烈的革命外交,以溫和退讓博取列強信任,換取其在戰局中立,並逐漸承認南方的對外代表權。這改變主要在民國十六年四月南京政府成立後,隨著國民黨內國共衝突的表面化而作出最後決定。

　　國民黨內早有左右派鬥爭,北伐初期左派掌權,對外以激烈反帝相號召;至北伐軍攻打長江下游等地時,右派勢力漸漸抬頭,蔣介石決定以溫和外交拉攏列強的支持,並趁此打壓對外強硬的左派。早在民國十六年(1927)一月武力收回漢口英租界時,國民黨內即有溫和妥協的解決想法,宣佈「中國之解放,脫去外國帝國主義之束縛,並非含有中國國家主義必與列強相衝突之意」。[46]其後此

---

[46] <黨政府對英正式宣言書>,《晨報》,民國16年1月25日,第二版,漢口電。

傾向日益強烈，民國十六年三月北伐進攻南京時發生「南京事件」，蔣介石極力安撫外人，表示將「竭力設法，使此案不至擴大」；[47]宣佈「在滬之外人生命財產，必不受國民軍隊之妨害」。[48]此後國民黨對外方針更是日趨穩健，蔣介石表明：「廢除不平等條約，應以和平方法談判處置」，[49]北伐初期號召人心的強硬反帝成就，已隨國共分家而不復見。

　　列強對南方日漸溫和的對外傾向自然非常歡迎，以英國來說，其外交政策一向現實導向，原先承認北洋政府，並與直系保持密切關係，即是為了照應其在長江流域的利益。如今北方戰事不利，南方又已排除聯俄容共的障礙，英國於是日益看重南方。民國十六年三月的寧案，一度造成中外緊張，英人「直認為係第二次拳匪事件」；[50]但在蔣低調處理下，英國重新恢復對南方的信心。此後隨著中國南盛北衰的持續消長，英國遂將外交重心逐漸南移，民國十七年一月時應南方要求，派易執士（Authur Henry Francis Edward）南下商談關稅問題，即非正式地承認南方政權的地位。

　　除英國外，其他列強亦受到南方對外溫和的影響，雖各國態度不一，但大體也漸將交涉對象由北方移往南方。《晨報》在南京事

47　〈蔣介石在滬對外報記者之談話〉，《大公報》，民國 16 年 4 月 11 日，第六版，滬訊。

48　〈蔣介石談南京事件〉，《大公報》，民國 16 年 3 月 28 日，第二版，上海專電。

49　〈蔣介石外交內政宣言〉，《大公報》，民國 17 年 1 月 19 日，第二版，上海專電。

50　風人，〈南京事件之反響〉，《大公報》，民國 16 年 3 月 27 日，第二版，北京特訊。

件時報導美國「朝野注意南京事件」，[51]見寧方退讓妥協，遂與南方展開交涉，民國十七年（1928）四月成立修約換文，《大公報》即說：「相當之外交關係，業已發生矣」。[52]

　　對於南方改變外交政策導致列強對華的逐漸南傾，當時北方報紙輿論十分關心，並相當清楚此為南方戰術上的應用，《晨報》說：「自南京政府成立以來，對於國際上，亦用宣傳方法，以達到國際列強承認新都，而冀武漢之共產黨政府自行消滅，進一步對於駐京之公使團，使其漸與南京政府辦全國之外交」。[53]北方報紙輿論並認為南方此舉是犧牲其先前的反帝目標換取列強承認，《大公報》謂：「時移勢轉，寧漢分裂，蔣氏除共，於是外交危局跡似漸緩，然國權運動，亦復頓挫」。南京事件發生時，北方報紙相當重視此一中外衝突，《晨報》認為「外國軍艦無故放砲，此為空前未有之大事件，……此案關係甚大，蔣介石好自為之」；[54]《大公報》亦說「外人軍艦開砲，亦應抗議，因而損害華人之生命財產，亦應查明發表」。[55]但蔣介石的忍隱退讓，令北方報紙輿論非常失望，認為嚴重損害國格，《晨報》即謂：「黨政府既未發表調查之真相，亦未為適當之抗議，外交疲軟，令人失望」；[56]「誠恐誠惶，屈

---

[51] ＜美朝野注意南京事件＞，《晨報》，民國 16 年 3 月 29 日，第二版，華盛頓路透社電。

[52] ＜寧案中美換文中之數點＞，《大公報》，民國 17 年 4 月 7 日，第一版，社評。

[53] ＜寧政府成立後之外交＞，《晨報》，民國 16 年 5 月 23 日，第二版，上海特約通訊。

[54] ＜五國與寧案＞，《晨報》，民國 16 年 4 月 23 日，第二版，社論。

[55] ＜南京事件之兩面＞，《大公報》，民國 16 年 3 月 30 日，第一版，社評。

[56] ＜南京事件責任＞，《晨報》，民國 16 年 4 月 12 日，第二版，社論。

膝乞憐，何其前倨後恭一至於斯」；[57]「嗚呼南京之外交」！[58]

　　北方報紙輿論除不滿南方對外退讓外，亦明白南方爭奪對外正統所造成的副作用。列強在北伐戰爭中的動向，深深影響南北局勢的變動，其與南方談判修約，更直接損害北方政府的經濟利益。《大公報》說：「近以北方大勢惡化之故，英人已不能不對夙昔仇視之南方，予以相當注意，南方窺見其隱，故以加徵關稅為取消罷工排英之條件，英人已有受寵若驚之感，對南更形親熱對北益顯冷淡」。《晨報》亦道：「伍朝樞前與英人磋商大借款時，曾有停止罷工為條件之議，此次或係復活前議，而粵省政府思得財政上的助益，故有是舉之表現」；[59]使北方「政府關心港粵會議，恐粵得英借款，充作北伐軍費」。[60]而對於南方要求協商修改關稅，《大公報》表示：「南方關稅，既占全部之百分七十，……實際利益，南優於北」。[61]

　　面對列強的現實善變，《大公報》感到相當失望：

> 外國人最勢利眼，最圖便宜。以前南方在外交上專唱高調，而且沒有實力，所以外交界把他們瞧不上。……到了現在，南方勢力發展，北方政府呢，上不在天，下不在田，……在外國人看來，……既然這樣，無便宜可討，與其和北京作朋

---

[57] ＜南方有外交政策耶＞，《晨報》，民國 17 年 3 月 23 日，第二版，社論。

[58] ＜南京外交失敗＞，《晨報》，民國 17 年 4 月 6 日，第二版，社論。

[59] ＜粵當局取消排英之面面觀＞，《晨報》，民國 15 年 9 月 30 日，第六版，北京通信。

[60] ＜政府關心港粵會議＞，《晨報》，民國 15 年 7 月 29 日，第二版。

[61] ＜關稅問題與南北問題＞，《大公報》，民國 17 年 1 月 29 日，第一版，社評。

　　　友，又何必不和廣東拉交情。[62]

故「美國上議員平阿門氏者，夏間來華遊歷，……歸國之後，發為
議論，謂當並承認南北政府，及建言于美國總統顧理治氏」。[63]對
此北方報紙輿論多次指責列強不視北方的正統地位而介入中國內
政，表示「此種承認南北分立之舉，實為反於南北人民之心理」。
[64]

　　　北方報紙輿論更對南北互爭對外正統感到憂心忡忡，認為南方
為圖利自己分散中國對外火力，平白犧牲民族利權讓列強漁利，《
大公報》說：「外交之地方化，便利祇不過一時，流弊將害及永久
」；[65]又道：

　　　南北之互相否認，又可笑，又可痛。南邊說，你們要和別的
　　　當局商議變更租界問題，我不承認，北邊說，漢口協定，不
　　　得我同意，那卻不發生效力。這一下子，似乎把外國人難住，
　　　但是不然，因為不商議不交還，南北都沒有話講了，豈不狠
　　　（很）容易對付嗎？[66]

　　　因為南北相爭不下，遂有以民族利益著眼的外交統一運動。但
事實上因南北政權誓不兩立，此運動無異是緣木求魚，《晨報》對
此就有一幅插畫。（見 105 頁圖十）

---

[62] <從外交看到內政>，《大公報》，民國 16 年 11 月 17 日，第一版，社評。

[63] <平阿門南北分治之謬論>，《大公報》，民國 16 年 11 月 2 日，第一版，
社評。

[64] 冬心，<承認南北分立國民應表示反對>，《大公報》，民國 15 年 12 月
13 日，第二版，北京特訊。

[65] 天馬，<外交之地方化與中央之崩潰>，《大公報》，民國 15 年 11 月 6
日，第一版，社評。

[66] 《大公報》，民國 16 年 2 月 24 日，第一版，小言。

圖十·67

67 《晨報》，民國17年1月21日，第七版。

　　北伐後期最重要的外交大事即是日本阻撓北伐的「濟南慘案」
。日本在中國東北華北擁有巨大利益，眼見南方北伐日益開進北方
，乃決定以保僑爲由出兵干涉。[68]面對日本增兵山東，北方軍閥雖
暗自欣喜，[69]但當時北方報紙輿論卻不表示歡迎，《大公報》說：
「中國爲中國人之中國，……聽中國人自決其國事，不加任何操縱
挑撥參與之行爲」；[70]「日本如欲暗助一方，需先有人願受」；[71]
「日本政府決議派兵擅入山東，其名義爲保護僑民，夫以保僑爲名
而擅行出兵之侵犯中國主權，其事不當有」。[72]

　　民國十七年五月三日，北伐軍與駐兵濟南的日本部隊發生衝突
，國民政府派員交涉但慘遭日本殺害，是爲「濟南慘案」（五三慘
案）。《大公報》認爲日本出兵爲發生衝突的主因：「南北兩軍一
進一退之間，已早有發生問題之可能，於數萬兩相敵對之軍隊中間
，夾以數千外兵，本係非常危險之事」；[73]「接觸夫豈能免，欲求
不生誤會、不釀事端，恐竟爲不可能之事」。[74]濟案一發生，民心

68　田中自民國 16 年 4 月組閣後，對華政策一改幣原外交之中立溫和而趨於強
　　硬。

69　《晨報》曾記載張宗昌謂：「日本未免膽怯，爲何不出兵南方？」；見該
　　報，民國 16 年 7 月 21 日，第二版。而尹俊春亦指出：「張作霖與田中頗
　　有舊情，田中也對張以兄弟相稱。當楊宇霆獲悉田中組閣的消息，飛奔至
　　順承府，興奮異常地將此消息告知張作霖，張作霖聞之，擊掌狂喜」；見
　　其著，<北伐時期奉系軍閥與日本>，《思與言》，28 卷 4 期，臺北：思
　　與言雜誌社，民國 79 年 12 月，頁 136。

70　<論不干涉內政>，《大公報》，民國 16 年 6 月 3 日，第一版，社評。

71　<日本增兵赴山東>，《大公報》，民國 16 年 7 月 7 日，第一版，社評。

72　<保僑與出兵>，《大公報》，民國 17 年 4 月 20 日，第一版，社評。

73　<訴諸中日國民常識>，《大公報》，民國 17 年 5 月 5 日，第一版，社評。

74　<再論日本出兵山東>，《大公報》，民國 16 年 6 月 1 日，第一版，社評。

激憤，《晨報》報導說：「慘案發生，舉國憤慨，北京學界，首先發起抗日活動，其他法團，亦一致奮起，誓死對外」。[75]面對內戰引來外人在中國生事，當時北方報紙輿論相當痛心，乃提倡息爭禦侮，《晨報》呼籲：「南北應首先共同對付國難，停止內爭，以免漁翁得利」；[76]「對內苟能保存一分元氣，即對外增加一分實力」。[77]《大公報》亦說：「內外情勢至此，和平乃為大道，戰爭等於自滅」。[78]

　　因此南方處理濟南慘案的方式遂為各方焦點所集，《晨報》謂：「南中人士手腕識力如何，當於此驗之矣」。[79]但南方採取忍隱退讓的態度，「令各地民眾，俱持冷靜態度，勿釀事端」，[80]使得北方報紙輿論相當失望，認為嚴重損害其作為政府的威信。[81]《晨報》曾以一幅插畫諷喻南方反日運動的消沈。（見 108 頁圖十一）南方繞道北伐後，張作霖退回東北，被日人炸斃於皇姑屯，[82]其後

75　＜京師各界一致奮起＞，《晨報》，民國 17 年 5 月 15 日，第二版。
76　＜國難來矣！＞，《晨報》，民國 17 年 5 月 9 日，第二版，社論。
77　＜不能忍受之凌辱＞，《晨報》，民國 17 年 5 月 10 日，第二版，社論。
78　＜民亦勞止汔可小休＞，《大公報》，民國 17 年 5 月 24 日，第一版，社評。
79　＜自衛者果應如是耶？＞，《晨報》，民國 17 年 5 月 11 日，第二版，社論。
80　＜寧政府對濟案真態度＞，《晨報》，民國 17 年 5 月 8 日，第二版，上海路透電。
81　高華，＜國民政府權威的建立與困境＞，許紀霖、陳達凱主編，《中國現代化史》，第 1 卷，上海：上海三聯書店，1996 年 2 月，一版，頁 413。
82　日本內部對華政策也是充滿分歧，強硬的田中內閣因炸死張作霖事件，遭在野黨圍攻，日本天皇也非常不滿。見陳鵬仁，＜北伐、統一與日本＞，《中華文化復興月刊》，21 卷 10 期，民國 77 年 10 月，臺北：中華文化復興運動推行委員會，頁 54。

圖十一—83

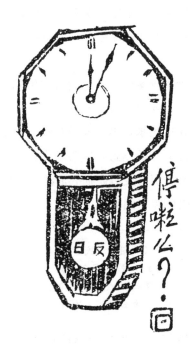

張學良選擇歸附國民政府完成統一。

　　面對南方北伐的完成，列強態度如何？各國除在「五三慘案」時同聲譴責日本外，並不應日本共同出兵干涉之要求，對中國南北政權的最後轉移階段，保持靜默中立的態度。《大公報》曾報導：「記者日來訪問在京可代表各國之人士，叩其意見，……對閻錫山印象極佳，……蓋閻穩健和平，最足令外人信賴。對中國前途問題，尚不敢樂觀，……故於所謂承認國民政府問題，咸謂為『還談不到』也」。[84]故在長達兩年半的北伐戰役裡，儘管隨著南方勢力的漸漸成長，列強對中國南北的立場漸有改變；但正式的政府承認轉移，是至北伐末期南方佔領北京後，仍遲遲未公開宣佈。[85]這就是說，儘管民國十四年後北方已無正式的政府機關，但列強仍承認一向承認的北京政權是中國唯一的正式政府，故在南北政權的互易過程中，北方政府始終享有列強的正式承認。[86]這對北方人民對其政府的信心上，還是能發揮一些影響。[87]另一方面可看出，因列強觀望中國內戰，除非形勢改變已然確立，不然從「現實支持」到「正

---

[84] ＜新局面下之外人觀察＞，《大公報》，民國17年6月17日，第一版，北京特訊。

[85] 列強承認中國的問題，各國態度不一，如美國是無條件對既成事實加以承認，英國則是經過雙方談判後，也很快承認中國；惟有日本因各項懸案未予解決，推遲承認時間，北方輿論對中日關係之惡化亦有所反應。同註6。

[86] 吳翎君，《美國與中國政治（1917-1928）──以南北分裂政局為中心的探討》，臺北：東大圖書公司，民國85年2月，頁260-261。

[87] 蓋凡一個政權的「合法性」、「正統性」，來自於民心承認的構成條件：（1）據有北京為首都，代表文化傳承及歷史傳統的延續（2）政府的施政能力，是否能讓百姓滿意（3）國家的對外禦侮能力，能否得到列強承認重視，而獲對外談判交涉的代表權。

式承認」，還是有一段差距；[88]《晨報》即謂：「天下大事未決之前，各國似無即行承認黨政府之舉」。[89]

而北伐成功之後，國民政府的外交表現又是如何呢？《大公報》於民國十七年十二月的社評中表示：「半年以來之國際空氣，雖云改良，而亦僅空氣而已，日本尤甚，絲毫未得解決，……改訂商約，寸步不前，人民日聞當局外交順利之空言，而目睹對外失敗之實狀，烏得而不憤」。[90]即可明白在北方報紙輿論的眼中，南方民族統一路線的外交戰略已隨著北伐的結束而結束了。

---

[88] 北伐初期公開與南方合作的俄國，也與北方政府建交，是至民國 16 年中期，北方政府為對抗南方聯俄容共，而搜查北京俄使館找出赤化證據後，自動宣佈與俄斷交的。此前俄南下與中國建立關係，最初也以北方直系吳佩孚為第一人選，是因直系已與英美有聯繫而不能再與俄接近，俄國才南下找孫中山合作的。

[89] ＜外交上之新風雲＞，《晨報》，民國 15 年 12 月 9 日，第二版，社論。

[90] ＜國民與外交＞，《大公報》，民國 17 年 12 月 15 日，第一版，社評。

第四節　南北心結與聯治思想

　　本節將以地域觀點著眼，分析南北心結在北伐戰爭中所起的作用。試圖釐清天津《大公報》、北京《晨報》如何以一個北方報紙的立場，看待當時南方的北伐行動。

　　北伐戰爭雖然號召結束分裂、謀求國家統一，但它南方打北方的形式，使地域心結不可免地成爲敏感易觸的話題。在北伐戰爭期間，南方如何突破地域障礙完成其統一大業？面對南方勢力的挑戰與進入，北方報紙輿論又有何反應？而隨著戰局消長，這些反應是否產生相應變化？都是我們期待從《大公報》、《晨報》知道的。

　　在論述中將分兩個步驟加以處理：首先，探討中國自古以來南北觀在北伐戰爭時的改變，從當時北方報紙的相關言論中，分析地域心結所佔的地位；其次，以軍閥割據時代特有的聯省自治風潮入手，觀察北伐時期地方勢力在統一衝擊下有何相應反擊。

一、　南北心結

　　中國是個廣土眾民的國家，秦代以後雖然大部份時間都保持大一統的局面，但因地理形勢及交通工具的侷限，各地仍保持相當程度的區域特性。大一統時如此，政權分裂時更是如此，故統一的中國事實上經常並不真正一統，而分裂正是地方勢力的突出表現。

　　依著自然的山川河流，中國大致區分爲南北兩半，因地理形勢、氣候物產、文化風俗的不同，南北人民在體型及性格上有著顯著的差異，所謂「南船北馬」、「南稻北麥」，南北分歧觀念早已深入人心。過去歷史上的執政者大多起自於北方，故政權常落入北人

手中，朝代大部份建都在北方，南人在政治上常遭排斥。[1]而自古以來南征容易、北伐困難的傳統亦廣爲流傳，甚至有「北強南弱」的說法，偏安江南的朝代往往被視爲懦弱與失敗，[2]魯迅就曾談到：「北人鄙視南人，已經是一種傳統」。[3]

　　這種南北分歧的狀況，至清末民初時內涵又有了改變，除原本地理歷史的背景外，又加入新時代的因素。首先，因中國近代對外通商口岸多半分布在南方，故造成南方西化進度、革命意識普遍早於北方的情況；再者，清廷學習西方技術抵抗列強，又使新式軍隊集中在北方政治重心。如此，形成南方想革命無實力、北方有實力卻保守的奇特情境，南北對立更爲嚴重複雜。

　　辛亥革命爆發後，醞釀已久的南北衝突表面化。因革命勢力起於南方，但限於實力無法完成統一，滿清乃起用袁世凱，希望藉其之新式北洋軍抵抗革命，雙方鬥爭激烈，議和時即有南北分治的說法提出。[4]後來雖成功推翻滿清，但南方革命成果被北方實力人物袁世凱所奪，革命派大爲不滿，演成日後長達十餘年的南北之爭。[5]

　　民初袁世凱以軍事強權統治中國，積極打壓南方革命派的反撲

---

[1] 吳梧軒，＜南人與北人＞，《禹貢半月刊》，5卷1期，北平：禹貢學會，民國25年3月，頁19。

[2] 錢穆認爲中國古代北強南弱的關鍵在於北方有馬，戰略上佔有行動快速的便利，見其著，＜中國史之南北強弱觀＞，《禹貢半月刊》，3卷4期，民國24年4月，頁1。

[3] 魯迅，＜北人與南人＞，《南人與北人》，北京：大世界出版有限公司，1996年4月，一版，頁1。

[4] 朱寶綬，＜闢南北分治之謬說＞，《滿夷華夏始末記》，外編，中華文史叢刊之71，民國元年刊本影印，臺北：華文書局，民國58年，頁981。

[5] 張玉法，＜辛亥革命時期的南北問題＞，《辛亥革命史論》，臺北：三民書局，民國82年1月，頁743。

行動，南北問題存而不顯。但民國五年（1916）袁病死，中國失去具有絕對實力的人物，存在已久的南北問題浮出臺面。在長達十餘年的軍閥割據時期，中國不只有北洋軍閥，南方也有西南軍閥，及以孫中山為主的護法陣營。而在軍閥混戰時期，南北問題常成為戰爭的焦點，隨著各方的合縱連橫，南北問題更加深化。

　　至民國十五年（1926）七月南方北伐開展後，南北衝突走向最高峰。南方以討伐北方軍閥相號召，自然會讓人形成南打北的聯想；不僅激發北方軍閥面臨生死存亡的抵抗，也激起北方人民捍衛家鄉的本能。北伐之初河南省長李悼章發表一篇很有趣的言論略謂：「自古以來，只有北方人統治南方人，絕沒有南方人統治北方人。北大校長蔡元培與南方孫中山最為接近，知南方力量不足以抵抗北方，乃不惜用苦肉計，提倡新文化，改白話文，以破壞北方歷來優美之天性。……其實，白話文簡直是胡鬧，……至於新文化，全是離經叛道之言，我們北方人，千萬不要上他的當」。[6]這段文字或許流於情緒發洩，但其中也透露出北方人對南方人奮起的恐懼。

　　翻閱北伐當時的北方報紙，可知其在報導時普遍使用「北伐」、「北方」、「南方」、「北軍」、「南軍」等名詞，言論中亦可看出其所蘊含的南北意識，《晨報》在一篇名為＜為北方計＞的社論裡說：

> 本書標題日為為北方計，似就北方為主體而立言，雖然，非也，吾人為中華民國之人民，心目中固無所謂南北。……此

6　轉引自陳序經，《中國文化的出路》，臺北：牧童出版社，民國 66 年 2 月，頁 136。

就立論之精神而言，至于實際，則南北情形卻有不同。[7]
《大公報》也說：

> 楚歌過河，粵謳渡江，此乃歷史上之巨變，而尤為近今馴服
> 北洋派勢力下之人民，所夢想不及者。……自北軍觀之，且
> 以為只有南征，絕無北伐；今春進陷蘇浙，世人驚為意外，
> 漸認為南方勢力，將有不可測之變化。[8]

南北人民因地理隔閡及歷史傳承本有眾多差異，如今又在北伐
戰爭的催化下，南北心結更被深化與利用，《大公報》表示：

> 吳軍回師，宣傳於軍中曰，粵黨仇殺北人，北方健兒其奮起。
> 孫師之聯軍日報，亦極言南軍仇殺北人事。漢口來者，俱
> 道……漢口大智門附近，確有地方莠民殺害北方苦力多人，
> 凡操北音者，皆甚危懼。[9]

因北伐期間南北關係十分緊張，故南北問題常成為當時北方報
紙的討論焦點，《大公報》副刊曾一度引起南北比較的爭論。一位
自江蘇旅居北方不久的「江楨女士」投稿《大公報》，將其對北方
婦女的印象與南方婦女做一對照；雖對北方婦女的優缺點都談，但
缺點部份相當引人側目：

> 我從江蘇來到這裡，不滿一年，可是所感觸到南北婦女的性
> 情，風尚不同之處多極了，現在將在天津所見的寫在下面：
> 懶惰，有了空暇，不肯做事，情願倚在門口說閒話，串門子；
> 南方婦女都是做事的，養蠶、織布、紡紗、搖襪，可算是她

---

[7] ＜為北方計＞，《晨報》，民國17年3月5日，第二版，社論。
[8] ＜南北勢力變遷＞，《大公報》，民國16年6月6日，第一版，社評。
[9] 《大公報》，民國15年5月28日，第一版，時事小言。

們的工作。……守舊，什麼大閨女不能見男子，一個女孩獨
自不能滿街跑，頑固得不得了，我敢相信，「男女平權」、
「女子的被壓迫」，在她們的腦子裡，連影子都沒有。……
禮節，她們或許染了滿人的脾氣，早上一個安，晚上一個安，
東家嫂子問好，西家姑姑萬福，無謂虛假的禮多極了，麻煩
又討厭，有什麼意思呢？[10]

這段文字或許只是描述南北風俗的札記，但發表在民國十七年北伐
戰爭後期，又刊登在《大公報》這個基本上是北方讀者的報紙上，
難免引發格外的誤會。因此不久即有一為署名「CT」的北方讀者投
稿，將其到南方就學時所見的婦女陋習著墨一番，算是回應「江楨
女士」的文章：

中國南省多近海口，通商較先，是以西化略早物質較文明，
乃人所共知。且地勢靠山臨水，氣候溫和，是以人亦較北省
靈敏活潑。倘南北婦女作智識比較，則南方婦女佔天然之優
勝。不過我讀了江楨女士「南北婦女的比較」以後，很使我
想起南省婦女的通病。……便桶置放於屋內，……論馬桶本
為最不潔之用物，絕不當置於屋中。……臉盆置髒物，……
南方同學多以臉盆作洗腳及盥漱之用。……言語，其聲多引
全場之注意，此未免有失和藹。……刷洗棉衣，……南省婦
女，不知拆洗，而以刷團團刷洗。[11]

---

[10] 江楨女士，＜南北婦女的比較＞，《大公報》，民國 17 年 5 月 31 日，第
　　十版。
[11] CT，＜南省婦女的通病＞，《大公報》，民國 17 年 7 月 10 日，第九版，
　　婦女與家庭週刊。

「CT」的文章登後沒幾天，一位署名「昇」的湖南人又來文反駁，並對報紙上這類加深南北分立的文章感到憂心：

> CT 君因江楨女士的南北婦女比較，起而大抱不平，作「南省婦女」一文報復。而編輯先生固執著地域的偏見，竟把那文登載頭版，以為總算是暴露了南方人的弱點，宣佈了他們的醜態。這種南北的偏見迄今仍深存於智識階級的心中，不免令人嘆息中國統一的前途！[12]

從上述副刊筆戰的內容來看，一些南北人民生活細節上的差異，竟引發如此軒然大波，足見當時南北對立問題的緊張。而我們也能清楚地從版面看出，《大公報》確實是將「CT」的文章擺在頭條，而把「江楨女士」、「昇」兩人的文章放在側邊，其抑南揚北的心態流露無遺。

另外一些報上的見聞投稿，也能看出南北人心的殊異。《大公報》的副刊編輯心冷就曾在報上寫道：

> 人家都說全中國的商埠裡，要算上海最好了。我以為不然，上海不過使個避難的地方，只有東南打仗的時候，人家上那裡去躲躲而已，論平常，究竟洋氣和市儈氣太重。像天津這地方，其實何嘗有上海那麼闊大和繁華，可是我們要明白，上海的闊大和繁華，都是租界。[13]

這表現出北方人對自己家鄉的熱愛，但在南方人眼中，同樣的天津就沒有那麼可愛了，一位從南方來到北方的人就投稿說：

---

12 昇，＜讀「南省婦女通病」以後＞，《大公報》，民國 17 年 7 月 19 日，第九版，婦女與家庭週刊。

13 心冷，＜天津是個好鬧地方＞，《大公報》，民國 15 年 11 月 15 日，第八版，藝林。

> 我是位新來天津的南方人，……現在用「旁觀者清」的觀察，
> 談談天津。……天津除了各國租界地外，市內的區域，簡直
> 沒有一條馬路可稱完善的。……試看天津市區內的留辮人
> 們，當然是四十外的佔大多數，而二十上下的青年自也不
> 少，這樣的光景，真是令我們初到貴境的南方人，莫名其
> 妙。……此外如對外國人特別畏慕，對於某租界要說某國
> 地，這種辱沒國體、忘卻恥辱的惡習慣，還是根深蒂固存在
> 於不知不覺之中，多麼痛心呵！[14]

或許中國南北隔閡本深且亦好作南北比較的文章，但我們不應忽略
在北伐情勢下這類文章的分化作用，或者說，這些文章本身即是北
伐壓力下的產物。

　　面對南北分立對抗的局面，也有人試圖加以調和解釋，周作人
就曾說：「我相信中國人民是完全統一的，地理有南北，人民無南
北。……自然，北京看見南方人要稱他們做蠻子或是豆皮，北方人
也被南方人稱做侉子，但這只是普通的綽號，……開點小玩笑罷了
」。[15]另外隨著北伐戰事的前進，南方軍隊漸次開入北方，越來越
多的北方軍隊投奔到南方陣營裡，也使得南北問題模糊複雜，《大
公報》說：

> 中國從前有南北之爭，大抵南方代表進步，北方代表保守，
> 南方代表分治，北方代表統一，……至今已大異於往日。……

---

[14] 萬天，＜一個新客眼中的天津＞，《大公報》，民國17年5月7日，第五
　　版，小公園。

[15] 周作人，＜南北＞，《談虎集（上）》，翻印自民國18年北新書局版，臺
　　北：里仁書局，民國71年5月，頁216。

奉晉合作，卒成泡影，……而馮閻結合，居然由空論更成事
實。[16]

不過北伐戰爭畢竟挑起南北對立的局面，且隨著戰局的發展，
南北對立益形尖銳。丁治磐曾回憶南方北伐軍開入北方後，就因語
言風俗的差異引起隔膜敵視：「革命軍不瞭解北方的風俗民情，革
命軍到山東，拿揉麵的盆子來洗腳，北方的房子沒有門，都用布簾
子遮著當作門，革命軍就直接掀門簾闖入人家臥房，地方百姓都怨
恨的很」。[17]

另外從經濟上來說，北方資源原本就較稀少，現又受到南方軍
事經濟的雙重入侵，使得北方繁榮日減。為了生活，許多北方人南
下找工作，《大公報》記載：「南昌漢口住閒求事的人很多，從北
方去的尤其不少，得意的似乎不大有」；[18]《東方雜誌》也說：「
南方經濟勢力之北侵，使北方人生計問題艱難。我們到過北方的人
，總覺得各大都會最有勢力的經濟組織，都握在南方人手裡。……
但是我們回過頭來看南方流寓的北方人，就只有幾種職業為北方人
的專業，便是各大都市的小本營生，如饅頭點心店，以及江湖上的
賣拳藝者」。[19]《晨報》即有一幅描繪北方漸趨沒落的插畫。（見1
19頁圖十二）

民國十七年底北伐完成，隨著北京政權的更替及大量南方人湧

---

[16] ＜南北醞釀中之變局＞，《大公報》，民國16年11月30日，第一版，社
評。

[17] 劉鳳翰、張力訪問，毛金鳥記錄，《丁治磐先生訪問記錄》，臺北：中央
研究院近代史研究所，民國80年5月，頁26。

[18] ＜南行視察記（三）＞，《大公報》，民國16年3月8日，第二版。

[19] 幹，＜雜評＞，《東方雜誌》，32卷21號，民國15年11月10日，頁4。

圖十二[20]

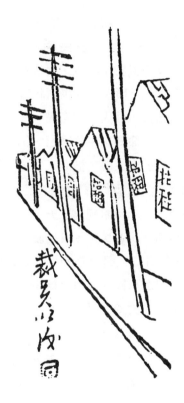

入北方，南北衝突達到最高點。當異鄉人兵臨城下時，北方人考慮的便不再是軍閥割據或國家統一的問題，而成爲現實利益的爭奪與鄉土感情的保衛戰。北方被南方人統一了，北方人民的感受究竟如何呢？蔣介石在北伐初期的一次宣言中表示自己：「決無南北畛域之見，更無新舊恩仇之分」；[21]但國民黨統一後定都南京，將故都北京更名爲北平，或本有其特定考慮，可是在北方人看來，這就有某種「征服」的意味。[22]李璜在北伐後到北方，發現國家表面雖然統一了，但「在精神方面，北人對於南人，在此次國民革命之後，懷著一種嫉視的心理。革命既以主義號召，卻要稱作『北伐』，這足使北人感到如南宋之對金人般，把北人當成異族來看待」。[23]

　　南方北伐攪亂了北方人習以爲常的生活，使其懷有強烈的反感與不慣。主政的南方人說話時常刺傷北方人，《大公報》在北伐完成後訪問白崇禧，白謂：「甚望南方革命精神同時爲北方人民所接受」；[24]言下之意即謂北方人是反動的，今後要加緊學習南方的革命意識。《大公報》又載有國民革命軍總指揮部參謀長王澤民，在民國十七年向各界發表的國慶感言：

> 北方民眾之國民性與南方不同，樸實純厚，有上古風，重私人情感，尊重首領意旨，而不知國家爲何物，世界與國家有什麼關係。但有少數特出之士，就利用此弱點操縱北方，甲

[21] 蔣介石，<就國民革命軍總司令職宣言>，《蔣校長演講集》，廣州：中央軍事政治學校，民國16年，頁238。

[22] 羅志田，<南北新舊與北伐的再詮釋>，《新史學》，5卷1期，民國83年3月，頁126。

[23] 李璜，《學鈍室回憶錄》，臺北：傳記文學出版社，民國62年，頁165-166。

[24] <閻白訪問記>，《大公報》，民國17年6月14日，第二版。

午一役，李鴻章等說可與日本一戰，而北方民眾不知與南方
團結一致對外，竟以孤軍深入朝鮮敵境。庚子之役，滿清端
王等藉拳匪作亂，提倡打倒列強，也不知與南方團結一致對
外，北方多數民眾不察世界大勢，盲從附和，竟至構成八國
聯軍陷我首都。[25]

這好像是將近代一切對外失敗都算到北方人民的愚昧上，如此偏頗
片面、輕視詆毀北方人民的言論，自然會引發其不平與反彈，《大
公報》曾報導：「自二十日中常會決議調動北方辦黨人員後，北方
各地黨部，紛起表示抗議，而平市在黨部指導下之各民眾團體，尤
多不滿之辭」。[26]

　　此外北伐末期的遷都之爭，也更使得南北衝突白熱化。因為遷
都嚴重影響北京及北方原有的繁榮與地位，故國府計畫遷都南京的
舉動，引起北方各界的強烈反對。《大公報》即報導：「于右任及
蔡元培兩氏以北京較南京有種種便利，極主張以北京為國都相宜」
；[27]《大公報》並在社論中說：

　　首都問題，吾人不堅主北京，然亦絕不堅主南京。以歷史論、
　　地理論、政治論、經濟論之首都，自宜偏北，不宜偏南。……
　　近逼上海遠離蒙疆之南京，在力謀統一之國家、急求發展之

---

[25] 王澤民，<國慶紀念中對於北伐軍事經過的感想>，《大公報》，民國17
　　年10月10日，第三版，專件。

[26] <北方護黨問題宜速解決>，《大公報》，民國17年12月30日，第一版，
　　社評。

[27] <蔣謂國都早定>，《大公報》，民國17年6月20日，第二版，北京路
　　透電。

民族，實無首都之永久價值。[28]

更說：

> 人們常說北平太腐敗，所以應該建都南京，我們承認北平腐
> 敗是不錯，然而究竟是人的腐敗，抑是地的腐敗？我們不相
> 信人以地腐，祇相信地以人敗，所以聽說南京近來也一樣地
> 相當腐敗起來了。[29]

　　然而戰敗的北方並無影響決策的能力，遷都南京終成定局。北平失去首都地位後，各方面都急遽沒落，最直接的就是商業的迅速凋零，翻閱當時的北方報紙，可發現拍賣土地、空屋出售的廣告越來越多。《大公報》說：「自政府南遷以後，北平方面，一落千丈」；[30]「市面日漸蕭條，失業者遍地皆是，社會空氣，陰鬱愁悶」。[31]因經濟景氣的持續惡化，使銀行時常發生擠兌風潮，《大公報》報導：「近來市場蕭索，金融緩慢，人心不定，一般造謠是非之徒，妄事揣測，不謂某銀行已如何，即謂某銀行將如何」。[32]

　　遷都不只影響北平的商業繁榮，也使北平古蹟旅遊水準迅速下降，《大公報》即報導：「北平自政府南遷後，對於各處古蹟因無人注意，屢有毀壞」。[33]目睹北平文物的日益殘破，北方人焉能不

28　<論建設新都>，《大公報》，民國 17 年 8 月 10 日，第一版，社評。

29　<疑問？>，《大公報》，民國 17 年 7 月 31 日，第二版，社評。

30　<平津地方當局應速起負責>，《大公報》，民國 17 年 11 月 3 日，第一版，社評。

31　<維持北平繁榮之捷徑>，《大公報》，民國 17 年 8 月 18 日，第一版，社評。

32　<天津擠兌之銀行>，《大公報》，民國 17 年 12 月 12 日，第四版，經濟新聞。

33　<嗚呼北平古物>，《大公報》，民國 17 年 12 月 28 日，第三版，北平通

痛心感慨？《大公報》就時常刊登遊人們的投稿：

> 我再到的北京，離開才一年多的功夫，它已改名換姓稱北平
> 了。記得去年暑期離開它的時候，是何等熱鬧咧！……這次
> 來，大變化了，熱鬧的北京城冷落蕭條，……最苦的車夫都
> 在那裡安閒地休息著，來往的行人真減了很多，惟是青天白
> 日徽章或是旗幟，陳列的陳列，飄揚的飄揚。[34]
> 我滿懷希望鑑賞一下這個獨一無二的平民公園，……誰知這
> 一下，又使我失望了，不說新的建設蹤跡毫無，就是那從前
> 所設的滑板秋千架，也腐壞的無人過問。[35]
> 中央公園，從前何等風雅，現在也變成了「宣傳品大觀園」，
> 名園景致，遠不如前。[36]

相較於北方的日趨沒落，南京新都則呈現快速發展的榮景，北
方報紙輿論表現出嫉羨與不滿之情，《大公報》說：

> 滬電傳國府已決議建設新都費額為五千萬元，……聞者頗驚
> 其計畫之宏，需款之鉅，……以今日中國之財政現狀論，以
> 今日中國建設事業之緩急情形論，殊不能不令人有所驚疑
> 耳。[37]

亦謂：

信。
[34] 霞，＜再到的北京＞，《大公報》，民國 17 年 10 月 9 日，第十一版，小
公園。
[35] 素忱，＜北平漫遊＞，《大公報》，民國 17 年 10 月 9 日，第十一版，小
公園。
[36] ＜這就是新北平？＞，《大公報》，民國 17 年 12 月 4 日，第三版，忙裏
通信。
[37] 同註 28。

> 北方富庶向遜於南部，……誠以南方脫去北洋軍閥之羈勒，
> 有許多職業可求，有許多事業可做。……在北方，則失業者，
> 本身能力習慣與社會上容納質量，均非南方可比。[38]

眼見南京所獲得的經費巨大，北方人民在失去首都籠罩之餘蔭後，又需交稅負擔建設南方，心中自然非常不平，《大公報》說：

> 首都定南京後，南京市民大體而言，生活上均沾光不少。……
> 首都南移，北平如何耶，北省又如何耶。須知北平失去首都
> 所在之恩惠，而北省卻未減去首都所在之影響，捐稅有加，
> 負擔日重，咸轉甚於首都所在時也，又復向何人訴苦哉。[39]

故呼籲：「吾人姑不必言建設新北平，請先努力保存舊北平」；[40]
而「國民政府今後施政根本方針之一，應為謀全國經濟與文化之平均發展」。[41]

國都遷南，不只使北平經濟界與旅遊業相繼萎縮，亦影響到北平教育文化的水準，《大公報》說：

> 蓋從前北平學生之多，乃由於各省人士麇集於此。……今都
> 城既易，觀感不同，故南京中央大學此次招生，報名者達兩
> 千之數，而北平學生則來者寥寥。……北平既失其首都之號
> 召力，……原有許多有名教員，且多改業易途，離北而
> 南。……昔年大名鼎鼎之北京大學，近日聲光已遠遜於

---

38 ＜北方之社會問題＞，《大公報》，民國 17 年 4 月 6 日，第一版，社評。

39 ＜南行記者雜錄（續）＞，《大公報》，民國 17 年 12 月 25 日，第二版。

40 ＜北平學生之讀書運動＞，《大公報》，民國 17 年 9 月 4 日，第一版，社評。

41 ＜全國經濟文化平均發展之必要＞，《大公報》，民國 17 年 10 月 13 日，第一版，社評。

前。……若政府漠然相視，認為無足輕重，則北平學界之零
落，不轉瞬當與北平市面，共其悲慘之運命。[42]

因此北方報紙輿論對國府重南輕北、漠視北方教育的態度相當不滿
，《大公報》說：

北平向為人文淵藪，雖在軍閥當國之時，未見弦歌斷絕之
事；今居青天白日旗下，國立九校，乃竟閉門不啟，此固國
民之辱，亦是政府之恥。……值此事機迫切之際，奈之何負
責者猶在愛幹不幹之間，久執將來不來之態度，徒令學界醞
釀種種風潮，教員學生，心神不定。[43]

又道：

是以平津各大校青黃不接，既無錢，又無人，遂成欲開學不
能之現狀。……今平津克復，既三閱月，暑假終了，亦一閱
月，萬餘學生，日為呼籲讀書之運動；而中央地方，兩不關
心，正副校長，一概不至。秋已深矣，歲垂暮矣，一轉瞬間
本學期將成過去。[44]

故北平學界紛紛起而自救發表求援通電，《大公報》即報導北
大學生：「催蔡校長北來主持校務，並呈請國府速撥款」；[45]而「
國立九校，雖因自動努力，第次開學；惟均併班合系，甚形簡陋，
而經費支絀，尤不易長久維持。……決再發表宣言，促當局猛醒，
並致電教育部長蔣夢麟，及駐京之北平市長何其鞏，詳述困苦情形

---

[42] ＜北平地面之興廢＞，《大公報》，民國17年8月23日，第一版，社評。

[43] ＜閻李張宜速來平負責＞，《大公報》，民國17年9月11日，第一版，
社評。

[44] ＜秋已深矣＞，《大公報》，民國17年9月16日，第一版，社評。

[45] ＜北大勉強開學後＞，《大公報》，民國17年10月25日，第八版，平訊。

，請蔣速撥鉅款，以濟眉急，並望敦促領袖諸公來平主持」。[46]

　　雖然後來國府也開始著手進行北平教育，但將原各校分立的狀況改為大學區制度，合併北平九校為中華大學，引起各校師生的強烈反對。[47]一位北大學生就在《大公報》上投書道：「北大有北大之獨持的精神」，[48]反對國府任意修改北方原有的學制與傳統。

　　易都的結果不只造成北方經濟、旅遊、教育的嚴重衰退，尋常政務的進行亦淪於消極緩慢、負責無人，《大公報》有文述及之：

　　　　遷都確定後一群依官為生的亡國大夫，都馬上加鞭，直奔新
　　　　都去了。可憐鴻運已過的北平，也無力挽留他們，只落得一
　　　　天天消瘦下去。[49]

又說：

　　　　北方數月以來，直在試驗無政府主義，社會則百業停頓，政
　　　　治則冷落消沈。吾人向中央呼籲，則政府並東南且苦照管不
　　　　周，疇能顧及北部。[50]

　　　　主腦諸公，畛域之見未除，領導之權不一，左顧右盼，此牽
　　　　彼制。而中央政府萬機叢脞，又無暇顧及北部。以致數月以

---

[46] ＜九校至今尚無辦法＞，《大公報》，民國 17 年 10 月 30 日，第八版，平訊。

[47] ＜北大護校運動近訊＞，《大公報》，民國 17 年 12 月 26 日，第八版，平訊。

[48] 李增濃，＜為什麼要求北京大學存在？＞，《大公報》，民國 17 年 9 月 29 日，第十版，公開評論。

[49] 劉蔭遠，＜北平的繁榮問題＞，《大公報》，民國 17 年 9 月 7 日，第十版，公開評論。

[50] ＜金融風潮與公共之責任＞，《大公報》，民國 17 年 12 月 13 日，第一版，社評。

來，宣傳上似乎百廢俱興，事實上直是一事無成。……以視
南方之氣象蓬勃，直有幽明異地死活殊途之感。[51]

　　然而北方人民的地域心結在被南方北伐完成後，已漸無置喙餘
地，北方報紙輿論對南方繁榮的嫉視反應，並無挽回北方大局的可
能性。

二、　聯治的提出

　　接下來要探索北伐戰爭時期，地方勢力面對統一衝擊所起的種
種反應。上述南北心結是較偏向心理層面的感受，而下面要談的地
方聯治則是赤裸裸的利益衝突表現。

　　中國自古以來以農立國，人們的鄉土觀念非常深固，亦因地理
形勢的阻隔，造成各地特殊的風土民情。傳統中國人安土重遷，人
是與地相結合的；此外又因普遍敬宗法祖，家族力量往往制約個人
的思想舉動，建構出地方民眾濃厚的鄉土意識。

　　傳統中國地方最有勢力的人物是具有科舉功名的仕紳，他們通
常曾在朝為官，後來衣錦還鄉購置土地，過著舒適的退休生活。這
些仕紳通曉文墨又有錢有勢，在地方享有尊敬與特權，並同時肩負
義務與責任。除必須協助地方教化與救濟外，更要負責地方稅收的
上交與朝廷政令的下達，成為中央與地方的重要連繫橋樑。[52]

　　地方有其自身的習慣與利益，這些勢力根深蒂固，是任何中央
權力也無法介入的社會底層結構。中國歷史上，國家政權能真正停

---

[51] ＜南北氣象不同＞，《大公報》，民國 17 年 12 月 11 日，第一版，社評。
[52] 張仲禮著，《中國的紳士》，上海：上海社會科學院出版社，1991 年，頁
48。

留在統一情況下的，並不像一般人所想像的那麼長遠。每當中央勢
力式微時，地方勢力又會回復到原始那種分而治之的局面；而即便
在中央權力大的足以控制全國時，地方與中央之間，也往往因分權
不週的關係，而充斥著彼此的怨尤與指責。[53]

　　中國傳統地方勢力在清末民初獲得前所未有的擴充良機。因西
方列強侵略滿清，中央政權岌岌可危，地方勢力乃應運而起，清末
政治上最顯著的傾向，即是中央權力日降、地方勢力日升。八國聯
軍時東南各省就不應中央出兵的命令，與列強協議「東南互保」；
而辛亥革命一舉推翻滿清，亦是靠各省獨立完成的。

　　然而清末民初地方仕紳的性質與傳統仕紳不盡相同，隨著科舉
廢除，有功名的仕紳漸漸走下歷史舞臺，代之而起的是受西化教育
的新知識份子。而隨著新式工業的推動，新式紳商的地位日隆；[54]
另外因新式軍隊的培育，又產生一批新式軍官。[55]如此結合學、政
、軍、商於一身的新仕紳，在近代中國佔據相當重要的地位，於清
末民初許多歷史事件中都發揮重大影響力。

　　民國成立以後，雖然袁世凱以軍事強權統治中國，積極提高中
央集權削弱地方，然而地方勢力並未被根本剷除，反而醞釀更大的
衝突與反彈。[56]袁死後，中國進入軍閥割據時代，中央政權衰微不

---

[53] 胡春惠，＜聯邦主義與民國初年的分與合＞，《中國歷史上的分與合學術
　　討論會論文集》，臺北：聯經出版事業公司，民國84年9月，一版，頁317。

[54] 茅家琦，＜地方勢力與晚清政局＞，《中國歷史上的分與合學術討論會論
　　文集》，臺北：聯經出版事業公司，民國84年9月，一版，頁293。

[55] 張朋園，＜近代中國的軍事與現代化＞，《歷史月刊》，第8期，民國77
　　年9月，頁74。

[56] 關於袁世凱削弱地方的措施與後果，參見張憲文，，＜試論袁世凱的集權
　　政治與省區的地方主義＞，《中國歷史上的分與合學術討論會論文集》，

振，地方勢力爬升至最高點。因各地軍閥綿延混戰，地方不堪受虐，而爆發著名的聯省自治風潮。[57]

聯治思潮起自於民國九、十年（1920、1921），整個二〇年代都受其影響。[58]民國九年北方直皖戰爭後，一般見南北雙方都沒有統一全國的力量，認為不如採取聯邦制，或許可脫去軍閥割據混戰的混沌局面，暫時達到和平統一的目的。這主要由受南北戰禍最烈的湖南省首先鼓吹，浙江等地亦熱烈響應，地方仕紳積極呼籲策畫，以圖保衛家鄉的和平與利益。但聯省自治並不得一般軍閥的支持，南方孫中山亦反對；而一些小軍閥之所以贊同，是因聯治有助於其割據。故只由缺乏實力的學者、仕紳加以推動倡導，其失敗的命運早已可預期。

北伐戰爭開始以後，面對南方統一的壓力，地方勢力（尤其是北方的地方勢力）的和平與利益就面臨強大威脅。雖然南方孫中山建黃埔黨軍時曾刻意分配各省名額，以破除省界造就北伐軍的全國性質；[59]但北伐軍的偏重南方仍是不可諱言的事實。故承接民國十年聯治風潮的地方分權概念，此時又活躍於北方人民心中，《晨報》副刊上即有讀者力倡以和平方式解決時局：「**人人都知武力統一**

臺北：聯經出版事業公司，民國 84 年 9 月，一版，頁 305-316。

[57] 關於聯省自治的詳細歷史，詳見李達嘉，《民國初年的聯省自治運動》，臺北：弘文館，民國 75 年 5 月，一版。

[58] 碩巴（R. Kelth Schoppa）認為，省域主義對國家主義而言，是一發育完全的有利代替物，並非純然為一種退化或保守。參見其著，＜省與國：浙江省的自治運動（1917~1927）＞，《中國現代史論集．第 5 輯：軍閥政治》，臺北：聯經出版事業公司，民國 69 年，一版，頁 374。

[59] 蔣永敬，＜孫中山對中國統一的主張＞，《「近代中國與亞洲」學術討論會論文集》，香港：珠海書院亞洲研究中心，1995 年 6 月，頁 19。

的光榮，而忽視武力統一的犧牲」；[60]而「武力的統一，即僥倖成
功，成功之後，離不了專制的臭味」。[61]

　　北伐初期攻打東南孫傳芳時，曾引發著名的江浙和平風潮。翻
閱當時北方報紙，常可看見地方仕紳在野名流的求和籲電，[62]並曾
一度引發「浙人治浙」的獨立事變，[63]《晨報》報導：「浙紳到署
，……宣佈浙省自治，……以阻黨軍前進」；[64]《大公報》謂：「
此次浙變，即自治派所為」。[65]至北伐軍臨京津時，北方仕紳名流
更起而抗爭，《晨報》刊載北方有擁五色國旗的團體成立，[66]《大
公報》則報導：「津埠在野名流鑑於戰禍連綿，災民遍地，擬發起
國民救國大會，要求南北兩政府停戰」，[67]顯示北方人民保衛家鄉
和平與利益的決心。

　　北伐末期奉張不敵退而出關，北京在南方國府接收之前，地方
仕紳如王士珍、熊希齡等發起成立臨時治安維持會，出面代理短暫

---

60 許仕廉，＜三論武力統一＞，《晨報》，晨報副鐫，民國 15 年 5 月 18 日，
　　頁 11，社會。

61 許仕廉，＜再論武力統一＞，《晨報》，晨報副鐫，民國 15 年 5 月 11 日，
　　頁 7，社會。

62 ＜唐紹儀等請息戰＞，《大公報》，民國 15 年 9 月 14 日，第二版。

63 ＜浙省宣佈自治藉自治招牌暫支殘局＞，《晨報》，民國 15 年 12 月 21 日，
　　第二版。

64 ＜浙省宣佈自治＞，《晨報》，民國 15 年 12 月 21 日，第二版，杭州東方
　　社電。

65 記者，＜論自治運動＞，《大公報》，民國 15 年 10 月 19 日，第一版，社
　　評。

66 ＜擁護五色國旗大同盟昨成立＞，《晨報》，民國 15 年 12 月 30 日，第六
　　版。

67 ＜以天津為中心之南北停戰運動忽起＞，《大公報》，民國 17 年 2 月 3 日，
　　第二版。

無政府期間的北京政務，以確保政權和平讓渡。《晨報》記載：「
時局既已由和平途徑解決，京中耆老，……有為治安維持會之議」
；[68]對於仕紳負起保衛地方安全的責任，《大公報》認為：「在偌
大事變中，而北京市內，未發生絲毫問題，中外晏然，平安交替，
諸老之功，不可沒也」；[69]「紳耆賢勞，皆可嘉尚」。[70]治安維持
會顯示中央政權動盪下民間勢力的自衛功能，該會在南方國府接收
完成後撤銷。[71]

　　政權接收最常引起地方利益團體的抗爭，故南方國府派閻錫山
主持北方接收，除有抑止馮玉祥的目的外，考慮北方民眾及日本的
接受程度亦為一大因素。閻久在山西與北洋政府素有聯繫，且其作
風平和，北方人民對其反感較淡。然而接收後中央與地方利益的衝
突仍不可免，就曾發生國府沒收北方老企業中興煤礦之事，《大公
報》對此表示：

　　　　去夏中興煤礦曾經協助北伐軍餉九十萬元，國民革命軍總司
　　　　令部于以嘉獎，通令保護在案，為一般經濟界所深知，皆認
　　　　為可絕對受國民政府之保護，不至有他者。今忽傳沒收之
　　　　令，故極為驚訝也。……要之沒收逆產為一事，沒收公司又
　　　　是一事，不可混為一談。……一切經濟上之措施，深盼政府

68　〈治安維持會尚未成立〉，《晨報》，民國17年6月4日，第二版。
69　〈北京治安維持會之成功〉，《大公報》，民國17年6月11日，第一版，
　　社評。
70　〈天津治安問題〉，《大公報》，民國17年6月3日，第一版，社評。
71　〈治安會任務告終〉，《大公報》，民國17年6月11日，第二版，北京
　　加急無線電。

以光明正大之手段出之。[72]

北方被南方北伐統一了，面對實際利益的重新分配，北方地方勢力團體雖心懷不滿，但卻也無力回天。從當時北方報紙輿論關於地方 VS.中央、北方 VS.南方的言論中，我們可瞭解北伐是一場雙方利益的角力戰，地域心態與實際利益在其中扮演相當重要的作用。

---

[72] ＜論沒收中興煤礦事＞，《大公報》，民國 17 年 7 月 14 日，第一版，社評。

第四章 北方報紙輿論對南方黨軍的看法

在第三章中，已將北方報紙輿論對北方軍閥的觀感做一整理，接下來則把焦點轉向南方，觀察天津《大公報》、北京《晨報》這兩份北方報紙在當時北伐的情勢下，對南方黨軍的看法。

與探討北方軍閥時相同，本章依然圍繞著四個與北伐有關的課題加以申論。共分為四節，第一節以文化觀點著眼，探討南方如何結合當時風行的新思潮，對北方人民產生怎樣的號召；第二節論述南方的政軍組織──黨、黨軍的內涵與轉變，觀察北方報紙輿論對此特殊政治形式的評價；第三節以反赤恐共的心理為重點，釐清北方報紙輿論懼斥南方聯共政策的原因；第四節將時間推展至北伐末期，分析局勢壓力對北方報紙輿論的影響。

第一節 新文化與主義的號召

北伐，不僅是一場軍事上的角力戰，也是一場爭取民心的宣傳戰。一般認為，因南方懂得吸收新文化運動以來甚為風行的新思潮，從而爭取到廣大新興勢力的支持，奠定其北伐成功的基礎。本節即欲證明此種說法是否成立，在論述上將分為兩個步驟加以處理：首先，觀察南方「新」事物──文化、主義、領袖──對北方人民的號召力；其次，從現實面分析北方民眾「人心向新」的緣由，以生計艱難與思想困頓的角度切入，推論當時北方文人大量南投、青

年獻身革命運動的實際因素。

一、　文化、主義與領袖

　　清末列強挾著船堅炮利侵略中國，有識之士紛紛起而號召改革以救危亡；但歷經學習西方器物的自強運動、效法西方制度的立憲運動後，民初政治黑暗、人民貧弱的情況卻如依舊；因此有人提倡必須從思想上根本改造起，新文化運動於是產生。

　　新文化運動的涵蓋面很廣，舉凡文學革命、介紹西方新知、解放婦女農工等，都是其致力的目標。他們認為傳統中國的價值觀已不足以應付新時代的需求，唯有效法西方全面更新，才能拯救自己的國家。民國八年（1919）五四運動後因國難當頭的壓力，新文化運動的各項號召迅速吸引人心；[1]而其所重視的青年、婦女、工農群眾，此時也從傳統非主流的次要地位，躍居最熱門的新興勢力，社會上人心求新求變的渴望愈益迫切。[2]

　　南方北伐恰於此時代背景中產生。民國八年五四運動爆發，孫中山正因革命困頓寄居上海，在目睹各方反帝愛國的熱潮後，敏銳地洞察出此一變局的重要性，迅速做出回應，[3]表示：「吾黨欲收革

---

[1] 關於新文化運動會採思想改革的救國方式，林毓生認為，因傳統中國政治、經濟、文化三位一體及儒家主知主義的特性，使改革會傾向全盤反傳統；參見其著，穆善培譯，《中國意識的危機》，貴陽：貴州人民出版社，1988年1月，一版。而李澤厚則認為救亡對中國知識份子啟蒙有顯著的影響，但亦劃定其活動的疆界；見其著，＜啟蒙與救亡的雙重變奏＞，《中國現代思想史論》，北京：東方出版社，1987年，頁12。

[2] 王躍，＜北洋軍閥統治時期社會意識變遷的趨勢＞，《近代史研究》，1987年3期，頁20。

[3] 呂芳上，《革命之再起──中國國民黨改組前對新思潮的回應》，臺北：中

命之成功，必有賴思想之變化，……故此種新文化運動，實為最有
價值之事」。[4]而為與新興勢力合拍，乃創辦新文化刊物、扶持學生
運動、[5]解放婦女農工；[6]民國十三年更正式改組國民黨，將新興勢
力納入革命陣營，奠定其由邊緣走向中心的基礎。[7]

　　翻閱北伐當時的北方報紙，常可見到南方施行新文化的報導，
《大公報》就曾記載漢口黨部：「以孔子學說多為歷代帝王所利用
，迷惑民眾思想，與現代潮流，頗有不合之處，……乃通令各縣廢
除祀典，將祀典費用撥為教育經費」。[8]所以在南方致力新文化的號
召下，以新舊區分北伐南北陣營的說法逐漸形成，《晨報》副刊上
就有人為文道：「如果必要把這番戰爭加個形容詞，我以為只好名
之曰『新舊大戰爭』」。[9]

　　所以在北伐宣傳戰的壓力下，北方報紙輿論認為北方若要與南

　　研院近代史研究所，民國78年4月，頁24-37。

[4] 孫中山，＜與海外同志書＞，民國9年1月29日，轉引自周陽山編，《五
　　四與中國》，臺北：時報文化出版公司，民國79年11月，一版，頁3。

[5] 陳福霖的研究指出，孫中山早年對青年十分冷淡，而堅持革命領導階層的菁
　　英主義；至五四運動後因見青年勢力蓬勃可為，才改變以往的聯盟策略，
　　重獲國人的注意。見其著，＜孫中山與中國國民黨改組的起源＞，《中國
　　現代史論集.第10輯：國共鬥爭》，臺北：聯經出版事業公司，民國71年，
　　一版，頁61、83。

[6] 關於北伐期間的婦運，參見呂芳上，＜娜拉出走以後──五四到北伐青年婦
　　女的活動＞，《近代中國》，第92期，民國81年12月，頁112-115。

[7] 呂芳上，＜尋求新的革命策略──國民黨廣州時期的發展＞，《中國國民黨
　　黨史論文集》，第3冊，臺北：近代中國出版社，民國83年11月，一版，
　　頁541。

[8] ＜黨軍與孔子＞，《大公報》，民國16年2月15日，第六版，漢口特訊。

[9] 百憂，＜以科學眼光解剖時局＞，《晨報》，晨報副鐫，民國15年10月5
　　日，第1頁，社會。

方相抗，也應向此方面下功夫，《大公報》就表示：「夫以舊勢力
之失望，致迫新勢力之發生，乃事之必然者」；[10]故謂：

> 要和黨軍對壘，不專是槍砲可以濟事，人心如何收攬，工人
> 如何懷柔，在在都和戰事有關。最好是別讓百姓去受他們的
> 「動員令」，這其間當然要有方法，不是殺人所可了事。[11]

又說：

> 現在眼前明白的事，就是有組織，勝過無組織；有主張，
> 勝過無主張。空言無補，需有事實，虛聲無用，需有實
> 力，此實力並非兵力，乃精神上的力。[12]

而北方報紙輿論亦認為，要讓當時南方響亮的「國民革命」、「國
民革命軍」稱謂，[13]變為全國人民共有的願望，不能成為南方獨有
，《大公報》說：「國民革命，必是全體，不能謂是某人某派之特
許事業」；[14]《晨報》更謂：「國民黨雖以國民革命呼號於世，而
事實純為一黨包攬革命」。[15]故北方報紙輿論強烈呼籲北方當局需
在響應新文化上急起直追，不能讓南方專美於前。

　　如果說結合「新文化」讓南方北伐配戴清流進步的形象，則宣

---

10 前溪，<注意兩大勢力之爆發>，《大公報》，民國 15 年 9 月 12 日，第
　　一版，社評。

11 <時局的注意點>，《大公報》，民國 16 年 3 月 11 日，第一版，社評。

12 天馬，<時局的趨勢>，《大公報》，民國 15 年 10 月 15 日，第一版，社
　　評。

13 胡春惠指出，「國民革命」一詞同盟會即有，至民國 13 年國民黨改組時，
　　才將此名詞廣泛地使用起來，以強調其革命運動的群眾面向。見其著，<
　　北伐前後的民眾運動>，《國立政治大學歷史系學報》，第 2 期，民國 73
　　年 3 月，頁 2。

14 <國民革命>，《大公報》，民國 16 年 5 月 25 日，第一版，社評。

15 <反革命與偽革命>，《晨報》，民國 17 年 3 月 7 日，第二版，社論。

傳「主義」更使其政權獲得理論基礎。意識型態本有炫惑人心的魅力，一個擁有自己學說系統的政權，會更令人信服；若再將理論濃縮爲精簡有力的口號加以宣傳，則更易被人接受。因此，以抽象名詞指涉簡化概說的主義，提供中國知識份子一個幻象；[16]而其激昂簡潔的口號宣傳方式，更滿足人民愛國的迫切心。故一般認爲北伐當時南盛北衰的最大差異在南方有主義，知道自己爲何而戰。[17]

　　孫中山的三民主義在清末即已成形，因孫推翻滿清建立民國的巨大事功，使三民主義一直給人聖潔高尚的印象。新文化運動注重思想革新的風潮形成後，孫乃將其三民主義塑造成新一代中國人的信仰，積極演講宣揚革命理念，[18]認爲：「用武力去征服人，完全是假的；用主義去征服人，那才是真的」。[19]翻閱北伐當時的北方報紙，常可見關於南方宣傳主義的報導，《晨報》記載北伐「東路軍前敵總指揮部政治部發起，……議決五月上旬十日間爲『研究三民主義旬』，……派黨員散發印刷品，俾民眾徹底瞭解三民主義」；[20]「關於婦女方面，莫不大呼解放，自由平等之聲，早已高唱入

---

16 林毓生，＜「問題與主義」論辯的歷史意義＞，《中國歷史轉型時期的知識份子》，臺北：聯經出版事業公司，民國81年9月，一版，頁65。

17 田柚，＜「主義」在民初中國＞，《中時晚報》，民國82年5月14日，副刊。

18 呂芳上統計得知，孫中山民國10年至13年間爲宣傳三民主義，前後演講共65次。見其著，＜國民黨改組前後的宣傳刊物＞，《中國國民黨黨史論文集》，第4冊，臺北：近代中國出版社，民國83年11月，一版，頁99。

19 孫中山，＜打破舊思想要用三民主義＞，民國12年在廣州與各軍將領演講，《國父全集》，第3冊，臺北：近代中國出版社，民國78年11月，頁378。

20 ＜研究三民主義旬＞，《晨報》，民國16年5月1日，第二版，上海東方電

雲，各機關團體，亦實行雇用女職員」。[21]《大公報》也報導：「
南開學校為使其職員瞭解三民主義，……組織『三民主義研究會』
，……每人發給中山全書一部，以便預為誦讀」。[22]而「黨人最重
宣傳，宣傳中尤以幾點「標語」最為顯目，並且標語措辭簡括，陳
義深刻，易動於人，所以黨軍到處，即標語繁盛之處」；[23]故南方
「印刷生意，異常之佳，……無論哪一個機關，都有宣傳印刷品」
。[24]

　　面對南方宣傳主義如虎添翼，北方報紙輿論承認其效果甚大，
《大公報》說：「國民黨人習聞宣傳之法，稍稍用之，頗奏奇效，
……北伐順利，此亦一因」；[25]而《晨報》亦謂：

　　廣東黨政府以三民主義吸引青年，團結軍心，數年教聚，大
　　著成效……。今之論者，大抵歸黨軍有主義、有組織，有主
　　義而後能集中精神，同趨一的；有組織而能統一號令，共矢
　　服從，此黨軍較占優勢之主因也。[26]

更有人在其副刊寫道：「孫中山的三民主義雖不免是空名詞，然而
其鼓勵並激發人心的效果已是不小」。[27]故《大公報》說：「今日

21　＜改革後之南京氣象一變＞，《晨報》，民國16年7月5日，第三版，南
　　京特約通訊。
22　＜南開學校職員研究三民主義＞，《大公報》，民國17年8月12日，第
　　七版。
23　成季，＜南遊雜感（九）＞，《大公報》，民國16年11月13日，第六版。
24　空青，＜東拉西扯說南方（續）＞，《大公報》，民國16年7月19日，
　　第六版，上海通信。
25　＜宣傳與革命＞，《大公報》，民國16年6月13日，第一版，社評。
26　淵泉，＜主義之流行＞，《晨報》，民國15年10月21日，第二版，社論。
27　同註9。

中國之一大奇蹟，為無人反對三民主義」；28「今全國之贊成三民
主義，猶之辛亥之贊成共和，此國家又將統一之兆也，而不能無懼
」。29

　　因南方運用主義甚獲民心，故相較之下北方政府當局這方面成
績甚少，《大公報》就認為：

> 國民黨拿出什麼三民主義、五權憲法，便可風靡南北。其實
> 國民心理，並不是真瞭解主義、懂得憲法，不過他們熱心，
> 拼命向民眾宣傳；別一方面，又從沒有一種對抗的東西，向
> 民眾去解釋。……中國十五年來，談政治、辦黨會者何止一
> 個國民黨，可惜大家都去崇拜武力。30

又說：

> 黨軍初起，奉其三民主義討帝國主義為名，是黨軍以三民主
> 義之名為正當，帝國主義之名為不正當也。帝國主義之名，
> 果為北方諸軍所不樂承，……然北方諸軍究竟奉何主義，迄
> 今無以明之。31

而《晨報》亦謂：

> 北方軍閥素重物質上之實力，而忽略精神上之團結。是以得
> 勢則炫嚇一時，群爭趨附；失勢則部屬星散，孑然一身。因
> 謀權力而來者，則權失利終，各自調首而去；為主義而合
> 者，則兵敗矢盡，猶復奮往而前。當此黨軍以主義號召天下

28　＜滬商與時局＞，《大公報》，民國16年4月18日，第一版，社評。
29　＜三民主義＞，《大公報》，民國16年6月8日，第一版，社評。
30　同註12。
31　＜論名＞，《大公報》，民國16年5月21日，第一版，社評。

之際，與之對抗者，亦不能不以主義相周旋。師出有名，始

能致勝；以主義與無主義戰，則無主義者每陷不利。[32]

且南方的各項宣傳不只限於南方，並常滲入北方軍閥的統治地區，積極爭取北方新青年的認同，《晨報》曾報導上海「國民黨支部，近由上海大學及上海法律學校，募得青年黨員九十人」；[33]故北伐軍攻打上海時，「黨人份子及學生等大起活動」，[34]對北伐戰局產生一定的影響。

　　所以在宣傳及戰局雙雙不利的壓力下，北方也開始提倡主義，《大公報》記載張作霖謂：「不反對真正之三民主義」；[35]《晨報》亦報導：「兩帥擬於三民之外，增加民德一項，共成四民，以維國本」。[36]而北方軍閥除表示自己也贊同三民主義外，更紛紛發明新的主義，「自從蔣介石抬出三民主義大出鋒頭後，許多人都覺得主義是值錢的。於是乎孫傳芳標榜三愛（愛國愛民愛敵），東三省主張三權（民權國權人權）」；[37]而「必取乎三者，蓋受三民主義潛意識之作用」。[38]《晨報》對此則有一幅有趣的插畫（見 141 頁圖十三）

---

[32] 同註 26。

[33] ＜國民黨募黨員＞，《晨報》，民國 15 年 9 月 1 日，第二版，上海電通社電。

[34] ＜上海人心動搖＞，《晨報》，民國 15 年 12 月 17 日，第二版，上海電通社電。

[35] ＜張作霖自謂繼中山志＞，《大公報》，民國 16 年 6 月 26 日，第二版，北京特訊。

[36] ＜奉寧妥協尚未絕望＞，《晨報》，民國 16 年 6 月 25 日，第二版。

[37] 天馬，＜主義值錢？＞，《大公報》，民國 15 年 10 月 17 日，第一版，社評。

[38] 同註 26。

圖十三[39]

---

[39]　《晨報》，民國 15 年 11 月 24 日，第六版。

　　但須注意的是，雖然北方報紙輿論明白南方主義號召的成效，但其本身對主義的看法則相當消極，《晨報》即說：「三民主義本極空洞，祇要不主張異族統治主義、民權壓迫主義、民死主義者，皆與三民主義可共存」。[40] 而《大公報》亦認為：「蓋國民者所要求者為好政治，與招牌無干，國民所督責者為真成績，與宣傳無與」；[41] 故「若仍高談主義，爭虛名以造亂，……則新舊勢力等耳」。[42]

　　除了「文化」、「主義」外，南方的「領袖」也成為其號召人心的一大法寶。政治領袖的個人魅力常對政權產生極大作用，孫中山與蔣介石為南方北伐陣營前後最重要領袖人物。究竟這兩人有否對南方陣營的聲勢發揮影響力？我們試圖從《大公報》與《晨報》的相關言論中加以釐清。

　　孫中山因具有推翻滿清建立民國的革命歷史，故在民初享有極高聲望；且因其一直處在權力邊緣與當局抗爭，而給人奮鬥不懈的清流形象，故在民國十二年上海《民國日報》刊載國內外六個機關的民意測驗中，孫皆當選「心目中最偉大的中國人」第一名。[43] 北伐時期南北對立，孫雖是南方國民黨的創黨人，但北方報紙輿論仍時常表示對孫的景慕之情，《大公報》就說：「民國以來，從事政

40　同註15。

41　＜時局之歸宿＞，《大公報》，民國16年6月9日，第一版，社評。

42　＜南北勢力變遷＞，《大公報》，民國16年6月6日，第一版，社評。

43　六個機關分別是：北京大學、北京高等師範、南京東南大學、武昌高師、上海密勒氏評論報、東京留日基督教青年會。資料來源為民國12年1月6日至8月27日之上海《民國日報》，轉引自呂芳上，＜北伐前學運的動態（1920-1927）＞，《北伐統一六十週年學術討論集》，民國77年10月，頁471。

治之文人，前仆後繼，淘汰殆盡者，其原因在甘於為武人之從，獨孫中山不然，彼終身無武力」；[44]「祇有孫中山先生，秉賦特別，一生總是誠誠懇懇，讀書辦事，終日工作，熱心研究，不腐敗，不苟且」；[45]又在其逝世兩週年時說：

> 今天是孫中山先生逝世二週年紀念日，全國各地，國民黨員不用說，就是非國民黨員，也有許多人在那裡紀念他。……他那寬厚博愛的性格，艱苦卓絕的精神，高遠敏銳的眼光，都不失為偉大人物的特徵，可為後人景仰之模範。……他不單是中國歷史上人物，而且有世界的價值，不能僅僅把他看作國民黨黨魁為止。[46]

　　然而大抵來說，這些緬懷孫中山的文字，並非表示其因此亦「愛屋及烏」地連帶推崇國民黨。儘管北伐陣營抬出孫中山這塊響亮的招牌號召國人，但北方報紙輿論卻不將北伐前即已去世的孫與北伐當時之國民黨劃上等號，反而常針對南方的今非昔比提出批評，《大公報》謂：

> 中國人才之消乏也久矣，……近數十年惟出一意志堅強至死不懈之孫中山，亦卒鬱鬱以死。即其既死，黨徒秉其遺教，承其遺澤，遂有相當之成功。然因領袖人物缺乏，竟以內訌，寖成自相殘殺之禍。此無他，繼中山者其人格與智力不足以涵蓋全黨耳。[47]

---

44 ＜文武主從論＞，《大公報》，民國 16 年 6 月 20 日，第一版，社評。

45 ＜嚴防腐化＞，《大公報》，民國 17 年 7 月 7 日，第一版，社評。

46 ＜孫中山逝世二週年紀念＞，《大公報》，民國 16 年 3 月 12 日，第一版，社評。

47 ＜黨治與人治＞，《大公報》，民國 16 年 7 月 27 日，第一版，社評。

且更表示對南方利用孫中山、將孫偶像化的不滿：

> 孫中山先生以民國十四年三月十二日卒於北京，自其逝世
> 後，在南方漸成偶像化，迨黨軍入長江，奋有十數省，而中
> 山偶像化愈甚。[48]

> 姑舉例言之，南京市政，亟待振興，既患屋荒，復苦路惡，
> 然奠都年餘，毫無設施，獨費一百五十萬元，建築所謂迎櫬
> 大道一條，……以絕對平民精神之中山先生，使其九泉有
> 靈，寧能不太息痛恨哉。……且不特此也，所有全國機關，
> 每星期必開總理紀念週，必誦遺囑，必靜默。又官員就職，
> 必對遺像宣誓，……下至民家集會，亦往往讀遺囑，江南人
> 家，有結婚而讀遺囑者矣。夫使紀念中山，而僅在形式及口
> 頭禪，……偶像化之紀念中山，為絕對不可。[49]

　　對於南方北伐期間最重要的領袖蔣介石，北方報紙輿論也相當
注意；然而多將其視為軍事實力者，並無過多稱譽。蔣在北伐中期
與宋美齡結婚一事，就引發北方報紙輿論對其個人操守的強烈批評
，《大公報》說：

> 蔣宋婚事，在宋全無問題，問題在蔣。觀蔣之廣告，其原配
> 毛氏，已於民國十年離婚，其他二女士，現亦斷絕關係。……
> 蔣氏，寒士也，其稍露頭角，……而棄毛婚宋。……且蔣在
> 南昌時，尚有所謂蔣夫人之陳女士出入軍中，而今也求婚於
> 宋，則斷絕之。抑觀蔣氏自稱元配之外，尚有其他二女士，

---

[48] ＜孫中山逝世三週年＞，《大公報》，民國 17 年 3 月 12 日，第一版，社
　　評。
[49] ＜所以紀念孫中山先生之道＞，《大公報》，民國 17 年 11 月 12 日，第一
　　版，社評。

其過去生涯之不謹，業已自承，而更拋舊圖新，寧非蹂躪女
性，革命軍人，詎如是哉。況若文過飾非，謂此舉乃為取消
多妻之陋習，而不知適以加重本身之罪惡耳。[50]

又說：

蔣介石……前日特發表一文，一則謂深信人生若無美滿姻
緣，一切皆無意味；再則謂確信今日結婚後之革命工作，必
有進步。反翹其淺陋無識之言以炫社會，吾人至此，為國民
道德計，誠不能不加以相當之批評，俾天下青年知蔣氏人生
觀之謬誤。……嘗憶蔣氏演說有云，出兵以來，死傷者不下
五萬人，為問蔣氏，此輩所謂武裝同志，皆有美滿姻緣乎。
其有之耶，何以拆散其姻緣；其無之耶，豈不虛生了一世。
纍纍河邊之骨，淒淒夢裡之人，兵士殉生，將帥戀愛，人生
不平，至此極矣。……夫以俗淺的眼光論，人生本為行樂，
蔣氏為之，亦所不禁；然則埋頭行樂而已，又何必嘵嘵於革
命。[51]

所以謂：

畢竟蔣總司令，才智高人一等，一方戀愛，一方又革命。棄
三取一，分道並行，鐵腕柔情，同時互用。此在彼個人之私
德，吾人姑不備論，惟邇來南方輿論，以為國民黨重視女權，
載在黨綱，提高婦女地位，又一再見諸宣傳。今彼乃以中心
領袖的資格，而竟效市井紈褲之行，厭舊喜新，壓迫弱者。

---

50 〈離婚與再嫁〉，《大公報》，民國 16 年 10 月 3 日，第一版，社評。
51 〈蔣介石之人生觀〉，《大公報》，民國 16 年 12 月 2 日，第一版，社評。

52

　　除了對蔣的個人私德多所著墨外，亦認為蔣對國民黨的紛亂內爭責任重大，《大公報》就曾批評蔣聯共反共政策前後不一：

> 吾人姑不論政策，而論蔣介石之責任，孫中山末年之聯俄容共，孰倡之，蔣倡之，執行之，蔣行之，故共產黨之發展，蔣實為第一責任人。然愛之則加諸膝，惡之則投諸淵，前後之間，判若兩人。53

《晨報》亦說：

> 蔣介石……前年誓師北伐，統帥三軍，北下湘鄂，西取蘇浙，所向風靡，宛如無敵，蔣之社會地位，陡然增高，莫敢與京。及其入金陵，耽溺聲色，揮霍無度，處置部下，又失均衡。54

而因其「失軍心，失人心，及樹敵太多」；55「故今日與其謂蔣為失敗，無寧謂其根本尚未曾成功之為當也」。56

　　從上面的論述中可知，雖然《大公報》、《晨報》對南方利用新文化號召國人的評價有些許保留，但大體上仍相當承認南方此舉的確讓北方有「新思想」的人易於傾向認同。因此有人認為，南方北伐適時地抓住當時的思想潮流，以宣傳新文化號召人心，從而造

---

52 ＜南政雜記（八）＞，《大公報》，民國16年10月15日，第二版，旅行記者寄自上海。

53 ＜黨禍＞，《大公報》，民國16年4月29日，第一版，社評。

54 ＜蔣介石之前途＞，《晨報》，民國17年1月11日，第二版，社論。

55 了了，＜蔣下野原因＞，《晨報》，民國16年8月23日，第六版，上海特約通訊。

56 莫愁樓主人，＜蔣介石何以下野？（五）＞，《晨報》，民國16年8月27日，第二版，寄自上海。

成有利於北伐的輿論環境[57]，爲其最後的勝利埋下伏筆。

二、　知識份子的出路

在論述北伐當時南方利用新文化向北方人民號召的成效後，接下來則進一步分析這些「人心向南」的實際背景。既然北方報紙輿論對南方吸收北方「新青年」頗有微詞，就必須瞭解其如何解釋北方知識份子南下的問題。下面試圖從《大公報》與《晨報》的相關言論中，探究這些改變傾向的北方人究竟有多少？是否隨時間的進展而增加？其轉向的實際原因是什麼？南投後的下場又如何？而北方報紙輿論對此有何看法？

在北伐戰爭期間，當南北雙方當局還在相鬥激烈時，即有許多北方人先行投奔到南方陣營。他們大部份是知識份子，上自大學教授下至在校學生，爲數甚多。早在民國十三年（1924）黃埔軍校開辦後，就有許多北方知識青年南下投軍；北伐開始後，這種趨勢更是有增無減，《晨報》副刊上有人爲文謂：

> 自北伐軍興，近一兩月來各地知識階級（包括學生），往廣州投效的踵接肩磨，其企圖乘機而響應的更大不乏人。據報載：自北伐軍佔陽夏，由滬往粵投效者三日之內達三百人，由京往粵投效者三日之內達六百人，類皆大學學生。[58]

---

[57] 羅志田認爲，雖然北伐宣傳趕不上槍的進度，而甚少在戰區實際促進作戰，但卻在非戰區幫助造成的黨軍新形象；而其之所以能夠形成全國輿論，又甚得力於北伐軍事上的勝利。見其著，＜南北新舊與北伐的再詮釋＞，《新史學》，5卷1期，民國83年3月，頁109-110。

[58] 同註9。

　　除了青年學生競奔廣州，許多學校教師、學者菁英也紛紛南下，《大公報》即報導：「現在各大學教員，……多數之人，則東大也、廈大也、廣大也……，皆紛紛受聘以去」；[59]「而成都大學所聘，亦復不少，……原任北京九校教授如李璜曹四勿等計十餘人，亦經陸續出京」。[60]《晨報》亦記載：「現代評論派完全加入國民黨合作，陳西瀅等已被聘為宣傳委員會」。[61]《晨報》曾以一幅「孔雀東南飛」的插畫，比喻北方知識份子大量向南流失。（見 149 頁圖十四）

　　究竟這些知識份子為什麼要離鄉南下？他們原本在北方過的如何？是抱著什麼期待前往南方的？《大公報》在一篇社評中即清楚地表示：「北京青年學生界……，皆抱三種苦痛，曰經濟壓迫，曰政治環境之不安，曰求智欲之不能貫徹」。[62]故北方知識份子的熱烈南投，不盡然是受到南方革命的號召；若深入探究其根本的現實原因，可發現許多文人學者南下是為了求職謀生，青年學生南下是為了發洩思想上的苦悶。

　　首先就經濟上的困頓來說，傳統中國知識份子「學而優則仕」

---

59 立言，＜北京財政最近恐慌情形＞，《大公報》，民國 15 年 9 月 2 日，第二版，北京特別通信。

60 ＜國立九校教授紛紛出京＞，《大公報》，民國 15 年 9 月 16 日，第三版。

61 ＜現代評論派與國民黨＞，《晨報》，民國 16 年 7 月 7 日，第二版，上海國聞社電。現代評論雜誌民國 13 年 12 月在北京創刊，主要的撰稿人是一些留學歐美的北大教授，如陳西瀅、胡適、王世杰等人，形成「現代評論派」，北伐後漸傾國民黨，見張中良、中井政喜和著，楊義主筆，《中國新文學圖志》，上冊，北京：中國人民大學出版社，1996 年 8 月，一版，頁 274-279。

62 ＜解決青年之苦痛問題＞，《大公報》，民國 17 年 1 月 21 日，第一版，社評。

圖十四[63]

63　《晨報》，民國 16 年 3 月 11 日，第六版。

，唸書的目的是爲了當官；但清末新政科舉廢除，學子入仕的道路
驟斷，只有另尋其他出路。[64]然而繼科舉之後的新式教育使學生人
數遽增，但因民初政局紛亂戰事連綿，學校經費嚴重不足，許多人
迫於生計中途輟學。[65]且就算能順利畢業，社會上相應容納的工作
機會也很少；而其中一些幸運獲得教職工作的，不僅所得極低，且
常遭欠薪或學校倒閉。所以這些中小型知識份子不像胡適、魯迅等
高層知識份子擁有崇高的社會聲望及經濟地位，他們是社會上無錢
又無勢的邊緣知識份子，在目睹國事日下的同時，亦看見自己無望
的未來。[66]

　　因此翻閱北伐當時北方的報紙輿論，可發現知識份子經濟困頓
是他們南下的基本原因，《大公報》說：「學校畢業生之就業，實
為近來社會一大問題」；[67]又說：

> 民國以來，國內外大學專門畢業學生，歲以數千計，各省中
> 學畢業學生，歲以數萬計。……政府機關，肥美重要之差缺，
> 概都與軍政要員有連，絕無容納學校出身人才之餘地。……
> 故在今日學校出身之失業青年，對於現在社會上政治經濟之
> 組織，咸懷極端不滿之意。苟有可乘，便思破壞者，與其謂

---

[64] 毛丹，＜文化變遷與價值重建運動＞，許紀霖、陳達凱主編，《中國現代
化史》，第1卷，上海：上海三聯書店，1996年2月，一版，頁295。

[65] 呂芳上即指出，民國9年至16年因政治不安定、學校經費不足、教育人才
不夠、教育制度不健全，使學子生活不安而引發許多學潮。出處同註43。

[66] 田柚，＜邊緣知識份子與近代中國政治＞，《中時晚報》，民國81年9月
7日，副刊。

[67] ＜學校畢業生之就業難＞，《大公報》，民國15年9月13日，第一版，
社評。

為思想所激，無寧謂為生計所迫。68

所以：

學生出了學校，社會沒事給他們做，……自從有了宣傳戰以後，東也招宣傳隊，西也考宣傳員，容納了不少學校畢業生。69

《晨報》亦謂：

我們稍一留心觀察，無論黨務訓練所也好，軍事速成班也好，宣傳隊也好，講武堂也好，只要招生廣告一出，便有成千累萬的中學畢業生和大學畢業生，踴躍報名，爭先恐後。70

面對如此嚴重的青年學生失業問題，《大公報》還曾刊登「徵求學生出路辦法」的佈告於報紙頭版，71希望社會大眾踴躍對此發表意見，顯示其極端重視此一問題。

既然知識份子在北方找不到工作無法餬口，而南方當時卻正因北伐需大量新興階級的加入，所以北方的新知識份子乃紛紛南下找工作，或乾脆直接投奔參與革命，《晨報》即有一幅插畫，深刻地將飯碗問題的壓力表現出來。（見 152 頁圖十五）

而其副刊上的一篇文章亦說：

中國十五年來，……一切大大小小的事變，……以至一切大大小小的戰爭，無論這些把戲玩得如何有聲有色，但一揭開

68　前溪，＜社會上最大危機＞，《大公報》，民國 15 年 11 月 2 日，第一版，社評。

69　瑟瑟，＜六慶＞，《大公報》，民國 16 年 1 月 1 日，第二版。

70　＜無人才無職業＞，《晨報》，民國 17 年 4 月 28 日，第二版，社論。

71　《大公報》，民國 15 年 11 月 2 日、3 日，第一版。

圖十五[72]

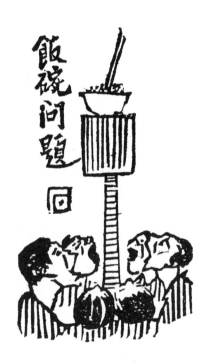

內幕，都是一部份人的飯碗問題從中作怪。……什麼「革命」、什麼「不革命」、什麼「反革命」，莫非麵包問題所迫出。……若謂這班人完全是為了什麼主義而犧牲，恐怕誰都不敢相信。[73]

故《大公報》認為：「中國今後，要能號召人，……主義之外，必須加飯碗，有主義而無飯碗也不行」。[74]

青年學生精神思想上的苦悶，亦是他們南下投奔革命運動的原因。精神苦悶通常是經濟困頓的副產品，這些接受新式教育的青年學生，生活卻無法得到基本溫飽，心情自然異常痛苦。且他們領先獲得新知，擁有滿腔抱負理想卻得不到認同重視，受到社會上層與群眾的雙重疏離，成為時代新舊交替中的零餘者。[75]這些青年學生一無所有，只能用精神來證實自己的存在，因此非常容易加入革命運動，將他們對現實的不滿發洩出來。[76]

翻閱北伐時期的北方報紙輿論，可發現當時青年學生的內心普遍苦悶不安，《大公報》的副刊曾有文謂：「現在的無聊青年腦筋中，恐怕十個中有九個想去混軍隊。……十個青年，九個是戀愛失敗者。十個小說家，九個是傷心淚落者」。[77]他們在時代過渡中較早接受新教育，導致「因思想較新不見容於舊社會而生活受窘」，

---

73 同註9，第2、3頁。

74 舜愚，＜飯碗＞，《大公報》，民國15年10月4日，第三版，上海通信。

75 李歐梵，＜五四運動與浪漫主義＞，《中國現代史論集．第6輯：五四運動》，臺北：聯經出版事業公司，民國70年，一版，頁329-332。

76 冀建中，＜毛將焉附？──論中國知識份子的出路＞，《論傳統與反傳統》，臺北：聯經出版事業公司，民國78年5月，一版，頁255。

77 孤雁，＜青年＞，《大公報》，民國16年2月6日，第八版，藝林。

[78]故只有投身革命運動以圖解放自己，證明自己，《晨報》副刊上就有學生投文謂：「所謂民間運動，就是我們到民間去，積極的造成一般民眾們覺悟自己是國家主人翁的一種思潮，……這種民間運動，是偉大的，是急切的」；[79]《大公報》亦說南方「『往田裡去，往工廠去』之標語，成最富於民主精神者之所憧憬」。[80]

　　除生活困頓、精神苦悶外，政治迫害亦是知識份子南投的導火線。奉魯二張隨意捕殺記者文人，迫使大量知識份子南下；[81]民國十六年（1927）李大釗被絞死，更促成北大教授二十九人南下。[82]面對北方學生相率競奔革命，北方當局也盡力防備：「京師戒嚴司令部，致函各學校，……防學生赴粵」，[83]且「對學校宿舍公寓，搜查頗嚴」，[84]甚至大捕學生：「北京各校學生，近有四十餘人被捕」，[85]「北京前日有軍警搜查學校公寓事，聞被捕學生三十八人」。[86]但防不勝防，且此逮捕迫害的舉動，無異更加速知識份子的南投。

　　不過對於學生南投參與青年運動，北方報紙輿論基本上採取反

---

[78] 同註9。

[79] 江德奎，＜青年之民間運動＞，《晨報》，晨報副鐫，民國15年10月19日，第11頁，社會。

[80] ＜今後之青年運動＞，《大公報》，民國16年11月5日，第一版，社評。

[81] 田柚，＜新文化運動與國民黨北伐（下）＞，《中時晚報》，民國81年6月11日，副刊。

[82] 同註57，頁110。

[83] ＜防學生赴粵＞，《大公報》，民國16年10月2日，第二版。

[84] ＜論取締學生事＞，《大公報》，民國16年10月29日，第一版，社評。

[85] ＜北京逮捕學生事＞，《大公報》，民國16年3月25日，第一版，社評。

[86] ＜北京當局與學生問題＞，《大公報》，民國16年9月28日，第一版，社評。

對的看法。首先，是認為學生參與青年運動浪費唸書時間，《晨報》副刊中有文謂：

> 全國青年的腦筋熱血眼淚乃至其學業其生命，犧牲誠無限量，然有否相當之代價與效果，似乎還未有定評。但學校成績的退步，青年的墮落，則自全國中學以至大學，滔滔皆是，而無人敢搖頭否認。[87]

其社論亦說：

> 以國中最有希望最可寶貴之人物，正當其光華爛縵之時期，而無一不沈淪抑鬱墮落於黑暗慘澹之幽谷，而中國前途之運命，行亦將隨之以沈淪抑鬱墮落於黑暗慘澹之幽谷。[88]

　　其次，北方報紙輿論亦認為久浸革命運動的青年易趨狂妄自大，《晨報》謂：「自有學生運動以來，一般青年都認為揚名聲不必靠讀書，謀進身不必恃學問」；[89]而「共黨猖狂，邪說雲起，一般青年，有意識無意識皆蒙其影響，遂使束身黌舍之莘莘學子，肆無忌憚」；[90]「青年之人，智力不過中學程度，而其睥睨一切，氣焰過於所謂領袖，各縣鄉區黨部中人，宛然新式土豪劣紳」。[91]

　　而北伐中期由於南方內訌黨潮不斷，更使南下獻身革命運動的青年無辜受害。《晨報》副刊中有文謂：「新式革命家……天天談

---

87 張維周，＜救國歟！亡國歟！＞，《晨報》，晨報副鐫，民國 15 年 5 月 4 日，第 1 頁，社會。

88 ＜哀青年＞，《晨報》，民國 17 年 3 月 8 日，第二版，社論。

89 ＜今日之學風（二）＞，《晨報》，民國 17 年 4 月 10 日，第二版，社論。

90 ＜青年學生唯一生路＞，《晨報》，民國 17 年 2 月 10 日，第二版，社論。

91 ＜社會危機之兩種省察＞，《大公報》，民國 17 年 2 月 20 日，第一版，社評。

革命，天天講打倒軍閥，天天要學生去請願，自己的生命，要留下
來去做列寧莫索里尼或拿破崙」；[92]《大公報》更說：

> 青年心懷坦白胸無主宰，易受催眠，輒為所惑。迨夫事過境
> 遷，所謂領袖先導者已腐化變節。……年來號為民黨發源地
> 之南中各省，殺戮青年，遠逾北庭。最近廣州討赤，武漢清
> 黨，各學校男女學生，受禍尤烈。……此曹皆中華民國之有
> 用青年，其來校也為求學，其講革命也，先輩導師之所獎進，
> 今潮流一變乃受殘酷之待遇至於如此。[93]

> 無數青年輾轉輪迴於黨潮中者，精神經濟，並受痛苦。……
> 武漢上海流落無依之青年動數千百，而解雇之工人店夥，因
> 黨而失業者，輒以萬計。[94]

《晨報》更有一幅描繪南投知識份子悲慘下場的插畫。（見 157 頁
圖十六）

　　最後隨著北伐告成，南方的青年政策更是大幅縮小，《大公報
》記載：「中監委蔡元培向中央提議，青年運動，現今不宜繼續」
；[95]「李石曾……略謂網羅青年，固為必要，惟其共黨緩進派，仍
混跡其間，故需變更政治方法」。[96]面對南方此舉，北方報紙輿論
雖本其反對青年運動的立場理應贊同，但亦不免為先前南下投奔的
青年叫屈，《晨報》道：

---

[92] 許仕廉，<武力迷信的心理危機>，《晨報》，晨報副鐫，民國 15 年 4 月
　　27 日，第 13 頁，社會。
[93] <壯丁與青年>，《大公報》，民國 17 年 1 月 10 日，第一版，社評。
[94] <三災論>，《大公報》，民國 17 年 3 月 19 日，第一版，社評。
[95] <青年運動不宜繼續>，《大公報》，民國 17 年 8 月 6 日，第三版，滬訊。
[96] <國民黨與青年>，《大公報》，民國 16 年 9 月 26 日，第一版，社評。

圖十六[97]

___

近年以來，學生干預政治，婦女競言解放，……早已成天經
地義。……而青天白日旗所至，尤以此為宣傳運動之綱
領。……然此次南京執監會議竟有防止學生參政，及婦女教
育以培養健全母性為宗旨之宣言矣。又如工人運動，實以湘
粵為發祥地，……然今日封閉工會壓迫工人之舉，竟以湘粵
武漢為最烈矣。……最近省政府且公然頒令，……以尊孔崇
儒保護孔廟祭田及所有廟宇產業相號召矣。[98]

《大公報》亦報導北伐軍進入北京後謂：「奉軍在京所拘青年，國
共不分，不能全釋」，[99]這著實令北方原先支持革命的青年大失所
望。《大公報》認為：「革命的結果，除少數不耕而獲者得以升官
發財外，大多數民眾之未解放也如故，青年之未解放也如故」。[100]

　　總之，北伐當時北方知識份子之所以大量南投，除受南方新文
化的號召外，絕大部份原因是出於自身的實際因素。近代中國邊緣
知識份子處在新舊潮流的夾縫中，面對經濟困頓、思想苦悶與政治
迫害的多重壓力，唯有改弦易轍才能生存下去。利用社會現實對新
知識份子的殘酷，而以新文化號召他們起來拯救自己，就是南方北
伐成功的思想背景。國民黨爭取時代轉換下對現實不滿的邊緣人物
，將其組織起來投入革命運動而獲得勝利。但隨著國民黨政權日漸
由邊緣走向中心，青年運動卻遭受兔死狗烹的悲慘命運，知識份子

---

[98] ＜中國人思想走曲線＞，《晨報》，民國17年2月12日，第二版，社論。
[99] ＜北京在押青年難全釋＞，《大公報》，民國17年6月20日，第二版，
　　上海專電。
[100] ＜青年運動應否繼續問題＞，《大公報》，民國17年8月8日，第三版，
　　滬訊。

被迫不斷向外撤退，直至完全邊緣化爲止。[101]

---

[101] 余英時，＜知識份子邊緣化＞，《二十一世紀》，第 6 期，香港：香港中文大學，1991 年 8 月，頁 19

第二節　黨、黨軍及其變質

　　北伐期間北方報紙輿論普遍稱南方為黨人、黨軍，可見南方的「黨」及「黨軍」，與北方的政治軍事組織有很大不同，而成為其陣營的代名詞。相較於北方的軍閥政治及軍閥私軍，南方號稱以黨施政、以黨領軍，黨權是高於政權與軍權，成為一切權力的依歸。

　　本節即欲分析北伐戰爭期間，北方報紙輿論對南方黨治型態與施政能力的評價。在論述中將分兩個步驟加以處理，首先，探究南方如何形成以黨、黨軍為中心的統治模式，釐清北方報紙輿論對南方以黨治國的看法，及對黨軍軍紀的觀察；其次，描述隨著北伐戰局的進展，南方陣營產生黨人腐敗、黨軍軍閥化的現象，並試圖瞭解北方報紙輿論對此之評價。

一、　列寧式的黨與軍隊

　　黨，在中國是個古老的名稱，西漢「黨錮之禍」、北宋「新舊黨爭」、明末「東林黨爭」，都是當時不同政治派別結黨相爭的歷史。但因傳統帝王恐懼人民相聚謀反，故對黨極力抑制醜化，而有「君子不黨」的說法。

　　至清末因國事危亡，有志之士愛國心切，乃取法西方政黨政治的理念，組黨議政的興趣漸起。這種仿效西方政黨政治的「黨」，與傳統中國因事而起的「黨」有很大不同。[1]民國成立後黨禁大開，

---

[1] 傳統中國的「黨」主要是政治上因事而起的派系鬥爭，只是一群相同政見的人相聚議政而已，並無周全長久的組織辦法。引自西方的「黨」則是近代民主政治中參政的有力工具，具有黨魁、黨綱及黨員組織辦法等。但李劍

一時辦黨熱潮更為風行，兩年內中國一共成立了六百八十二個新興社團組織，其中政治類的就有三百一十二個，[2]故民初中國試行了一段西方式的民主政黨代議政治。然而由於實力人物袁世凱的阻撓及當時社會各方面條件尚未成熟，國會在民國二年（1913）底被袁停閉後，一時興起的政黨很快地又銷聲匿跡。國會在民國五年袁死後恢復，曾經活躍民初的政黨政治重新出現；[3]但此時這些政黨比起民初更淪為政客爭權奪利的工具。故因中國各方面相應條件不足及實力軍人的抵制，民初紛亂的國事只印證西方兩黨政治試行失敗，重回一元化老路的說法於是又被提出。

　　北伐時期南方主政的中國國民黨，是由清末的革命組織演進而來，其本身就是近代中國政黨變革史中的突出例子。孫中山為了推翻滿清，在清光緒二十年（1894）成立「興中會」，至光緒三十一年時為凝聚更大的革命力量，而與其他革命組織合組為「同盟會」。滿清傾覆後中國成為共和國，一時仿效西方民主政治的組黨風氣大為流行，同盟會也由清末的秘密性質改為普通性質的「國民黨」。其在國會選舉得到多數票，成為民初最大的政黨，與傾袁的進步黨展開近似兩黨制的政治互動。然而因與軍事實力人物袁世凱不合，在民國二年二次革命後被袁解散；孫乃於民國三年成立「中華革

　農指出，民初中國學習西方組成的政黨，因本身發展條件尚未成熟，而與西方政黨仍有許多差異，主要是：（1）黨員跨黨嚴重（2）黨義黨綱空泛（3）沒有群眾基礎；參見其著，《中國近百年政治史》，臺北：臺灣商務印書館，民國81年9月，臺一版第十九次印刷，頁367-372。

2　張玉法，＜政黨政治（上）＞，《中國現代政治史論》，臺北：東華書局，民國77年9月，一版，頁53。

3　此時因「不黨主義」思想的流行，政黨都稱「系」不稱「黨」，如研究系、商榷系、安福系等。

命黨」，[4]繼續對抗袁的獨裁統治。袁死後次年南北分裂，中國陷入
軍閥割據的局面，孫在南方進行護法運動，民國八年將中華革命黨
改爲「中國國民黨」。但孫革命因缺乏實力而一直難有作爲，故在
爭取俄國支助的前提下決定聯俄容共，民國十三年將中國國民黨改
組爲列寧式的政黨。所以北伐時期北方報紙輿論指稱南方的「黨」
是指中國國民黨，且是民國十三年改組後的那種中國國民黨，不是
民初試行西方政黨政治的國民黨，或是民國三年的中華革命黨、民
國八年的中國國民黨。[5]

列寧式的政黨與西方式的政黨有很大不同，其主張一黨專政黨
權高於一切。在孫中山的早年思想中，即因革命菁英主義而有「一
黨專政」的概念，同盟會時就提出革命建國三程序——軍法、約法
、憲法之說，其中的約法之治就類似於一黨專政。民國成立後因西
方政黨政治的流行，孫一度變更原先黨治的設想，而追隨西方式的
民主政治，並遵從會員的表決，將同盟會改爲普通政黨。但因袁世
凱無意實行民主，民初政黨政治試行失敗，孫乃決心將革命大業從
頭做起，重新成立革命性質的中華革命黨，並再度提出革命建國三
個程序：軍政、訓政、憲政的主張。

至軍閥時代孫的護法仍因缺乏實力而屢遭挫折，在亟待外援的
情況下，遂與共產革命後致力向東方拓展外交關係的蘇俄聯合。孫
之所以會聯俄容共，除俄援的實際幫助外，亦認爲蘇俄模式十分可
取。鑑於民初西式政黨政治試行的失敗，乃欲學習蘇俄迅速成爲強

---

4 中華革命黨不同於國民黨，係爲革命性質，入黨時要按指模並宣誓效忠孫中
  山個人。
5 雖然民國元年之國民黨與民國 8 年後之中國國民黨實際名稱不同，但一般人
  也將中國國民黨簡稱爲國民黨。

大一統國家的經驗；復在自身陣營渙散導致革命連番失敗的教訓中，決心將國民黨改造如蘇聯共產黨般紀律嚴整、服從領袖、權力高度集中的黨，[6]於是乃有聯俄容共之舉，並在民國十三年將國民黨改組以示配合。

　　因此國民黨改組是在孫中山本身早年訓政理念、尋求實際革命援助、吸取俄國成功經驗、配合當時反帝熱潮等因素下的一個抉擇。國民黨一全大會充斥著濃厚的俄國色彩，改組宣言即由俄國顧問鮑羅廷起草，會中適逢列寧逝世，並曾閉會三天以示哀悼。[7]此次改組的主要內涵有：學習蘇俄辦黨模式，強化組織嚴密，以求鞏固黨的領導權集中；[8]積極宣傳主義，仿效蘇聯群眾運動，廣泛吸收中國的新興勢力；[9]比照蘇聯紅軍的訓練方式，建立一支有思想的革命專屬部隊。

　　而北伐期間北方報紙指稱南方的「黨軍」，也是該黨改組後才有的特色。孫革命屢次失敗的一大因素即是沒有武力，其過去曾靠結合會黨、新軍、軍閥等方式進行革命，結果非但無法持久，且也不能達到真正的成功。聯俄政策形成後，才在俄國經濟、技術、經驗的多重支助下，建立黃埔軍校。其仿效蘇聯紅軍的訓練方式，在軍中實行黨代表制，加強軍官的政治教育，落實以黨治軍的理念。軍校學生由考試篩選入取，投考資格必須有中學以上的學歷，故水

6　高華，＜國民政府權威的建立與困境＞，許紀霖、陳達凱主編，《中國現代化史》，第1卷，上海：上海三聯書店，1996年2月，一版，頁404-406。

7　蔣永敬，＜鮑羅廷與中國國民黨之改組＞，《中國國民黨黨史論文集》，第4冊，臺北：近代中國出版社，民國83年11月，一版，頁192。

8　鄭彥棻，＜北伐時期中國國民黨的黨務與組織發展＞，同上，頁540。

9　蔣永敬，＜中國國民黨改組的意義與歷史背景＞，同上，頁173。

準頗高；且各省分配名額，以求打破地域限制，培養日後統一中國
的全國性部隊。[10]再由這些軍官去帶領教導團士兵，[11]希望養成一
批知曉主義的革命軍隊對抗北洋軍閥，以爭取北伐戰爭的成功。[12]

　　一般傳統對南方的北伐軍評價都很好，[13]認為北伐軍在嚴格的
軍事、政治訓練下，遵守「不怕死，不要錢，愛國家，愛百姓」、
「不拉伕，不擾民，不強買民物，不強佔民房」的口號，而受到廣

---

[10] 劉鳳翰，＜黃埔初期組織及其人事＞，《中國國民黨黨史論文集》，第4
　　冊，臺北：近代中國出版社，民國83年11月，一版，頁263-264。

[11] 蘇啟明指出，軍校只是培養軍官，教導團才是部隊的主體，而這些士兵也
　　是募來的，但不以一地一區人為限，並以身體強壯粗通文理為選擇標準，
　　此為不同於當時一般軍閥部隊之處。見其著，＜論國民革命軍在北伐期間
　　的發展＞，《中華軍史學會會刊》，第2期，紀念北伐七十週年專號，臺
　　北：中華軍史學會，民國86年5月，頁504-506。

[12] 黃埔本校一共有七期，一至四期學生曾參與弭平商團、東征討伐陳炯明等
　　任務，五至七期學生則加入北伐革命戰爭。見容鑑光所著，＜黃埔軍校與
　　黃埔精神＞，《中華民國歷史與文化討論集》，第1冊，民國73年6月，
　　頁158。

[13] 許多人都有北伐軍紀良好的回憶，廖天祿說：「原本我是很怕背槍桿子
　　的，……這次說北伐軍軍紀很好，於是抱著將信將疑的態度，與同學數人
　　到五里牌街上看看實情，據我親眼所見，好些事蹟是很動人的」；參見其
　　著，＜北伐的軍紀＞，《郴縣文史資料》，第2輯，湖南：郴縣政協文史
　　資料研究委員會，1988年，頁45。吳相湘亦謂：「官兵著翻領中山裝，頸
　　際繫紅藍白三色布條，背上有廣東特製大斗笠，對我們出入各處都笑容可
　　掬」；參見其著，＜北伐誓師六十週年＞，《傳記文學》，48卷1期，民
　　國75年1月，頁16。方治也回憶：「當時浙東一帶，為軍閥萬寶山部所竄，
　　民眾多半關門閉戶，不敢露面。……余乃親往叩門，聞一老婦問：『你是
　　南方人？還是北方人？』我答說：『是南方人！是讀書人！』答罷，老婦
　　人忽然將們打開，連說：『歡迎，歡迎！你們南方人真好，幫助老百姓打
　　軍閥，又不拉伕，不要老百姓東西』」；參見其著，＜北伐時期文宣工作
　　憶往＞，《近代中國》，第54期，民國75年8月，頁37。

大民眾的歡迎。[14]究竟北伐戰爭時期南方黨軍給北方民眾的真實感
受如何？是否真較北方軍閥部隊為佳？我們試圖從當時北方報紙
輿論的相關報導言論中加以分析。

　　翻閱北伐時期的北方報紙輿論，的確可見許多關於南方黨軍的
正面評價。首先，他們認為黨軍的訓練政治、軍事並行，可讓士兵
知道自己為誰而戰，而不淪為個人私軍，《晨報》即有讀者投書說
：

> 北洋兵卒，問其何為而戰，必曰為餉銀也；北洋兵官，問其
> 何為而戰，必曰為長官之命令也，個人之功名也。反之南軍
> 之中，自軍部師部，以逮團部之中，無不有政治部，以為之
> 宣傳；故軍士有正確之政治知識，立於黨之指導之下，努力
> 作戰。[15]

《大公報》也表示：「國民黨標榜的是『打倒軍閥』，努力的是『
打倒軍閥』的工作，其所能博得民眾的同情，因而得今日之成效者
，也完全由此」。[16]

　　其次，從當時的北方報紙輿論中可知，受過主義教育的黨軍軍
紀甚為良好，在北伐攻打武漢之時，《晨報》就記載：「黨軍紀律
尚好，無可慮」。[17]而《大公報》也多次刊載實地南訪的見聞：「

14　簡明輝，《北伐時期中國國民黨宣傳策略之研究》，中國文化大學政治學
　　研究所新聞組碩士論文，民國74年1月，頁146。

15　張嘉森，＜一黨政治之評價＞，《晨報》，民國15年12月5日，第三版，
　　時論。

16　＜裁兵與國民黨＞，《大公報》，民國17年6月27日，第一版，社評。

17　＜武漢現狀＞，《晨報》，民國15年9月21日，第二版，東方社漢口快
　　信。

湘鄂贛三省黨軍軍隊，概有朝氣，所在之地，軍民亦能粗安」；[18]
因「實行兵民聯絡，……軍官士兵曉得他們為什麼而拼命，地方百
姓也有了接觸軍隊避免誤會的利益」。[19]北伐末期黨軍攻佔北京後
，接收的國民革命軍亦給北方民眾不錯的感受，《大公報》說：「
到京各軍，現有二三四集團各部，軍紀整飭同，得人民之好感亦同
」。[20]

　　北方報紙輿論雖然給南方黨軍甚高的評價，但對一切權力依歸
的黨，則相當批評其專制傾向。改組後的國民黨仿效列寧組黨模式
，只許一黨存在，而引發北方報紙輿論的猜疑與反感，北伐初期《
大公報》即明言：「廣東國民黨招致反對最大之點，為主張俄式之
黨治主義」。[21]而北伐中期國民黨分共後卻繼續保留俄式黨治體制
，則更令人感到不滿與費解，《大公報》就說：「今國民黨既排斥
共產黨之根本理論，而徒學其一黨專政，是誠畫虎不成之流矣。抑
觀國民黨今日所謂專政，反類義大利之法西斯蒂」。[22]

　　《大公報》與《晨報》不僅表明反對南方的一黨專政理念，還
為文分析一黨專政的流弊。首先，他們認為政治上的問題錯綜複雜
，無法全由一黨包辦，《大公報》即有讀者投書說：

　　　因為人要坐在火車上，兩車交錯的時節，自己不能知道哪一
　　　輛是快是慢，必須立在地下的，才能分的出快慢來。故此我

---

[18] <長江歸客談黨軍>，《大公報》，民國 15 年 12 月 12 日，第三版。
[19] <南行視察記（二）>，《大公報》，民國 16 年 3 月 8 日，第二版。
[20] <舊都新見聞>，《大公報》，民國 17 年 6 月 17 日，第二版，北京特訊。
[21] 記者，<時局雜感>，《大公報》，民國 15 年 9 月 13 日，第一版，社評。
[22] <從共產黨到法西斯蒂>，《大公報》，民國 16 年 12 月 24 日，第一版，
社評。

　　　　主張留幾個人在局外看快慢，不要全立在一個利害相關的戰
　　　　線上，弄得當局者迷。如今國民黨，監察的與被監察的，全
　　　　出於一黨，可就是全立在利害相關的戰線上。[23]
《晨報》副刊亦曾刊文謂：

　　　　凡是一個廣大的國家，其社會與經濟關係，都很複雜。僅一
　　　　黨統治，自然就主持各階級的命運，而這些與社會攸關的激
　　　　烈反對者，不得已加入該黨的此派或彼派玩花樣，使黨內各
　　　　派自己內鬥。[24]

故認為：「今日混亂之局，欲求統一，絕非一黨一閥專恃武力征服
異己所能成功」。[25]

　　　其次，他們認為一黨專政缺乏制衡力量，會流於獨裁。《大公
報》的南訪記者曾表示見：「開封車站，有『屬行黨的專政』、『
建設民主政治』兩標語，恰大字對書於車站進出牆柱上，如看聯焉
，旅客中頗有訝異其語意矛盾者」。[26]而《晨報》更說：「黨軍日
以主義政策號召群眾，然其所主張之『一黨獨治』，根本上與民主
政體、自由主義，不能相容」；[27]「東南政治，現在實施者，為一
切政權屬於黨之設施，故每省之省黨部，其職權至廣大，……訓練

23　魯嗣香，＜以黨治國（續前）＞，《大公報》，民國 17 年 8 月 25 日，第
　　十版。
24　V.I.Tolin 著，＜共產黨的內鬥＞，《晨報》，晨報副鐫，民國 16 年 12 月
　　27 日，第 43 頁，晨報副刊。
25　＜「新路」＞，《晨報》，民國 17 年 2 月 17 日，第二版，社論。
26　＜南行記者雜錄＞，《大公報》，民國 17 年 12 月 3 日，第二版。
27　淵泉，＜「迎接新春」＞，《晨報》，民國 16 年 1 月 1 日，第二版，社論。

黨員如練兵,同化人民如植民」;[28]且「戰爭一日未息,即軍政時期一日不能終止,國民黨姑作三期之說,以延長其專制政治之口實耳」。[29]

再者,南方黨治下的各項集權措施如「黨化司法」、「黨化教育」等,則更令北方報紙輿論批判再三。對於司法,一般都以提倡其獨立為正當,但南方卻將司法權明白低於黨權,《晨報》曾報導南方司法委員會主席徐謙:

> 向政治委員會提出改良司法之意見,已經通過該會,其認為舊法律以司法獨立,司法官不加入政黨為原則,但此與國民黨之黨義相反。若政治提倡革命而司法反對,則司法與憲政背道而馳,故司法機關,需受政治之統制。[30]

另外關於教育,一般都以提倡學術自由為首要,但南方卻在學校中強迫灌輸學生三民主義,且公然宣稱:「學生應為革命而讀書,……辦學校要像辦黨一樣的方法辦,……黨只有黨的自由,沒有黨員的自由,學校亦應只有學校的自由,沒有學生的自由」。[31]北方報紙輿論自然對此相當反感,並十分憂心學生思想受到桎梏,《晨報》副刊就表示:「教育本身所概括的當然是人生的全部,政黨卻只概括人活動的一種」;[32]《大公報》亦說:「蓋學校時代,應絕對

---

[28] 了了,<上海市黨部之管理黨員及同化政策>,《晨報》,民國16年8月14日,第六版,上海特約通訊。

[29] <國民黨之根本錯誤>,《晨報》,民國17年2月11日,第二版,社論。

[30] <徐謙主張黨化司法>,《晨報》,民國15年9月16日,第三版,廣東電。

[31] 觀潮,<浙江教育方針大綱>,《晨報》,民國16年8月11日,第六版,杭州特約通訊。

[32] 徐志摩,<黨化教育的討論(二)>,《晨報》,晨報副鐫,民國15年9

啟發青年之思想自由，以期圓滿發展其個性」；[33]「學生思想自由
，不宜束縛之，故斷不應以狹義之黨義籠蓋全體學生」。[34]

　　所以北方報紙輿論認為政治應聚集眾力共謀國事，南方這種列
寧式的一黨專政制度漠視民主，極易造成獨裁強權，《晨報》說：
「吾人以為我國之患，不在國民無英雄，而在有權者無良心」。[35]
《大公報》亦謂：「夫革命之主張，本不能強人以盡同」；[36]「凡
反黨治者即反革命，失公民權，其性質本極狹而峻嚴」；[37]故「吾
人不敢贊成軍閥專制，然亦何可贊成黨閥專制」。[38]

二、　黨的腐化與黨軍之軍閥化

　　在論述北方報紙輿論對南方黨治與黨軍的基本評價後，以下則
試圖探究隨著北伐戰事的進展，南方黨及黨軍本身所產生的種種變
化，及北方報紙輿論對此之看法。

　　從當時《大公報》與《晨報》的報導言論中可知，南方黨與黨
軍有隨時間日益變質的趨勢。《大公報》即說：「國民黨出師之初
，世界以代表中國國民運動之勢力目之，……至於今日，其聲望非

月 20 日，第 34 頁，晨報副刊。
[33] 記者，＜論保護學生＞，《大公報》，民國 15 年 9 月 28 日，第一版，社
　　評。
[34] ＜南京教育會議＞，《大公報》，民國 17 年 5 月 22 日，第一版，社評。
[35] ＜中國今日果需墨索里尼乎？＞，《晨報》，民國 17 年 3 月 11 日，第二
　　版，社論。
[36] ＜反革命＞，《大公報》，民國 16 年 5 月 5 日，第一版，社評。
[37] ＜黨權與黨信＞，《大公報》，民國 16 年 7 月 28 日，第一版，社評。
[38] ＜軍閥與黨閥＞，《大公報》，民國 15 年 9 月 23 日，第一版，社評。

昔比矣」；而「黨人腐化，相與利用，……武裝同志，爭步軍閥後
塵」。[39]原先相較於北方顯得凝聚一整的國民黨逐漸渙散，不僅黨
治的各項措施差強人意，黨人腐化墮落的情形也相當嚴重；而之前
遠比北軍循法守紀的南方黨軍亦每況愈下，軍隊內鬥越演越烈，漸
有軍閥化之傾向。

　　隨著戰事的進展，南方陣營據有的省分越來越大，北方報紙輿
論無不睜眼觀察國民黨的施政表現。然而北方報紙的相關言論卻顯
示，南方當局的建設能力十分令人失望，《晨報》說：「國民黨統
治東南，瞬屆期年，彼之治績，又復如何」；[40]亦謂：

> 國民黨執監大會宣言，……吾人反覆繹讀，則祇覺得滿篇空
> 言，不著邊際，……以之與第一次全國代表大會宣言相較，
> 則益足令人感覺國民黨漸形退化。[41]

又說：

> 在黨軍勢力範圍下之各省，究有若干建設，吾人茫然不能
> 舉。國家大計，非徒讀遺囑、懸黨旗所能解決，亦非在街
> 頭大呼打倒某某所能完成。[42]

　　國民黨在財政方面的措施則更令人失望，其為了籌措龐大的北
伐戰費，無不盡力向其控有的省分搜刮錢財：或強迫商人攤購公債
，或巧立名目加重人民賦稅。北伐之初國民黨即向廣東人民羅織軍

39　＜南京今日之會＞，《大公報》，民國16年9月15日，第一版，社評。
40　＜最後勝負在政治＞，《晨報》，民國17年3月2日，第二版，社論。
41　＜字數上之建設＞，《晨報》，民國17年2月15日，第二版，社論。
42　莫愁樓主人，＜黨治前途如何？（三）＞，《晨報》，民國16年7月13
　　日，第三版，寄自上海。

費，《晨報》報導：「其公債殆與強制公債無異」，[43]使「一般商民，……大起反對」。[44]而隨著戰局的進展，搜刮的範圍也隨之擴大，北伐打到上海時，富裕的江浙財閥就成為黨軍勒索的最佳對象。[45]《晨報》刊載：「蔣介石令上海大商店認購庫券，總數達三百萬」；[46]《大公報》亦報導：「勸募委員會決先具函通知各殷富，然後再分別登門，令其認購」。[47]南方的種種措施使當地物價騰貴商業凋敝，民眾的生活非但沒有獲得改善，反較軍閥統治時負擔為重，《晨報》就報導：

> 滬地近有童謠曰：『馬馬虎虎□□□（筆者按：蓋諱北方當時之主政者），愛國愛民孫傳芳，死要銀錢國民黨，殺人放火共產黨』，讀此可見東南人心一斑矣。[48]

而認為：

> 種種新稅，……悉與從前軍閥統治下之情況，毫無區別。故

---

[43] ＜粵政府勒銷公債＞，《晨報》，民國15年8月23日，第二版，東方社廣東消息。

[44] ＜廣州商民抗稅運動＞，《晨報》，民國15年11月4日，第二版，廣州特約通訊。

[45] 一般認為國民政府與江浙財團互相勾結壯大，但P.M.Coble, Jr的研究指出，財閥們支持蔣介石其實是時局不得不然的選擇，且其與國府間亦常存在著支援額度差異的緊張。參見其著，蔡靜儀譯，《金權與政治──江浙財團與國民政府》，臺北：風雲論壇出版社，民國80年5月，一版，頁13-39。

[46] ＜蔣介石令上海大商店認購庫券＞，《晨報》，民國16年5月19日，第二版，上海國聞社電。

[47] ＜蔣介石調兵籌款忙＞，《大公報》，民國17年3月9日，第二版，上海通信。

[48] 了了，＜三個月來楊陳搜括與人心＞，《晨報》，民國16年9月1日，第六版，上海特約通訊。

東南人民恆喟然嘆曰：『先總理所謂之三民主義即如是耶』？
而輕薄者流，且為創新三民主義之稱曰：『欺民，搾民，愚
民』。[49]

更遭人非議的是，國民黨為了廣徵軍費，竟一反其以往的拒毒
主張，[50]以名為三年漸進禁煙的方式，大開鴉片煙禁以收豐厚之公
賣煙稅。《晨報》即報導：「上海全國拒毒會對此非常痛心，擬力
爭打消此公賣制度，以救江浙人民」。[51]《晨報》並認為：「鴉片
為世界所痛惡之毒物，軍閥當權，尚不敢公然開禁，暗中運銷，獲
利不貲。而黨政府乃假三年限期禁絕為名，令商包辦，准許公開煙
館，公然吸食」；[52]故「凡此藉口『寓禁於徵』以欺國民者，皆可
證明其無禁煙之決心與誠意。蓋以收入為目的而談禁煙，實不啻痴
人說夢耳」。[53]

另外隨著北伐戰事的進展，國民黨漸由邊緣走向中心，但黨人
素質卻逐漸低落，原先的革命熱誠已被投機風氣所取代，《大公報
》說：「南方勢力，此一年異常膨脹，而其領袖人物之聲望，則與
之反成比例，而日益墮落」。[54]《晨報》亦謂：「一般投機之徒，

---

[49] 莫愁樓主人，＜國民黨能統一耶？（四）＞，《晨報》，民國 16 年 11 月
26 日，第二版，寄自上海。

[50] 孫中山，＜禁絕鴉片之主張＞，民國 13 年在天津答拒毒某教士問，《國父
全集》，第 2 冊，臺北：近代中國出版社，民國 78 年 11 月，頁 643。

[51] 觀潮，＜浙江人民促南京政府反省大綱＞，《晨報》，民國 16 年 10 月 6
日，第六版，杭州特約通訊。

[52] 莫愁樓主人，＜一年來國民黨所為者果何事？＞，《晨報》，民國 16 年 9
月 25 日，第二版，寄自上海。

[53] ＜禁煙需有誠意＞，《晨報》，民國 17 年 4 月 20 日，第二版，社論。

[54] 記者，＜祝十六年雙十節＞，《大公報》，民國 16 年 10 月 10 日，第二版。

請求入黨者，絡繹不絕，其入黨手續，……有類科舉時代之發榜，……而青年學生，視入黨為獲取名利捷徑，則趨之若鶩，唯恐或後」；[55]而「黨員以從事黨之工作為職業，實為一種高等或中等遊民」。[56]黨人競相牟利，貪污腐敗的事層出不窮，《晨報》即謂：「黨政府以廉潔自稱於世，然官吏之受賄貪贓者，見諸公牘，已不勝舉」；[57]《大公報》亦說：「大多數的黨員，類皆浮誇驕奢，做事不負責任，不守正軌」；[58]而「官僚投機於其間，黨人腐化而暴亂，徒使民眾，目迷五色，信仰寖失」。[59]

國民黨內除了投機腐化的風氣日盛外，革命初期的團結精神也漸漸喪失，黨潮連連，內爭不已。《大公報》就說：「觀最近國民黨少數幹部之行為，彷彿北方前此軍人政客縱橫離合之往跡」；[60]「夫主張『黨治』之所由來，為所謂領導革命，然近月以來，南方幹部之行動，並不足言領導，亦不足為革命」；[61]而「國民黨號召以黨統一全中國，然不能統一黨，何能統一國」。[62]

隨著北伐戰事的順利開展，黨軍本身卻日益失去革命初期的精

---

55 ＜福州國民黨暗潮＞，《晨報》，民國16年1月11日，第二版，福州特約通訊。

56 憂時生，＜喬裝視察武漢記（二）＞，《晨報》，民國16年1月15日，第三版。

57 憂時生，＜喬裝視察武漢記（三）＞，《晨報》，民國16年1月17日，第三版。

58 成季，＜南遊雜感（二）＞，《大公報》，民國16年11月6日，第六版。

59 ＜混沌與恐怖＞，《大公報》，民國17年1月4日，第一版，社評。

60 ＜又一循環＞，《大公報》，民國17年1月18日，第一版，社評。

61 ＜南方之糾紛＞，《大公報》，民國16年11月1日，第一版，社評。

62 ＜不詳之「法定人數」問題＞，《大公報》，民國17年1月3日，第一版，社評。

進嚴謹，漸漸步上軍閥後塵。《晨報》說：「國民黨已喪失其黨的信用與資格，與其謂為競爭政見之政黨，毋寧謂為爭奪權利之集團」；[63]《大公報》亦謂：「孫中山費年設立黃埔軍官學校，練兵辦黨，一宗俄制，軍隊之政治訓練與黨代表監軍之制，尤為去年北伐勝利之由來。曾幾何時，國共分家，黨軍精神，漸滅以盡」。[64]「革命之最大危機，不在障礙之多，而在革命軍人本身之軍閥化」；[65]但「南方作戰，為打軍閥，今南方本身寖寖然將近於軍閥」。[66]

原本黨軍以富於革命思想為特色，藉由軍事與政治的雙重訓練，落實以黨治軍的理念，使軍隊不淪為個人私有。但北伐日益開展後，軍人的野心卻扶搖直上，黨軍的黨、政層面漸被軍權所凌駕，《大公報》就說：「黨軍特色，本在政治訓練，近則大衰，故成有軍無黨之象」；[67]而「各黨其所黨，遂各軍其所軍，故其趨向日成割據」。[68]《晨報》亦謂：「國民黨以『以黨治國』、『以黨治軍』號於世，……事實上不能存在，……結果非黨治軍，乃軍治黨」；[69]「各省政府之主席，即為變相之督軍，而任主席者，無一省非

63　＜執監會議閉幕感想＞，《晨報》，民國17年2月9日，第二版，社論。
64　＜今後之湘鄂問題＞，《大公報》，民國16年11月17日，第一版，社評。
65　＜論蔣介石辭軍職事＞，《大公報》，民國17年6月11日，第一版，社評。
66　＜又一變化之南北大局觀＞，《大公報》，民國16年8月12日，第一版，社評。
67　＜南京會議效果如何＞，《大公報》，民國16年9月6日，第一版，社評。
68　＜南方政局之壁上觀＞，《大公報》，民國16年12月12日，第一版，社評。
69　莫愁樓主人，＜蔣介石何以下野？（二）＞，《晨報》，民國16年8月24日，第二版，寄自上海。

軍人」。[70]

　　影響黨軍變質的因素很多，收納各地軍閥爲其中之主要因素。因南方進展順利成功在望，各地軍人乃紛紛加入北伐陣營，造成黨軍素質日降，《大公報》說：「現在的黨軍，質的方面，較之由廣東出發時似有遜色，而量的方面，比廣東出發時不能相擬」。[71]而北伐自始也採取相當彈性的策略，表明對軍閥不一定以武力征服，只要認同三民主義的都能「視爲友軍」，故亦對各方軍閥進行大量的策反行動。所以許多軍閥在北伐形勢下歸順依附南方，但事實上只是披上革命外衣，割據地盤的舊習卻一如往昔，《晨報》即報導川軍響應北伐的內幕：「在此南北混沌之際，合法政府未成立前，川省……盡力維持各地現狀」；[72]楊森「就黨軍第二十軍長職，係防黨軍圖川之一種策略」。[73]另外膨脹過速的軍隊也使國民黨無力給養，亦不得不默認各軍保留相當的自主性，[74]故《晨報》認爲：

> 今日黨軍之病，在未能拋卻舊軍閥傳統之地盤觀念，雖在青白旗幟之下，以主義來相號召，然其所表現於吾人前者，則悉爲地盤之爭，權利之戰而已。[75]

70　＜從黨化到軍化＞，《晨報》，民國17年3月30日，第二版，社論。

71　成季，＜南遊雜感（十一）＞，《大公報》，民國16年11月15日，第六版。

72　＜南北混戰中之川局＞，《晨報》，民國15年10月27日，第五版，成都通信。

73　＜楊森等在鄂西樹立灰色青天白日旗＞，《晨報》，民國15年12月1日，第二版，漢口電。

74　朱浤源，＜廣西與北伐＞，《現代中國軍事史評論》，第5期，高雄：中山大學中山學術研究所，民國79年4月，頁5。

75　莫愁樓主人，＜國民黨能統一耶？（二）＞，《晨報》，民國16年11月

軍隊擴張雖使北伐軍在戰場上取得優勢,但由於大部份依附的軍閥只是名義上接受改編,精神上未有相應的改造,遂使革命軍內部發生結構性的變化,[76]《大公報》說:

> 憶當黨軍北伐出兵之際,入湘贛者不過三萬眾,於時兢兢業業,唯恐失敗。……會鄂贛得手,長江統一,而蔣唐交惡,國共分家,一方面內部岌岌不可終日,外部軍事進展,欲罷不能,軍隊複雜,政治腐化,曩時所用以攻擊敵人者,寖假而躬自蹈之。[77]

又說:「南方軍隊之膨脹,目前已成危急之症,……軍數既多,且成立太速,政治訓練,無從實行」;[78]而「眾流並進,內部不免腐化」。[79]並謂:「陳友仁說北方一概是軍閥,這是錯的,……難道黨軍所收的劉佐龍等等,還比現在北方軍人程度高嗎?」[80]故認為:「國民黨自廣東開始北伐以至今日,他方軍隊收羅著,已數不少,論者謂國民黨將來或受此種軍隊之牽制,而致失敗」。[81]

民國十五年(1926)七月北伐軍出師後,初期聲勢奪人進展快速,未久即連下吳佩孚、孫傳芳,不僅讓北方軍心大亂,列強亦對南方刮目相看。然而不久南方本身卻因國共分歧與利益分配等問題

---

24 日,第二版,寄自上海。

[76] 同註 11,頁 11-22。

[77] <國民黨之成敗與國民運動>,《大公報》,民國 16 年 8 月 20 日,第一版,社評。

[78] <南京改組之後>,《大公報》,民國 16 年 9 月 20 日,第一版,社評。

[79] <中國之外交環境>,《大公報》,民國 17 年 5 月 19 日,第一版,社評。

[80] 《大公報》,民國 16 年 2 月 17 日,第一版,小言。

[81] <英報記者評國民黨>,《大公報》,民國 15 年 12 月 22 日,第三版,上海字林西報評論。

發生連續內訌，黨內各派傾軋鬥爭，蔣派、汪派、胡派、西山派、
共產派互不相讓；黨軍各系亦矛頭相向，黃埔系、唐系、桂系、馮
系、閻系彼此對打。從西山會議事件、寧漢分裂、東征討蔣到廣州
事變，民國十六年裡幾乎有一大半年，黨軍都陷於自身的循環內爭
中，北伐戰事反而停頓下來。因南方忙於內爭，不僅讓北方軍閥獲
得暫時喘息的機會，亦大大影響北方報紙輿論對南方黨軍的評價，
《大公報》說：

> 去年黨軍北伐，一戰而破吳，再戰而敗孫，氣吞江南，銳不
> 可當，宛若南方之且可統一北部者。曾幾何時，寧漢交鬨，
> 白李厭戰，蔣介石不得已棄兵而去，所謂北伐之功，殆成陳
> 跡。[82]

《晨報》更有兩幅生動表明南方黨軍領導無力的插圖。（見 178、1
79 頁圖十七、十八）

面對南方黨軍只顧內爭而忽略北伐目的，當時的北方報紙輿論
表示極端輕視之意，《大公報》道：「南方占十幾省，過十幾月，
乃只聞論黨內之是非，未見徵人民之意見」；[83]「漢寧之戰，甫告
解決，粵桂兩軍，復演兵禍，同隸青天白日旗幟之下而爭鬥無已時
，此非僅國民黨之不幸，又為國家地方之大不幸也」。[84]《晨報》
亦謂：「世人咸以為同在一黨之下，爭執似易調和，而事實卻與此
相反，……觀黨軍一年來之陳跡，即可相信」；[85]故認為南方：「

---

[82] ＜病的時局＞，《大公報》，民國 16 年 10 月 2 日，第一版，社評。

[83] ＜南方政局又醞釀變化＞，《大公報》，民國 16 年 11 月 10 日，第一版，
社評。

[84] ＜廣州事變之感想＞，《大公報》，民國 16 年 11 月 20 日，第一版，社評。

[85] ＜南方大局觀察＞，《晨報》，民國 16 年 12 月 7 日，第二版，社論。

圖十七[86]

圖十八[87]

內爭未了之前，黨軍所呼號之北伐，恐亦不過自欺欺人之語耳」。
88

北伐期間南方的黨、黨軍組織，是近代中國相當特殊的政軍體
制。在當時北方報紙輿論眼中，對其雖有獨裁專制的猜忌，但相較
於北方鬆散的軍閥政治，黨與黨軍給人紀律嚴整的印象。不過北伐
中期南方陣營卻陷入自身的循環內訌中，原先以黨治軍的構想被軍
人野心所凌駕，不僅北伐進度嚴重受阻，南方陣營在北方報紙輿論
中的評價亦迅速下跌。《大公報》就說，事實上「全國人民，只求
為治，不問黨不黨」；89故：

> 自武漢黨政府停拍罷市以來，國民之希望漲勢，遂告一段
> 落，各方當國者，亦一轉其步驟，或逼迫或引誘國民之希望，
> 使之步步見跌。於是此數月中，跌風大起，一跌至不敢言加
> 入世界革命，再跌至無暇說反對帝國主義，三跌至舊軍閥未
> 打倒，新軍閥已發生，更談不到打倒軍閥四字。……禮義廉
> 恥口頭禪，三民主義大鼓書，快快收起，何苦令人作惡發嘔，
> 哭笑不得耶？90

總之北伐時期南方特殊的黨與黨軍，雖為其帶來較為嚴整有力
的政軍型態，但在當時北方報紙輿論眼中，卻有易於一黨專制的流

---

88 ＜戰局前途之觀察＞，《晨報》，民國 17 年 1 月 15 日，第二版，社論。
89 ＜南戰雜感＞，《大公報》，民國 16 年 10 月 24 日，第一版，社評。
90 ＜步步跌價＞，《大公報》，民國 16 年 12 月 25 日，第一版，社評。

弊。此外南方陣營隨著北伐進展所發生的腐敗、軍閥化傾向，更令
北方報紙輿論深切關注，而影響其對南方當局的評價。

第三節　反赤恐共問題

　　北伐戰爭初期，南方因聯俄容共政策而給人鮮明的「赤色」印象，使北方當局動輒以「赤軍」視之，號召人民加入其「討赤」行動。而當時北方人民亦因普遍具有「反赤恐共」的心結，對國民黨北伐表現出排拒的態度。但在北伐中期以後，因南方自身聯共政策發生轉變，不僅使北方當局失去討赤的憑藉，亦影響北方人民對南方的觀感與評價。可見北伐期間，南方陣營的「赤」與「不赤」相當重要。

　　本節即欲以當時的北方報紙輿論爲材料，釐清北伐期間反赤恐共心態的影響力。在論述中將分兩個步驟加以處理：首先，探討北伐初期南方聯俄容共政策的形成與效果，並分析北方報紙輿論反對赤化的緣由；其次，探究北伐後期南方自身分共的原因，並觀察北方報紙輿論對南方此項政策轉變的看法。

一、　北方反赤的緣由

　　共產主義，這個令人又愛又懼的名詞，近代以來深深影響世界各地的歷史發展。其爲工業革命後對資本社會種種流弊的反動，由旅英的德國思想家馬克思提出，成爲中下層民眾擺脫貧困的最佳寄託。民國六年（1917）俄國的列寧成功發動共產革命，將理論化爲實際，赤色風暴更是迅速席捲全球。而俄國亦積極推動共產主義的世界革命政策，號召受壓迫的民族起來對抗帝國主義國家，以爭取自身的獨立解放。

　　在這種背景之下，共產主義也隨著許多西方思潮傳入民初中國

。因其簡單有力的理論口號與樂觀希望的解脫允諾，成爲有志之士救國的良藥猛劑。民初西方政黨政治試行的失敗，及巴黎和會後國人對西方的強烈失望，使得「非西方式」的俄國經驗，代替成爲拯救中國的良方。[1]俄國此時亦積極向東方發展，對華發表親善的加拉罕宣言，宣佈放棄帝俄時之在華利權，而贏得國人的好感與期待。民國十年（1921）中國共產黨在俄共指導下成立，早期黨員主要是些救國心切的知識分子，[2]中共於是在內憂外患的時局裡迅速發展茁壯。

　　北伐時期南方的聯俄容共政策，也承此歷史背景產生。孫中山的革命運動一直因缺乏實力而難有作爲，北伐前夕恰遇積極向東方發展的蘇俄，乃在爭取經濟支援及經驗指導的考量下，達成與俄國合作的協議。[3]民國十三年國民黨正式接受俄國指導改組，崛起不久的中國共產黨更以個人身份加入國民黨。而聯俄容共政策對北伐的影響很大，除技術戰略的領導外，實際武器與金錢的援助更不在話下，[4]當時《晨報》即曾報導：「蘇俄接濟廣東政府軍械，為數甚多

---

[1] 劉妮玲，＜從李大釗與陳獨秀的早年思想看中共的起源＞，《中國現代史論集.10 輯：國共鬥爭》，臺北：聯經出版事業公司，民國 71 年，一版，頁 22。

[2] 金耀基，＜中國國家社會主義下知識份子的角色＞，《中國歷史轉型時期的知識份子》，臺北：聯經出版事業公司，民國 81 年 9 月，一版，頁 74。

[3] 林能士，＜試論孫中山聯俄的經濟背景＞，《國立政治大學歷史學報》，第 11 期，民國 83 年 1 月，頁 18-19。

[4] 孫子和指出，據俄方透露，金錢支助約有三百萬盧布，而武器總重量亦達三千噸以上。參見其著，＜從黃埔建軍到北伐前夕革命軍之餉械問題＞，《中華民國歷史與文化討論集》，第 4 冊，民國 73 年 6 月，頁 28。

」。5

　　然而在北伐戰爭期間，南方的聯俄容共政策卻令北方人民產生疑懼，翻閱當時的北方報紙輿論，即可瞭解基於種種的理由，其對南方的赤共色彩並不歡迎。究竟南方聯俄容共對其北伐利多還是害多？北方為何會排斥南方的聯共策略？面對北方當局的討赤主張北方報紙輿論又有何看法？以下我們試圖整理《大公報》與《晨報》的相關言論，從五個面向加以申論。

　　第一，就經濟層面而言，共產主義認為廣大無產階級的貧困來自於資本家之剝削，故若要追求經濟上的平等發展，必須先打破資產階級獨佔生產工具的情況。然而北伐時期的北方報紙輿論卻對中國的經濟狀況有不同的評估，他們認為中國當時的產業還不發達，尚未有外國那種剝削勞工的大資本家出現，《晨報》就說：「馬克思嘗謂共產主義之實現，必首在工業最發達之國家，……中國今日尚處封建式之農業時代，與共產主義幾風馬牛不相及」；6「中國尚無大資本家，即有也是寥寥」。7又謂：「中國工廠大多為家庭制度，例如裁縫鋪的店主和學徒吃穿一樣，尚未有資本家與工人的分別」；8而「階級的絕對性更說不上，我們只有職業的士農工商，並且

5 ＜蘇俄接濟北伐軍火及軍官＞，《晨報》，民國15年7月25日，第二版，外報載上海通信。

6 朱華，＜中國革命蠡測（二）＞，《晨報》，民國15年7月10日，第三版，時論。

7 馬寅初，＜中國歷代的經濟政策（二）＞，《晨報》，民國16年3月26日，第三版，時論。

8 馬寅初，＜馬克斯主義與中國之勞農（上）＞，《晨報》，民國16年4月28日，第三版，時論。

沒有固定性」。[9]《大公報》也說:「資本階級,生於憲政之下,而在科學發達之時,中國亂邦也,焉能有此。……中國民眾,則根本無生產,數千年安於零度下之生活」。[10]

因此他們認為中國的經濟在患貧而非患不均,首要改善之道不在打倒資本家,而是努力發展實業以脫離貧困,《晨報》就說:「中國現在是『窮光蛋』,所謂經濟上的問題就是要求所以救窮的上策,要救窮,就祇有大量生產」。[11]北方報紙輿論更表明當時帝國主義不平等條約的侵略,才是影響中國經濟發展的罪魁禍首,《大公報》謂:「中國經濟之大病根,在受國際資本主義之壓迫」;[12]《晨報》亦謂:「就勞資之廣義的意義而言,則中國人皆工人,外人始為真正之資本家」。[13]所以國人團結一致努力發展經濟,共同對抗列強資本主義的入侵,無寧更適合中國當時的急需。

第二,就傷害層面而言,北方報紙輿論認為共黨的階級鬥爭極為殘暴,不僅嚴重影響商業秩序,更會使社會陷入恐怖崩潰,《大公報》說:「共產主義之實施,首需革命,以為求社會之進化,大犧牲實不可免」;[14]《晨報》亦謂:「革命來的時候是影響我們國

9　志摩,＜列寧忌日──談革命＞,《晨報》,晨報副鐫,民國 15 年 1 月 21 日,第 38 頁,晨報副刊。

10　＜勞動節之意義與中國＞,《大公報》,民國 16 年 5 月 1 日,第一版,社評。

11　蔣國炎,＜解決現實中國經濟問題的我見＞,《晨報》,晨報副鐫,民國 16 年 4 月 26 日,第 16 頁,社會。

12　＜滬商與時局＞,《大公報》,民國 16 年 4 月 18 日,第一版,社評。

13　淵泉,＜武漢工潮感想＞,《晨報》,民國 15 年 11 月 28 日,第二版,社論。

14　蕭遽,＜共產主義與中國＞,《大公報》,民國 16 年 11 月 18 日,第六版,

民生活的全體的，……它的第一步工程，當然是犧牲」。[15]《大公報》指出共產革命的實行過程極易失控，常會流於公報私仇任意搶奪：「有土皆豪，無紳不劣，農會跋扈而田疇荒，工會囂張而企業毀」；[16]《晨報》也說：「所謂『耕者有其田』，要真的實行起來，必至你搶我奪，此掠彼抓」；[17]「凡共黨所至，焚掠屠殺，無所不用其極，其殘暴凶惡，莫不令聞者動色叱舌」。[18]所以北伐期間北方報紙輿論大量刊載共黨在各地殺人放火的新聞，[19]對其之暴行表示非常厭惡。

　　第三，就國際層面而言，北方報紙輿論十分洞悉俄共的世界革命任務，認為蘇俄援助中國北伐有其野心，而對其相當反感，《晨報》即報導：「國民黨認中國革命為世界革命之一部，因而可得第三國際及各國無產階級之聲援也」。[20]北伐戰爭期間，俄國更不斷

南開大學經濟教授演講記錄。

[15] 同註9。

[16] ＜武漢派向右轉＞，《大公報》，民國16年5月26日，第一版，社評。

[17] 王鏡銘，＜紅槍會給我們的教訓（三）＞，民國16年11月7日，《晨報》，晨報副鐫，第12頁，晨報副刊。

[18] ＜共產黨殘暴的心理＞，《晨報》，民國17年2月16日，第二版，社論。

[19] 執中，＜一片殺機之廣東工界＞，《晨報》，民國15年8月14日，第五版，廣州特約通信；成季，＜南遊雜感（六）——共產黨之殘酷＞，《大公報》，民國16年11月10日，第六版；大公，＜三湘慘話赤色地域＞，《晨報》，民國16年11月17日，第六版，長沙特約通信；＜廣州市中殺人如麻＞，《晨報》，民國16年12月14日，第二版，上海合眾社電；＜嗚呼海陸豐＞，《晨報》，民國17年2月6日，第二版，上海國聞社電；＜全城洗劫一空殺人如麻＞，《晨報》，民國17年3月4日，第二版，漢口路透社電；＜數萬人民銜鋒出城哭聲震天＞，《晨報》，民國17年4月16日，第二版，汕頭特約通信。

[20] ＜中國代表在國際共產黨大會之演說＞，《晨報》，民國15年11月25日，第二版。

向中國各地宣揚其共產理念，令北方報紙輿論倍感疑懼，民國十六
年四月北方當局搜查北京俄使館，就找出大量赤化證據。《晨報》
在報上刊登這些秘密文件，[21]以陰謀顛覆中國的態度視之；《大公
報》也表示如此：「中國一般國民對俄態度，將一變而為憎惡」。
[22]

　　所以《大公報》與《晨報》相當不諒解南方的聯俄政策，認為
中國革命應有自己的方式，不能照著他國的模式依樣畫葫，《大公
報》說：「蘇俄太不理解中國」；[23]「中國民族有幾千年歷史，社
會有幾千年習慣，斷不是簡簡單單可照俄國一樣去辦」；[24]「中國
社會之深奧，與智識之複雜，雖中國人且難明其底蘊，而第三國際
，欲以其局外者所想像之戰術以支配之，其不能通行，固其所也」
。[25]因此認為：

> 國民黨所受反對之最大理由，為俄人關係。……中自中，俄
> 自俄，中國革命，家事也，即對外奮鬥，亦中國自己之事也。
> 國民黨何以雖蒙俄顧問指導之嫌，因而增國內外莫大之障
> 礙，而不求有以糾正之。若云鮑羅廷等之智識，為目前黨政
> 府之不可少，然而客卿職務，固有常經，又何可主客混淆，
> 徒招疑訝。[26]

21　<黨案秘密文件>，《晨報》，民國 16 年 4 月 19 日，第三版。

22　<駭人聽聞之蘇俄陰謀>，《大公報》，民國 16 年 4 月 19 日，第二版，
　　北京電話。

23　<鮑羅廷歸國>，《大公報》，民國 16 年 8 月 1 日，第一版，社評。

24　<日本與中國>，《大公報》，民國 16 年 4 月 13 日，第一版，社評。

25　<第三國際與中國>，《大公報》，民國 16 年 5 月 3 日，第一版，社評。

26　<外競與內爭>，《大公報》，民國 16 年 1 月 12 日，第一版，社評。

《晨報》更刊登張作霖的討赤通電表示：「馮玉祥蔣中正等勾結外援，侵略祖國，是與石敬塘何異；蔣中正復甘受鮑羅廷之指揮，則並石敬塘而不若」。[27]總之明白表示聯俄的南方北伐革命，不能得到北方報紙輿論的認可。

　　第四，就認知層面而言，當時的北方報紙輿論亦因對共產主義缺乏深入瞭解，而傾向反對南方聯俄容共政策。原本馬克思主義之能在中國迅速獲得共鳴，就是因知識份子救國殷切的焦慮感所促成；事實上包括陳獨秀、李大釗等中共早期的創黨人，對共黨理論的掌握都十分粗淺。[28]加上後來南方實行聯俄容共政策，又使中共集中在中國南方發展，北方人民對共產主義的認知則更爲有限，《大公報》就說：

　　　　共產黨之稱，出於日譯，普通社會，初不知共產主義作何解，
　　　　而就『共產』二字以釋其義，則有類奪人之產以為己有，故
　　　　共產公妻，相提並論，常人聞之，如洪水猛獸。[29]

　　翻閱北伐當時的北方報紙，雖可知輿論對其並無至「共產公妻」般的浮面認知，但亦認爲共黨理論相當虛妄不實，《晨報》副刊即有文謂：

　　　　共產革命，……是盲從一種根據不完全靠得住的學理，在幻
　　　　想中假設了一個革命的背景，在幻想中假設了一個革命的姿
　　　　勢，在幻想中想望一個永遠不可能的境界，這是迂執，這是

27　＜張作霖發表討赤宣言＞，《晨報》，民國15年12月8日，第三版。
28　張灝，＜再論中國共產主義思想的起源＞，《中國歷史轉型時期的知識份子》，臺北：聯經出版事業公司，民國81年9月，一版，頁59。
29　＜共產黨在華失敗之批判＞，《大公報》，民國16年7月1日，第一版，社評。

書呆。[30]

又認為：

> 共產主義若在社會擾亂之時，常能吸引民眾，可是對於建設
> 的努力，卻沒有什麼效果，其內幕的原因，就是極端的自信
> 與計畫的空泛。……根本上共產主義就不談革新人類的困難
> 計畫，只是去迎合一般被壓迫的、不快樂的和心懷不滿人的
> 私願。[31]

所以當時北方報紙輿論表現出「反赤恐共」的心態，與其對共
產主義的陌生與隔閡甚有關係，《大公報》說：

> 中國因共產主義，正負兩方宣戰，流血者經年矣，而兩中人
> 至今無一以馬學之名於世者，誠共產者之羞，亦反共者之恥
> 也。……今日反共者之口頭禪曰「共產便要公妻」，崇共者
> 之流行語曰「共產即是分田」，馬學真義，豈如是簡單哉。
> [32]

　　第五，就政治層面而言，北方報紙輿論之所以強烈排拒共黨，
亦與北方當局的反共政策有關。軍閥習性本與共產主義大有抵觸，
如今又面臨南方北伐的強大威脅，所以無不高舉「反赤」旗幟進行
抵抗。對此北方報紙輿論相當清楚軍閥當局的考量，《大公報》就
說：「赤化者，北軍所持以攻擊南軍，白化者，南軍所持以詆毀北
軍，要其間以借題發揮之成分為多」。[33]

30　同註9。

31　威爾斯著，戴雲譯，<共產主義的將來>，《晨報》，晨報副鑴，民國15
　　年4月13日，第7頁，社會。

32　<反共需知>，《大公報》，民國16年11月27日，第一版，社評。

33　<白化與赤化>，《大公報》，民國15年9月23日，第一版，社評。

　　不過《大公報》與《晨報》認為赤雖應討，但武力相向的討法
也不恰當，因為如此非但不能徹底成功，且只會帶來人民的更大犧
牲，《晨報》就說：「今之所謂討共者，大抵祇用外科手術，而忽
略內部治療。……內部治療者，簡言之，即首停戰爭，清明政治，
廢除苛稅，增加生產而已」；[34]其副刊更有文謂：

> 此次戰爭以『討赤』為名，實在建設的目的我們都不明白，
> 總攻擊令一下，再用去多少金錢，喪失多少生命。……聯軍
> 入京的時候，曾發表他們的宗旨是『愛護和平討赤救民』，
> 我們小民聽之，莫不欣悅這番好意。但和平暫已無望，赤固
> 討矣，民得救乎？……『赤』固不可不討，不過討的方法有
> 不同，有武力的方法，有和平的方法。[35]

　　此外北方當局的嚴厲防共措施也相當令人非議，北伐軍攻打上
海時，上海的共黨份子大起活動，孫傳芳採取殘暴的壓制作法，讓
北方報紙輿論批評再三，《大公報》即說：「所堪駭憤者，孫傳芳
官吏，竟在華界大事殺戮，……使上海呈恐怖狀態」。[36]而北伐中
期北方當局絞死李大釗等二十名黨人，也引起北方報紙輿論的重視
，《大公報》與《晨報》都大幅加以刊載，對李之從容就死及身後
蕭條多所著墨。[37]可見北方報紙輿論雖然基本上反赤恐共，但亦不

---

34 ＜中國之癌＞，《晨報》，民國 17 年 1 月 17 日，第二版，社評。

35 許仕廉，＜四論武力與吳張會議＞，《晨報》，晨報副鐫，民國 15 年 7 月
　　6 日，第 3 頁，社會。

36 ＜論上海罷工＞，《大公報》，民國 16 年 2 月 22 日，第一版，社評。

37 ＜判決黨人二十名死刑＞，《晨報》，民國 16 年 4 月 29 日，第二版；韋
　　人，＜李大釗等二十人處絞＞，《大公報》，民國 16 年 4 月 29 日，第二
　　版，北京特訊；＜病床上之李夫人＞，《晨報》，民國 16 年 5 月 1 日，第
　　二版。

贊同北方當局的武力鎮壓與殺戮方式。

　　面對國民黨北伐前期的聯共傾向，《大公報》與《晨報》固然
在反赤恐共的心態下同聲加以反對，但是北方當局也並未奮力建設
爭取民心。南方黨軍的赤共色彩雖不得北方報紙輿論的支持，然而
北方軍閥徒言武力討赤的作法亦令其相當失望。

二、　　南方聯共政策的轉變

　　北伐前期國民黨以標榜聯俄容共著名，而引起北方報紙輿論的
「反赤恐共」效應。但北伐中期南方的聯俄容共政策卻自己發生轉
變，民國十六年六月寧漢分裂後，國民黨一改先前的聯共主張而實
行分共清黨，這不僅改變其北伐後期的各項措施，亦影響北方報紙
輿論對南方陣營的看法。接下來我們就要敘述北伐中期南方陣營的
反共改變，並觀察當時《大公報》與《晨報》對此有何評價。

　　事實上北伐中期國共兩黨的分裂在其結合之初即已埋下伏筆
，[38] 三民主義與共產主義理論與實行本有許多差異，[39] 孫中山之所
以決定聯俄容共，主要亦是為了尋求實際的革命援助。[40] 翻閱北伐

---

[38] 陳慈蓉在比較中俄兩種不同版本的孫越宣言後認為，此中蘇聯合宣言公開
　　之時，雙方的想法即有了歧異；參見其著，＜「孫越宣言」的再解讀及其
　　相關的幾個問題＞，《中華軍史學會會刊》，第 2 期，紀念北伐七十週年
　　專號，臺北：中華軍史學會，民國 86 年 5 月，頁 616-617。

[39] 例如三民主義與共產主義都重視土地改革，但雙方的動機卻有基本差異，
　　孫中山之動機是經濟性的，而中共則政治性的動機居多；參見吳學明，＜
　　孫中山與蘇俄＞，《中國現代史論集.第 10 輯：國共鬥爭》，臺北：聯經出
　　版事業公司，民國 71 年，一版，頁 89。

[40] 張緒心、高理寧認為孫中山是個革命家，願為其革命之目的而與任何人妥
　　協合作，參見其著，卜大中譯，《孫中山未完成的革命》，臺北：時報文

當時的北方報紙，即可發現其早就注意於此，《晨報》副刊上說：
「中山對於資本制度，僅欲設法改良，調劑貧富，並非根本改造」
；41《大公報》亦認為：「孫中山之三民主義，不是共產主義」；
42是「孫中山晚年急於要及身成功，才不惜服下這一劑猛藥」；43
而「中山親俄，本無嫌於買櫝還珠，俄人乘勢，遂有意於移花接木
」。44

　　所以早在國民黨北伐之前，其與中國共產黨間的摩擦就已經存
在，因改組後黨的實權都掌握在左派手裡，而中共又力求自身的壯
大發展，故引起右派人士的嫉羨與反感。孫中山逝世後國共兩黨的
衝突日益表面化，民國十四年（1925）十一月爆發西山會議事件，
反共的西山派集體出走，在上海另立一個黨中央。45

　　雖然北伐前國共兩黨的嫌隙已生，但在國民黨為了俄援、中共
為了發展的各自考量下，雙方仍決定繼續合作。故北伐初期國民黨
仍以聯俄容共聞世，而引發北方當局的「反赤」號召，亦使北方報
紙在「反赤恐共」的心態下，發表許多批評南方的言論。另一方面
南方的國共衝突卻隨著北伐的進展越演越烈，從當時的《大公報》

化出版公司，民國82年10月，一版，頁11。
41 諸青來，＜民生主義與共產黨＞，《晨報》，晨報副鎸，民國15年2月6
　　日，第14頁，晨報副刊。
42 ＜時局之自然歸宿＞，《大公報》，民國16年6月25日，第一版，社評。
43 ＜如何對付這個世界的搗亂鬼＞，《大公報》，民國16年5月9日，第一
　　版，社評。
44 ＜三民主義與共產黨＞，《大公報》，民國16年5月15日，第一版，社
　　評。
45 李雲漢，＜「上海中央」與北伐清黨＞，《中國近代史論集》，第2輯，
　　臺北：近代中國出版社，民國83年4月，一版，頁243。

與《晨報》就可發現，其早就注意到北伐陣營內的不和情況，《大公報》即說：「共產黨自混入國民黨中到處運動，向本持三民主義招牌，至占得長江以後，鮑羅廷陳獨秀等不能忍，漸至露骨，而國民黨亦不能忍，遂有反目之象」。46

　　北伐期間國共兩黨紛爭的擴大與北伐的日益開展有關，蔣介石為了爭取商人財閥的援助支持，乃漸漸縮小其農工政策，《晨報》報導：「蔣介石對商公佈告如次，……對於商人不為無理之壓迫，始終盡保護之責任。……工人之力在於團結，單獨與資本力對抗殆不可能，故工人應始終服從國民黨之指揮以改良其生活」。47國共分歧亦與黨內左右派權力鬥爭有關，蔣為了抑制左派勢力而積極展開內鬥，《晨報》刊載說：

> 自汪兆銘在滬，於本月五日與共產黨發表宣言以後，共黨之勢焰，頓高十丈。蔣介石在滬與白崇禧何應欽等心腹各將領，密議驅逐共黨，解除工會之糾察武器，一方面則由法租界聞人黃金榮杜月笙張嘯林等另組共進會，專以進行反共產工作。48

　　因此在南方寧漢正式分裂之前，北方報紙輿論即已察覺北伐陣營分共的可能，《大公報》就說：「近者國民黨蔣介石一派，反對

---

46 ＜上海共進會與共產黨＞，《大公報》，民國16年6月12日，第二版，上海通信。

47 ＜蔣介石對商工新佈告＞，《晨報》，民國15年12月29日，第三版，漢口消息。

48 ＜蔣介石剷除總工會之一幕＞，《晨報》，民國16年4月25日，第三版，上海特約通訊。

共產黨，日以刻露，……國民黨之分裂，勢或不可倖免」；[49]《晨報》也表示：「蔣介石……對群眾為反共產之演說，可見國民黨內部之分裂，益為顯明」。[50]至民國十六年四月寧漢分裂爆發，南方的國共衝突達到最高點，蔣介石在上海實行武力清黨，國民黨正式分裂為兩個政府。經過為時甚長的內爭後，親共的漢方因不敵寧方亦實行分共，國民黨從此結束北伐初期的聯俄容共政策。

面對北伐期間南方中途自行脫離赤共，北方報紙輿論有何看法？以下試圖整理當時《大公報》與《晨報》的相關言論，分三點加以論述。

第一，北方報紙輿論先前雖相當反對國民黨的聯俄容共，但在北伐陣營真的自行反共後，卻表示南方黨潮連連如同兒戲，其政策朝令夕改亦欠缺責任心，《大公報》即說：「南方時局，如剝蕉然，自蔣介石以至張發奎，層層剝盡，乃盡變為反共，而無一為共」；[51]「寧曰反共，漢曰反蔣，其爭點似明實不明」。[52]「國民黨前年既言聯俄，復倡容共，則是根本上早已承認其性質主張與手段，是以今之反共，徒彰自己過去之不明」；[53]又謂：

> 距今一個月前，尚曾一再聲言，反共即是反革命，……曾幾何時，忽焉反共成風，相率右轉，一切罪惡，悉令共產黨尸

---

49 〈國共分和之臆測〉，《大公報》，民國 16 年 4 月 23 日，第一版，社評。

50 〈共產主義將使中國與革命偕亡〉，《晨報》，民國 16 年 3 月 8 日，第二版，漢口路透社電。

51 〈離奇變化之南方時局〉，《大公報》，民國 16 年 8 月 7 日，第一版，社評。

52 〈寧漢之爭點〉，《大公報》，民國 16 年 7 月 17 日，第一版，社評。

53 〈革命之矛盾〉，《大公報》，民國 16 年 6 月 30 日，第一版，社評。

之。……革命何等大事，改造何等重任，乃夢夢焉出以兒戲，事後更以幼稚病輕輕卸責於共產黨。[54]

彼曹自稱革命領袖者，隨時錯誤，隨時改悔，隨時改悔，又隨時錯誤，翻雲覆雨，絕無些微之責任心與誠意，中國雖大，實受不了此曹幾回之錯誤與悔改。[55]

所以認為：「蓋國民於選擇左傾右傾以前，第一要求國民黨成一有責任心有誠意有施政能力之政黨」。[56]

　　第二，北方報紙輿論亦認為國民黨的武力清黨行動過於殘暴，《大公報》就說：「我以為在這亂世，殺人並不是絕對可以為殘酷的」；[57]「近以國共交惡，漢寧反目，反共運動，盛於東南各省，殺戮逮繫，其周密狠辣，殆十倍於標榜反赤之北方」；[58]「豈有以嗜殺止亂者，寧政府長用軍法殺人，將日漸陷於專制政治之途」。[59]而南方分共後共黨演至發展成農村暴動，《晨報》就表示此與國民黨的始亂終棄有關：

蓋自民國十三年國民黨實行容共而後，共產黨在所謂國民革命運動中，或戰死於疆場，或奮鬥而捐軀，其犧牲不可謂不重且大。夫隱身於國民革命旗幟之下，原非共黨之所願，其

[54] ＜又一變化之南北大局觀＞，《大公報》，民國16年8月12日，第一版，社評。

[55] ＜國民黨員與全體國民＞，《大公報》，民國16年11月24日，第一版，社評。

[56] ＜左傾右傾＞，《大公報》，民國17年12月17日，第一版，社評。

[57] 空青，＜東拉西扯說南方（續）＞，《大公報》，民國16年7月15日，第六版，上海通信。

[58] ＜聯俄與反共＞，《大公報》，民國16年7月8日，第一版，社評。

[59] ＜黨權與人權＞，《大公報》，民國16年7月3日，第一版，社評。

忍讓出此，蓋抱有無限隱痛。然黨軍勢力一至南京，而共黨
運命即陷死地。繼是而各省均起清黨，狗烹弓藏，屠戮備至，
駢屍山積，牢獄充盈，所謂工農份子及共產黨人之遭囚禁，
被斬殺，受壓迫，以致死者無喪身之地，生者無立足之所者，
殆不知其凡幾。……凡此皆共產黨所同為切齒腐心扼腕悲憤
者，怨毒鬱積，固結莫解，則共產黨之加倍殘暴，循環報復，
又何足怪呼。[60]

《晨報》並以一幅插畫描繪分共後左派人士的悲慘命運。（見 197
頁圖十九）

第三，國民黨分共後日益傾向保守的各項政策，也令當時北方
報紙輿論感到不滿，《晨報》刊載蔣介石：「在總商會席上，謂絕
不許有階級鬥爭，數十萬及百萬之家，今皆應保護」；[61]《大公報
》亦表示：「國黨則自從反共，不敢復言農工運動，彷彿一言農工
，即畏共黨竄入」。[62]所以反共後的國民黨雖脫去令北方報紙輿論
畏懼的赤共色彩，但種種施政亦不得民心，《大公報》說：

寧知赤化固不可行，而白化又何談容易，……中國今日乃不
赤不白之黑國是也。何謂黑國，蓋政治黑暗，法律失效，橫
徵暴斂，縱兵殃民，官吏灰黑其心，人民燻黑其面。……彼
褪色後之國民黨，……不至竟為黑國為黑黨焉。[63]

最後再要觀察的，是北方報紙輿論如何評價北方當局因應南方

---

60 <共產黨殘暴的心理>，《晨報》，民國 17 年 2 月 16 日，第二版，社論。
61 <蔣介石聲明反對階級爭鬥>，《晨報》，民國 16 年 7 月 9 日，第二版，
    上海國聞社電。
62 <將來之農工問題>，《大公報》，民國 17 年 1 月 11 日，第一版，社評。
63 <赤白黑>，《大公報》，民國 16 年 12 月 16 日，第一版，社評。

圖十九[64]

分共轉變的問題。北伐中途國民黨爆發反共內爭嚴重影響北伐進度，先前戰事不順的北方軍閥當然趁機休養恢復，不過我們從當時《大公報》與《晨報》的相關言論中卻發現，其認爲北方於此得到的益處並不太多，《大公報》說：

> 南方黨潮影響於北方者如何，易言之，北方所得之便利如何，吾以爲總有影響恐亦甚小。……雖南方分裂，無裨於北也。嘗察北方病根，只能號召反赤反共，而本身積極的無設施無表現。譬云反某某不好也，然則必有好者在，好者爲何，未使國民見也。[65]

南方國民黨雖因分共內爭而形象大損，但對照之下，北方報紙輿論亦認爲北方當局的聲望亦未能相應上升，《大公報》說：

> 試問當局諸公，設閉門深思，一察國家社會現狀，是否現在當局之政權鞏固，即爲百事已了，是否無赤無共，即爲已治已安，吾信雖至厚顏者，當不能作肯定之答覆也。[66]

又表示：「北方反對一黨專政，而爲無黨閒政」；[67]「赤化固不贊成，助長赤化之軍閥，尤爲群眾心裡所厭苦」。[68]

總之，北伐前期北方報紙輿論對南方的聯俄容共政策，表現出一種「反赤恐共」的心態，而大事加以批評；但北伐中期後南方聯共策略的自身轉變，卻又未能得到其相應的好感。所以北伐期間南

---

[65] <時局雜感>，《大公報》，民國16年4月17日，第一版，社評。

[66] <物必腐而後蟲生>，《大公報》，民國17年4月16日，第一版，社評。

[67] <反共者宜注意改良政治>，《大公報》，民國16年11月9日，第一版，社評。

[68] <「不見棺材不落淚」>，《大公報》，民國16年6月14日，第一版，社評

方的赤與不赤，並非是個單純的問題，它在南北當局的交叉利用下，令北方報紙輿論產生十分曲折性的詮釋。

第四節　局勢壓力與北伐的告成

　　起自民國十五年（1926）七月、終至十七年十二月的北伐戰爭
，並非是一個靜止不動的事件，而是一段長達兩年半的過程。在此
其間南北雙方的姿態，都隨著戰局的消長而有互動變化。當時北方
報紙輿論對北伐的反應也是如此，持續觀察其對南方的評價後會發
現，時間進展對輿論變化是個相當重要的因素。

　　本節即欲探討北伐末期戰局趨勢對北方報紙輿論產生的影響
，在論述上分兩個步驟加以處理：首先，從心態層面分析時局壓力
給北方民眾威脅，隨著時間進展比較北方報紙輿論對北伐評價的變
化，並釐清變天之際報紙輿論所呈現的幾種傾向；其次，從實際層
面觀察北伐末期的南北政權交替，探究北方報紙輿論對南方接收過
程的觀感，及對國民黨其後施政的基本看法。

一、　戰局壓力

　　在長達兩年半的北伐戰爭期間，若依大事發展將北伐分為三個
階段，[1]分別觀察北方報紙輿論在每個階段對南方陣營的評價，則可
發現其前後的看法甚有差距。

　　北伐前期屬於一期北伐，南方自從民國十五年七月誓師出發後
，初期軍事進展十分迅速，不到三個月即進駐武漢，打敗長江中游
的吳佩孚；十五年九月又開始向長江下游的孫傳芳進攻，十六年三

---

[1] 有關北伐重要史事的前後順序，參見黃國建編，＜國民革命軍北伐大事記
　　＞，《國民革命軍北伐親歷記》，北京：中國文史出版社，1994 年 12 月，
　　一版，頁 328-346。

月就打下上海、南京。北伐中期南方陣營卻因共黨問題而生齟齬，十六年四月寧漢正式分裂，至七月漢方才實施分共。但爾後國民黨仍陷入自身的循環內鬥中，唐生智東征、蔣介石下野、廣州事變等層出不窮，北伐進度嚴重受阻。北伐後期屬於二期北伐，南方經過爲時甚長的連續內鬨後，終於結束紛爭重啓北伐戰事。蔣介石在十七年（1928）一月復職，二月召開二屆四中全會，進行整理內部、籌備北伐的工作。十七年四月國民革命軍改組爲四個集團軍，正式宣告繼續北伐。五月北伐進入山東時，曾引發日本出兵干預之「濟南慘案」；但在蔣對日忍隱繞道北伐的政策下，六月終於迫使奉軍出關和平讓渡政權。而後東北也漸漸擺脫日本的壓力，於十七年十二月宣佈易幟歸服國府，北伐至此大抵完成。[2]

　　翻閱北伐三階段的北方報紙，就可看出輿論對南方觀感有明顯的變化。北伐初起之時，北方報紙輿論並不太看重南方的威脅，《大公報》就表示對其軍事順利的不信任：「中國政治，向僅能演獨幕劇，一場快意，遂爾索然。今者武漢變局，人心一振，後此情形，殊難逆睹」。[3]其後隨著南方進展的快速，北方報紙輿論日益呈現危機意識，記載中也常呈現軍事失利下人心的恐慌，北伐進攻長江中游吳佩孚時，《晨報》就刊載：「黨軍現已越過汀泗橋，尚在前進不已，……武漢黨人密佈，人心惶惶」；[4]進攻長江下游孫傳芳時

<hr>

[2] 李新總編，楊天石主編，《中華民國史．2篇5卷：北伐戰爭與北洋軍閥的覆滅》，北京：中華書局，1996年2月，一版，頁659-686。

[3] 記者，＜南征北伐可以已矣＞，《大公報》，民國15年9月3日，第二版，論評。

[4] 芳，＜吳佩孚赴前線督師經過＞，《晨報》，民國15年9月5日，第五版，武昌特約通信。

，《晨報》也記載：「南京人心異常惶恐，……人民終日如在驚濤駭浪中，夜間不敢安枕」。[5]總之北伐初期的北方報紙輿論，基本上表露出對南方奮起的恐懼與抵抗。

北伐中期南方陣營陷入自身的嚴重內訌中，黨軍暫時停止北伐進攻，北方軍閥當然趁機修養生息，《晨報》即表示：「在此南方國共兩派內訌之際，北方當局所持之態度，……係取旁觀政策，靜候雙方爭鬥結果，以為應付。對軍事上，此時殆不擬如何急進，……蓋不欲逼之過緊，致左右派爭潮反以緩和」。[6]而對南方內部的傾軋不已，北方報紙輿論亦大事加以批評，《晨報》說：「去年黨軍北伐，標榜國民革命，一若具有若干意義。曾幾何時，圖窮匕見，不但不足以言以黨治國，以黨治軍，且不足以黨治黨」。[7]總之北伐中期的北方報紙輿論，呈現出對南方內訌的輕視與旁觀。

北伐後期南方結束內鬥展開二期北伐，但在重啓北伐戰事之初，北方報紙輿論還鑑於黨軍先前內爭，而對南方陣營的團結表示質疑，《晨報》就說：「津浦線黨軍，除何應欽所部之劉峙一軍外，餘皆歸附之師，未必能戰，亦未必肯戰」；[8]「桂縱不攻蔣，而桂之軍隊不肯參加北伐，已成既定事實」。[9]不過其後隨著北伐日益逼近北京，北方報紙輿論乃開始大幅逆轉，或對政權交替感到惶恐無奈

5　寒秋，〈恐怖中之南京〉，《晨報》，民國16年3月27日，第五版，南京特約通信。

6　〈北方對南軍事不主急進〉，《晨報》，民國16年5月3日，第二版。

7　〈世界和平運動與中國和平運動〉，《大公報》，民國16年9月13日，第一版，社評。

8　〈北伐戰局前途如何〉，《晨報》，民國17年3月4日，第二版，政治訪員報告。

9　〈北伐問題之考察〉，《晨報》，民國17年3月13日，第二版，社論。

，或向新政權提出規勸建言，或甚至已發表歡迎南方的附和言詞。
總之北伐後期面臨政權轉移的變數，此階段北方報紙輿論對南方的
反應殊堪玩味，以下我們即整理當時《大公報》與《晨報》的相關
言論，分三種傾向來加以申論。

　　第一，惶恐與無奈：隨著戰事的日漸底定，北方人民面對南軍
即將兵臨城下的威脅，表現出強烈的惶恐心情。國學大師王國維就
因此投水自盡，當時《大公報》記載：「王平日對國事即抱悲觀，
恐黨軍北上」；[10]「有人告王以奉張將出關消息，……益信時局有
變，認為死期已至」。[11]由於北方失敗的命運日漸確立，變天前夕
北方的氣氛十分消沈低迷，《大公報》即表示人民對時局的看法相
當悲觀：

> 戰局黯淡，密佈中原，邇來接近戰區之京津人民，頗流露出
> 一種恐怖之色。蓋一則不知在戰中，各個生命財產之危險若
> 何，一則不知在戰後，國家布政施令之變化又若何。疑懼叢
> 生，百事俱廢。[12]

　　隨著南方黨軍的日益逼近，戰火漸漸直接威脅到北方人民的生
活，《大公報》說：

> 中國人民最能安貧耐苦，故雖內戰多年，而鄉間農民與城市
> 小工，仍能日出而作，日入而息。……然此次戰事，連綿三
> 載，範圍之廣，得未曾有，破壞之大，亦過於前，……全社

---

10 ＜國學家王國維在頤和園石舫投水＞，《大公報》，民國16年6月4日，
　　第二版，北京特信。
11 ＜嗚呼王國維＞，《大公報》，民國16年6月5日，第二版，北京通信。
12 ＜恐怖與希望＞，《大公報》，民國17年4月27日，第一版，社評。

　　　　會之物質精神兩界，胥為動搖。[13]

面對北伐戰爭即將在北方進行最後大對決，這些生存在北伐最後目標的京津地區人民，莫不心焦如焚，因而爆發大批民眾舉家遷往東北避難的風潮，位於北京的《晨報》與天津的《大公報》，就第一線地記錄了當時人民的恐懼心情，《大公報》說：「一月來過津出關難民五萬人」；[14]《晨報》也刊載：「直魯難民源源出關，三日內過哈者達四千人」；[15]「各地難民，亦雲集保定，為數不下二萬」。[16]

　　民國十七年六月北伐軍開入京津時，民眾的恐慌亦達到最高點，《大公報》說：「各國軍隊，已開始其初步之警備，在租界外數地點置兵，天津市民，睹時局緊張，遂漸有不安之色」；[17]並記載：「華界居民知奉張業已出關，恐在此過渡時期中發生危險，……乃爭相遷入租界」；[18]而「謠言極重，人心恐慌」。[19]政權變天讓北方民眾對未來充滿不確定感，但北方失利的命運已成定數，北方報紙輿論也只能聊述其無奈之意而已。

　　第二，期待與規勸：翻閱北伐末期的北方報紙，可發現北伐開

---

[13]　＜中原社會之大危機＞，《大公報》，民國 17 年 5 月 23 日，第一版，社評。

[14]　＜難民五萬人＞，《大公報》，民國 17 年 4 月 15 日，第六版。

[15]　＜直魯難民源源出關＞，《晨報》，民國 17 年 4 月 10 日，第六版，哈爾濱特約通信。

[16]　＜從北京到保定＞，《晨報》，民國 17 年 5 月 31 日，第三版，電通社消息。

[17]　＜時局與天津市民＞，《大公報》，民國 17 年 6 月 5 日，第一版，社評。

[18]　＜天津昨日略緊張＞，《大公報》，民國 17 年 6 月 4 日，第二版。

[19]　＜天津城內忽嚴重設防＞，《大公報》，民國 17 年 6 月 8 日，第二版。

入北京之前，報紙輿論顯示的大多是人民的恐慌心情；但至民國十
七年六月北京完成和平讓渡後，報紙輿論便不再言恐懼，而開始對
國府表示期待。《大公報》即多次向負責接收的國民黨諸將領表達
殷切之期望，對國民革命軍總司令蔣介石說：

> 蔣君自清季獻身革命事業，出生入死，到底不懈。……兩年
> 以來，旌旆北指，而湘、而贛、而蘇、而魯，東南西北，不
> 惶寧處，卒成北伐大業，……乃於欣幸之外，充滿期待與責
> 望。[20]

對實際負責北方接收的京津衛戍總司令閻錫山表示：

> 望閻氏深感責任之重大，永憶軍民之犧牲，自此以往，永遠
> 努力為新民國之柱石，以輔助全國三民主義建設之成
> 功，……而為民國十七年之一個人民領袖。[21]

向河北省主席商震及天津市長南桂馨表示：

> 津民苦於褚玉璞之惡政久矣，……革命軍至，黨內黨外，莫
> 不歡欣鼓舞，望撥雲霧而見青天。……是以今當北伐成功之
> 後，建設開始之時，復幸得著名之革命軍將領商君震為主
> 席，及著名之三集團軍總代表南桂馨為市長，天津市民，焉
> 得而不望省市政府，為之洗滌積污，澄清吏治。[22]

向擔任天津警備司令的傅作義表示：

> 以天津論，辛亥以來，完全為北洋根據地，今乃歸於青天白

20　〈歡迎與期望〉，《大公報》，民國 17 年 7 月 3 日，第一版，社評。

21　〈閻錫山就京津衛戍之任〉，《大公報》，民國 17 年 6 月 10 日，第一版，
　　社評。

22　〈所望於省市兩政府者〉，《大公報》，民國 17 年 7 月 17 日，第一版，
　　社評。

> 日旗之下，而警備司令傅作義氏，以黨軍名將，服務天津，
> 此又津人士之大幸。23

《大公報》雖在南軍接收北方時，表達其對國府的期望，但爾後卻因觀察新政府建設無著，而漸漸又開始對其提出建言：「今者國家權力，已掌於中山信徒，全國人民歡欣鼓舞以待訓政之實施，此誠良機，焉可再誤。夫建設之事遠矣大矣，……吾人安忍苛責當局以速成，獨是少成績可，不盡職則不可」；24故說：

> 我們以為事實宣傳，比口筆宣傳的力量，更為強大。……所
> 以我們希望黨國熱心之士，對於北方軍政界目下之許多事
> 實，都得深切注意，趕急糾正，否則宣傳工作是白做了
> 的。……自黨軍北伐，視聽一新，民眾雖少理解，卻懷熱望，
> 以為青天白日旗當天一揮，如萬應丹，如收魔鏡，必可另外
> 造成一番境界。……想不到北伐成功，事實表示，有許多叫
> 人遺憾，……十萬雜色軍隊，或駐津市，或據近郊。……政
> 界情形，更叫是「醜不堪言」，爭座位的笑談，雙包案的怪
> 劇，一演再演。25

《大公報》認為北伐完成後最重要的是展開國家建設，既然歷經北伐勝利取得全國政權，國民政府就應儘速負起建設之責：「國民黨今為在朝黨，與往昔之在野時代不同，從前的支票尚可簽為不

---

23 ＜國民革命軍佔領天津＞，《大公報》，民國 17 年 6 月 13 日，第一版，
  社評。
24 ＜願國府當局努力盡職＞，《大公報》，民國 17 年 10 月 15 日，第一版，
  社評。
25 ＜事實宣傳與理論宣傳＞，《大公報》，民國 17 年 7 月 2 日，第一版，社
  評。

定期之債券，今日發宣言，便是立刻兌現之銀行鈔票」，[26]「是以
北伐成功之會，即國民黨預約到期之日」。[27]

第三，歡迎與附和：翻閱北伐末期政權交替前後的北方報紙，
亦可看出許多北方人已對新政權表示歡迎，《大公報》記載：「塘
沽易幟之前後，……車站附近之老幼男女，群趨月臺，歡迎國民革
命軍」；[28]而「太原舉行慶祝北伐勝利大會，到萬餘人」。[29]《大
公報》在民國十七年十月十日當天，並以大篇幅刊載各界慶祝雙十
節的盛況，表示：「本屆國慶日，全國大小都市舉行擴大慶祝會三
日，其普遍與熱烈為民國以來未有之盛」。[30]

除歡迎北伐軍入城的聲浪外，一些附和新政權的情況也紛紛出
籠，《大公報》就記載北伐軍開入天津時，「法租界商號，……均
曾高掛青天白日旗，……並有多數商家發售黨國旗，甚為利市」。
[31]《大公報》的社論更無視北伐初期輕視南方的言論，而發表相當
附和的言詞謂：「自國民軍興，吾人即斷言舊勢力不足以抗衡」，
[32]彷彿早就預料北伐之成功；其副刊上更有人建議拍攝一部記錄國
民革命軍北伐的影片，表示要：「替中國革命的光榮歷史，留一個

---

26 ＜讀了「重新確立黨的基礎案」之後＞，《大公報》，民國17年8月6日，
　　第一版，社評。
27 ＜敬悼死者謹勖生人＞，《大公報》，民國17年8月6日，第一版，社評。
28 ＜塘沽易幟之前後＞，《大公報》，民國17年6月26日，第六版，塘沽
　　通信。
29 ＜太原開會慶祝北伐＞，《大公報》，民國17年6月24日，第二版，太
　　原特電。
30 ＜普天同慶之雙十節＞，《大公報》，民國17年10月10日，第二版。
31 ＜易幟後之天津＞，《大公報》，民國17年6月13日，第七版。
32 同註23。

不朽的紀念」。[33]

　　腦筋動得快的生意人更懂得利用時機大賺其錢，國府接收北方政權後，《大公報》上就出現許多打著國民黨招牌的產品廣告，例如包括商務印書館、中華書局、世界書局都大幅刊登三民主義教科書的廣告，[34]天津直隸書局的廣告中還說：「凡購滿寶洋一元者，附送黨章兩枚」，[35]可見當時北方人心急欲惡補「黨化」書籍的心態。五洲影片公司亦在《大公報》頭版巨幅刊登「蔣介石北伐記」的電影廣告，表示其：「在廣東就跟隨國民革命軍出發，冒著九死一生的危險來攝製此套影片」；[36]中國無線電業公司在其無線電收音機的廣告詞中謂：「欲聽馮蔣總司令演講否？……有無線電收音機者皆可聽聞」；[37]而慎昌眼鏡公司則表示：「在青天白日旗下，請認定眼光，欲認定眼光，……請配慎昌眼鏡」。[38] 另外還有許多早在報上廣告多年的商品，現在紛紛冠上流行的「中山」名稱大事宣傳，例如「中山眼鏡」、「中山橄欖」等。[39]不過面對這些附和國府的舉動，也有人表示相當感慨，《大公報》的副刊上即有人投文道：「新聞廣告上，牆壁的招貼或是商店的門口標牌大書特書，

---

[33] ＜完成一個偉大的影片＞，《大公報》，民國17年8月14日，第九版，電影週刊。

[34] 《大公報》，民國17年9月5日，第十二版；民國17年7月5日，第四版；民國17年9月2日，第十二版。

[35] 《大公報》，民國17年8月14日，第九版。

[36] 《大公報》，民國17年8月15日，第一版。

[37] 《大公報》，民國17年6月29日，第九版。

[38] 《大公報》，民國17年9月12日，第一版。

[39] 《大公報》，民國17年10月20日，第一版；民國17年7月13日，第十版。

中山布、中山呢、中山眼鏡、中山餐，幾乎一切的貨物都是中山。
……等到店夥拿出布來，仍是不改舊觀的芝麻布」；[40]難道：「穿
上了「中山裝」，你就是『忠實同志』，而失掉你的官僚性了嗎？
」[41]

　　在論述北伐末期北方報紙輿論所呈現的三種心態後，接下來要
試圖解析時局壓力對北方人民的影響。對中國的民眾來說，日常生
活的本身或許才是其最關注的，只要政府當局不要過於橫徵暴斂，
事實上由誰來主政並無太大關係。民國十五年至十七年的北伐戰爭
亦如此，北伐前期南北當局遠在長江流域開打，對生活在北方的一
般民眾而言，北伐只是報紙「國內大事」版上的新聞，並不會直接
影響其生活；若是根本不去看報不聽人言，或許一直不太清楚中國
南北已經爆發大戰。

　　然而這一切卻隨著北伐的日益進展發生變化，北伐末期南軍漸
次開入京津，該地民眾乃察覺到北伐帶來的巨大威脅；位於此區的
北京《晨報》與天津《大公報》，即第一線地直接受到兵臨城下的
壓力。在南方黨軍攻入北京首都時，北方人民的家鄉意識、南北情
結、政權效忠、經濟利益、生活習慣等，於是全部一股腦兒地爆發
出來。不過政權變天雖然深深影響北方民眾，但其並無力改變北軍
失利的事實；因此在衡量今後生存的最佳利益後，大多數北方人民
又會迅速表明支持南方國府。所以北伐末期北方報紙輿論深切地反

40　霞，〈再到的北京〉，《大公報》，民國 17 年 10 月 9 日，第十一版，小
　　公園。
41　李增濃，〈來一回漫談〉，《大公報》，民國 17 年 11 月 3 日，第十版，
　　公開評論。

映出當時人心的戲劇性變化，即在南方侵逼最烈引起北方民眾最大
反感之時，卻又是其迅速逆轉表達對南方歡迎附和的時刻。

　　羅久蓉曾以歷史情境理解中日抗戰時期的「漢奸」問題，認爲
淪陷對普通民眾而言，是一種生活的方式；淪陷區的百姓也要生活
，不能爲了國家效忠而在家坐吃山空，其間的問題並不能以八股道
德輕率涵蓋。[42]同理來看民國十五年至十七年的北伐戰爭，政權改
變對人民的報復壓力事實上南北都有，《大公報》在北伐中期爭奪
上海時刊載：「孫張通電反對上海庫券，謂銀行工會如為黨軍承募
此券，則北軍到滬時，必取嚴屬之報復」。[43]所以生存在內戰中的
人民究竟要如何取捨評估，才能確保自己生命財產的安全？而至北
伐末期面對北軍失利的已然定局，北方人民亦只有拋棄地域情感轉
向南軍表示歸順。這其間天津《大公報》與北京《晨報》所表現出
來的種種反應，並非對南北當局單純的愛惡問題，而是一般人民乃
至於報紙媒體的自我生存之道。

二、 接收情形

　　從心態層面分析北伐末期北方報紙的言論傾向後，接下來則由
實際層面觀察其對南方接收施政的評價，首先探討《大公報》與《
晨報》如何看待奉張出關退走和平讓渡北京政權的問題。[44]

　　民國十七年南方二期北伐後進展十分順利，北方安國軍力漸不

---

42 羅久蓉，＜歷史情境與抗戰時期「漢奸」的形成＞，《中央研究院近代史
　　研究所集刊》，第 24 期，下冊，民國 83 年 6 月，頁 840。

43 ＜銀行工會之哀鳴＞，《大公報》，民國 16 年 5 月 19 日，第二版。

44 張作霖決定出關退走及張宗昌繼續盤據灤東的相關史事，參見劉秉榮，《北
　　伐祕史》，下冊，北京：知識出版社，1995 年 9 月，一版，頁 882-908。

支，日本遂在五月三日出兵干預南軍北上。事變發生後張作霖卻在
全國息爭禦侮的風潮下，於五月九日發出息爭議和通電，《晨報》
刊載道：「息兵運動經政府各要人，連日縝密討商結果，業已決定
，……方今海內唱望和平，以解倒懸，是內外情勢，已不容再緩，
此時向內外正式宣佈，對外足視奉方對國家觀念深厚」；[45]而南方
蔣介石亦表示願意接受和談，一時雙方代表往來頻繁。

　　但張作霖不久忽對和談之事變卦，因有人向其提議北伐戰線拉
的太長，除馮閻兩軍外，南方軍隊均不服水土，且馮閻之間亦有矛
盾，故當堅守京津坐待時局變化。張作霖於是停止和談的構想，準
備從事反攻；而南方也在對日隱忍決策下，繞道繼續向北挺進。國
民革命軍發動總攻擊令後，奉軍各戰場都被長驅直入，一些北方將
領已不願再戰，奉系內部亦望張作霖退回東北，[46]《大公報》即記
載：「奉天報告，謂各方官廳會議，……決定派代表二人，勸張作
霖速回奉天」。[47]張作霖至此見大勢已去，乃下令總退卻，《晨報
》記載：「連日府方召集幹部各要人，會議結果因主張息兵者居大
多數，而由和平手腕解決」。[48]

45　＜張作霖通電因對外即息兵＞，《晨報》，民國17年5月10日，第二版。
46　第一次直奉戰後張作霖退回東北重整軍隊，提拔許多受過近代軍事訓練的
　　年輕軍官，這些年輕的軍官認為建設東北是為首要，反對奉軍入關發展，
　　因而形成東北內部新舊兩派的分歧。北伐後期面對奉軍失利，新派乃要求
　　張作霖退回東北，不再參與關內事物的紛爭。見薛立敦，＜軍閥時代：北
　　京政府之下的政治鬥爭與黷武主義＞，《劍橋中華民國史》，上卷，北京：
　　中國社會科學出版社，1994年1月，一版，頁330。
47　＜奉天各機關再勸府張回奉＞，《大公報》，民國16年5月29日，第二
　　版，北京路透電。
48　＜時局和平解決＞，《晨報》，民國17年6月2日，第二版。

　　北伐末期奉張自動出關和平讓渡政權的舉動，當時北方報紙輿論對之有何評價？自民國十七年南方二期北伐後，黨軍勢如破竹日益進逼，《大公報》就看出北方當局翻轉的希望相當渺茫：「詎一年之變遷，奉魯地位，雖仍保持，而敵之多之近，倍徙於昔。……氣象殊為蕭條，……誰亦無更造北京政權之勇氣，唯有垂拱而待，靜觀外方四周局勢之變遷而已」；[49]其後北軍雖幾次動員勉事掙扎，但卻仍挽不回北方失敗的命運。民國十七年六月受南方兵臨城下的強大壓力，張作霖終於正式宣告回奉，當時《晨報》即表示認可當局退讓避免日本挑釁的用心：

> 自五月九日張作霖發表息爭通電以後，識者早知奉軍之撤
> 退，已屬時間問題。頻年內戰，迄未小休，最近兩年，接續
> 不斷。……數日以來，戰事已漸次逼近，雙方若仍持決鬥之
> 心，則戰禍所屆，或難免波及外人，是京津一帶誰亦不能擔
> 保其不至變成濟南第二。[50]

　　北方民眾最恐懼的是政權交替時之社會秩序，《大公報》說：「無論戰事結果如何，應自行嚴保京津治安及主要交通，勿陷人民於戰禍，勿招外交之困難」。[51]而張作霖出關前曾妥慎安排北京讓渡事宜，委託北洋元老王士珍組北京治安維持會確保北京的和平與安全，而獲得各界之稱頌，《晨報》就記載：

> 張作霖於昨日，……通知總商會及商聯會代表入府，……談
> 話大略如下，現在外交緊急，……今為息事寧人計，不惜作

[49] ＜歲首之北京＞，《大公報》，民國 17 年 1 月 2 日，第二版，北京特訊。

[50] ＜張作霖通電回奉天＞，《晨報》，民國 17 年 6 月 3 日，第二版。

[51] ＜京津治安＞，《大公報》，民國 17 年 5 月 18 日，第一版，社評。

退一步之思想。……鄙人與北京商民感情甚厚，來時光明，去時亦光明，絕不能不顧一切，使京師蒙若何之影響。諸君皆商界領袖，請轉告商界同人，勿得神經過敏，作無謂之驚恐。鄙人昨已邀王聘老（士珍）入府，接洽一切，地方治安之事，已託聘老於必要之時，負責維持，定可無虞。……張談畢，由總商會長孫學仕致答詞，深致商民感戴之意。[52]
府張在府招待駐京各國公使，……略謂本人到京就職以還，對於保護外僑，自問已盡心力，……今此志未渝，必仍維護，京津治安，絕無可慮，尚望安心。……各使聽言，均示滿意。[53]

因此北京政權順利完成和平轉移，《大公報》刊載：「城內秩序甚好，毫無亂象，……外交團對治安會維持得力，極為滿意」；[54]「市面安靜，一如常時，故就北京而論，一場大事，七鬯不驚，可為市民慶祝者矣」。[55]

　　但相較張作霖之自動退出，同屬北方陣營的張宗昌等卻在南方接收北京後，仍盤據天津郊外準備決一死戰，《大公報》記載：「距天津不遠，……有大隊孫魯軍集中」；[56]「似絕未有退兵表示」。[57]面對戰事可能重起的危險，位居天津的《大公報》十分憂心當

---

[52] ＜張作霖昨對商界談話＞，《晨報》，民國17年6月3日，第二版。

[53] ＜張作霖昨招待外交團＞，《晨報》，民國17年6月2日，第二版。

[54] ＜北京秩序甚安謐＞，《大公報》，民國17年6月6日，第二版，北京電話。

[55] ＜希望天津避免戰禍＞，《大公報》，民國17年6月6日，第一版，社評。

[56] ＜天津時局混沌＞，《大公報》，民國17年6月6日，第二版。

[57] ＜津郊到處有戰事＞，《大公報》，民國17年6月9日，第二版。

地安全，而相當不齒直魯殘軍的抵抗行為，表示：

> 望一般不耐岑寂者，注意今日為十七年來未有之局，為國事
> 計，為個人計，希望其暫時冷靜，不必利用失伍之政客軍人，
> 冀占非常便宜，更不可烏合土匪式之便衣隊，擾亂社會治
> 安。[58]

在了解北方報紙輿論對北方軍閥退走的看法後，接下來則從另
一角度觀察其對南方當局接收過程的評價。北伐末期日本以濟南慘
案干預黨軍北上，蔣介石為求盡速完成北伐，乃採取忍隱政策繞道
北伐，且亦在避免激起日方更大反彈的考量下，訂出和平接收京津
的方案，限奉軍在一週內全部退出關外，則便不加以追擊，並決定
派北方外交政治各方面接受程度較高的閻錫山負責接收事宜。[59]

南方黨軍接收北京政權的過程大致順利，並無造成居民與外僑
太大的衝擊，《大公報》表示：「這固然由於地方維持得法，也由
於主持其事者穩健和平」；[60]而外人「對閻錫山印象極佳，英國人
且謂其為最有誠意之人物」。[61]不過卻也曾發生一件奉軍鮑毓麟旅
被繳械的意外，原先北京各國公使即請求在奉軍退出而黨軍未至之
間，奉軍能留下一旅維持地方秩序，待北京移交後，擔保此旅奉軍

---

58 ＜時局與天津市民＞，《大公報》，民國 17 年 6 月 5 日，第一版，社評。

59 接收的各項人事安排分別是：京津衛戍總司令閻錫山，河北省主席商震，
   北京市長何成濬，北京警備司令張蔭梧，天津市長南桂馨，天津警備司令
   傅作義；參見劉維開，＜北伐收復京津之役＞，《近代中國》，第 45 期，
   民國 75 年 8 月，頁 55。

60 ＜從北京到天津的印象＞，《大公報》，民國 17 年 6 月 17 日，第一版，
   社評。

61 ＜新局面下之外人觀察＞，《大公報》，民國 17 年 6 月 17 日，第二版，
   北京特訊。

和平退出，此項提議獲得國民政府之同意。但蔣介石讓閻錫山接收北京的決定引起馮玉祥不快，所部韓復榘遂在鮑旅撤出之際，故意將其繳械以爲發洩，而引起各國公使的不滿，《大公報》記載：「此事外人對馮嘖有煩言，西報訪員均有抨擊之記事」。[62]此事後在多方幹旋下解決，《大公報》刊載：「奉軍鮑毓麟旅軍械，……已令交戰地政務委員會，即由會發還」。[63]

北方報紙輿論對南方接收後之施政能力亦甚爲注意，北方人民苦於軍閥混戰長達十餘年之久，今日北伐完成政權易主，民眾望治之心乃切，以下即分四方面加以申論。

第一，裁兵問題：經過長達十餘年的軍閥混戰，北方民眾對戰爭的厭惡已達最高點；如今北伐完成全國統一，最希望的當然是永遠不要再發生戰爭，《大公報》就表現出強烈期待國府儘速裁兵的意願：「吾人不應高談國家大計，亟應裁兵」；[64]「民固苦矣，兵亦何嘗不苦」；「任其各歸田里，兵本爲民，且各有家族，彼何樂而不從」。[65]因此面對國府召開編遣會議的決定，《大公報》大表贊同：「裁兵之事，當局者既有決心之表示矣，能否使其決心實現，則吾民之責」；[66]並在正張上刊登「本報特啟」，發起全國裁兵運動，廣徵各界對裁兵的意見與辦法，並在七月十三日至八月三日

---

[62] ＜鮑旅繳械記＞，《大公報》，民國17年6月12日，第二版，北京特訊。
[63] ＜鮑旅案＞，《大公報》，民國17年6月20日，第二版，上海專電。
[64] ＜戰事已了兵多何用＞，《大公報》，民國17年9月24日，第一版，社評。
[65] ＜可注意之裁兵意見＞，《大公報》，民國17年7月8日，第一版，社評。
[66] ＜全國商民速發起裁兵協會＞，《大公報》，民國17年6月26日，第一版，社評。

在第九、十版先後出了四期「裁兵特刊」，以大量篇幅刊載這些投稿文章，顯示其對裁兵問題的嚴重關切。

　　然而《大公報》對國民政府裁兵的措施卻不甚滿意，認為當局決心不夠裁撤太少，表示：「吾人以為國府辦理軍隊整理事，殊失草率，……編制結果必超過六十師甚多，此當為國民遺憾者」。[67]而蔣介石裁兵尚有標準不公的流弊，引發各軍頭「削藩」之猜忌，[68]《大公報》說：「今日之裁兵，與昔日異，昔日之裁，裁之去之而已，其性質為為消極的，今日則為改革軍制而裁」；[69]「應與裁兵同時並舉者，為統一軍權」；[70]「根本之計，首宜化除私兵，使成國有」。[71]

　　第二，建設問題：久處軍閥割據下的北方民眾，在北伐完成後，對接收北方政權的南方國府有甚多期待，《大公報》表示：「北方人民在軍閥積威之下，生活已久，想望新局面之轉換，差不多夢寐求之，積思成癖，對於國民政府，期待十分熱烈而急迫，巴不得他立刻拿人民困苦解除」；[72]故「一到革命軍底定幽燕之日，當然是革命黨鈔兌現之時，是以北伐成功，革命政府責任乃益加嚴重」

67　〈六十師問題〉，《大公報》，民國17年10月8日，第一版，社評。

68　北伐後蔣介石的裁兵編遣不甚公允，引發第二、三、四集團軍的強烈不平，埋下日後中原大戰的種子，參見沈雲龍，〈北伐統一五十週年〉，《傳記文學》，33卷1期，民國67年7月，頁19。

69　〈軍事善後問題之注意點〉，《大公報》，民國17年7月13日，第一版，社評。

70　〈統一軍權〉，《大公報》，民國17年7月15日，第一版，社評。

71　〈整理軍事案宜積極貫徹〉，《大公報》，民國17年11月4日，第一版，社評。

72　〈裁兵與國民政府〉，《大公報》，民國17年6月28日，第一版，社評。

；[73]而「今軍事結束，則政治設施，刻不容緩，……若抹殺緊張之精神，不做刷新之事實，徒揖讓擁容，易幾個官吏，下幾道佈告，遽以為北伐之功已成，實大誤特誤矣」。[74]

南方北伐既以救民水火相許，如今戰爭結束，自當負起實際建設的責任，《大公報》說：「革命戰爭中之緊張心理，須臾不可放卻，……稍一懈弛，將復原狀」。[75]但接收之後國府的施政卻令北方報紙輿論甚為失望，《大公報》謂：「北伐告成，南北統一之局，然而中國猶尚未見新政治之出現」；[76]「國民之仰望之以解其倒懸也久矣，今者前線有單衣凌寒之苦兵，到處有水旱待賑之災民」。[77]而主政者的精神也漸趨因循苟且，《大公報》說：「自平津克復後，黨國要人雖力言團結努力，然從旁考察，殆較作戰緊急時之精神狀態稍遜」；[78]「國府成立以來，百政並議，大會時開，……但一會之後，萬事不提，祇聞宣傳，不見事實」，[79]實令望治心切的北方民眾期待落空。

第三，灤東問題：北京政權易主後，張宗昌等直魯殘軍仍盤據津郊灤東圖謀反攻，令當地民眾憂心忡忡，十分畏懼戰火重起的危

---

[73] ＜京津善後之亟務＞，《大公報》，民國17年6月21日，第一版，社評。

[74] ＜順直之目前亟務＞，《大公報》，民國17年6月15日，第一版，社評。

[75] ＜所望於河北省當局者＞，《大公報》，民國17年7月20日，第一版，社評。

[76] ＜新舊政治之分歧點＞，《大公報》，民國17年8月26日，第一版，社評。

[77] ＜國府宜全力處理緊急政務＞，《大公報》，民國17年9月26日，第一版，社評。

[78] ＜論蔣介石最近感想＞，《大公報》，民國17年9月5日，第一版，社評。

[79] ＜會議與效率＞，《大公報》，民國17年12月27日，第一版，社評。

險。而直魯殘軍的紀律甚差,亦嚴重影響天津一帶的安全,《大公報》說:「自津局改革以還,雜色軍隊,充滿津郊,武裝丐匪,盤踞市內,民房商肆,動被佔據,良懦之民,飲泣吞聲,怨嗟之餘,歸咎革命」。[80]

但國府卻遲遲不出兵解決這些殘餘的軍閥勢力,引起天津《大公報》的強烈不滿,表示:「國民革命軍克天津也,為六月十二日,距今八十日矣,……而津東數十里外,依然為殘敵所據」。[81]而奉軍又不許土匪般之直魯殘軍出關進入東北,這些直魯殘軍最後是在民國十七年九月,才由蔣介石派白崇禧的東征軍加以肅清底定,[82]當時的《大公報》就批評:「津東戰事,發動四日,便已到達灤河」;[83]「由今之迅速佔領觀之,證明國軍之不東進,非不能也,特不為也」,[84]顯示極端不滿之意。

第四,東北問題:民國十七年六月南方接收北京政權後,東北問題卻一直遲未解決。北伐末期南北雙方達成奉張退出、關內統一關外形式合作的協議;但張作霖出關後卻慘遭日軍炸死,遂使東北問題發生變數陷入僵局。先前當南方兵臨北京城下時,日方即迫張作霖在滿蒙利權問題上讓步,以換取日軍出兵抵禦北伐;然而雙方年來在東北的摩擦已使張作霖不願再與日合作。故當張作霖通電下

---

80 <津郊秩序恢復之希望>,《大公報》,民國17年6月24日,第一版,社評。

81 <一誤不堪再誤>,《大公報》,民國17年9月3日,第一版,社評。

82 朱浤源,<白崇禧與北伐最後一戰>,《中華軍史學會會刊》,第2期,紀念北伐七十週年專號,臺北:中華軍史學會,民國86年5月,頁132-138。

83 <津東戰後之急務>,《大公報》,民國17年9月15日,第一版,社評。

84 <時間問題與數目觀念>,《大公報》,民國17年9月12日,第一版,社評。

野退回關外時，日本就在唯恐北伐追至東北的考量下，將張炸斃於歸奉途中，《晨報》當時就表示：「對於炸彈事件，疑為日本之陰謀」。[85]

　　繼起的張學良因日本殺父之仇，乃決定與國民政府合作，《大公報》就表示其具有完成國家統一的意願：「東三省為整個中華民國的一部，自上自下，渴慕統一，絕無二致」；[86]「希望東北易幟，及早實現，……如是則張氏之死，反鑄成新中國之統一」。[87]但儘管張學良懷有歸服之心，但懼於日本壓力遲遲未能宣佈，[88]《大公報》就說：「前傳國慶日東省易幟，最近消息，似仍展後，其原因自受日方之影響」。[89]面對東北奇特的外交環境，《大公報》也主張需以和平為重，表示：「望關內負責當局，特別重視，慎勿掉以輕心，須知外交險惡，於今為烈」。[90]最後經過奉寧日三方為時甚長的反覆折衝，東北終於在民國十七年十二月二十九日宣佈易幟，長達兩年半的北伐戰爭至此正式完成，《大公報》當天即以名曰＜大一統＞的社評加以紀念。[91]

　　由以上的論述可知，時間因素在長達兩年半的北伐戰爭中占居

85　＜張作霖專車在皇姑屯遇險＞，《晨報》，民國 17 年 6 月 5 日，第二版，奉天電通社電。

86　＜東北之游以後＞，《大公報》，民國 17 年 10 月 18 日，第一版，社評。

87　＜東三省之善後＞，《大公報》，民國 17 年 6 月 18 日，第一版，社評。

88　臼井勝美著，陳鵬仁譯，《張學良與東北》，臺北：聯經出版事業公司，民國 83 年 8 月，一版，頁 81-85。

89　＜東省易幟問題與田中內閣＞，《大公報》，民國 17 年 10 月 9 日，第一版，社評。

90　＜東三省民意如何＞，《大公報》，民國 17 年 7 月 9 日，第一版，社評。

91　＜大一統＞，《大公報》，民國 17 年 12 月 29 日，第一版，社評。

重要地位。隨著戰局的演進，北方報紙輿論對南方的評價也不斷調整；最後至北伐末期面臨南軍兵臨城下的壓力，《大公報》及《晨報》都分別做出對自己最有利的反應。

第五章　北方報紙輿論對北伐的意義與影響

　　在上兩章中，我們已瞭解天津《大公報》、北京《晨報》對北伐的反應，接下來則要探究這兩份北方報紙對北伐反應所代表的意義，及此反應對北伐局勢發揮的影響力。

　　近代中國報界的一個顯著特徵即是與政治關係密切，報紙輿論的傾向受報社自身政治背景影響甚多，這在評價北伐此一政治事件中尤為明顯。報紙輿論對北伐的評價，常可反映出其後政治勢力對北伐的看法；因此北方報紙輿論中的北伐，與北伐情勢下的北方報紙輿論，二者互為表裡恰是一體的兩面。

　　在我們整理北伐當時天津《大公報》與北京《晨報》時，一定能在釐清這兩份北方報紙對南方的基本態度時，發現二報對北伐的評價常有不盡相同之處。在著重二報的「北方」色彩後，本章則將重點放在二報的「報紙」角色上，從其對北伐的言論差異，探究《大公報》與《晨報》在中國南北政權變動下的不同生存之道。

　　本章共分三節，第一節從近代中國報界的文人論政特性，分析北伐情勢下《大公報》、《晨報》所受之政治壓力與對應模式；第二節以內容分析法比較二報對北伐的言論差異，試圖由政治關係與交際網絡解析其中代表的意義；第三節探討二報當時的銷售數量與讀者數字，藉以推論二報反應對北伐成敗的影響力。

第一節　北伐情勢下的北方報界

　　北伐時期的報紙輿論與今日的報紙輿論其實有甚大差距，當時中國新聞專業還不發達，政治上的言論管制又大，民眾識字及購報能力更不能和現在同日而語。因此分析天津《大公報》、北京《晨報》對北伐的反應後，尚須釐清當時北方報紙的特性，才能瞭解北方報紙輿論對北伐反應之侷限與意義。

　　本節即欲呈現北伐情勢下北方報界的概況，在論述上分兩部份加以處理：首先，分析清末民初以來中國報紙的「文人論政」特質，釐清文人報與政治力間的曖昧關係，並探討北伐變局帶給北方報界的壓力與考驗；其次，從政治力對文人報的利用與壓制入手，探究《大公報》與《晨報》所受到的言論管制，藉以呈現北伐時期二報所處的新聞環境。

一、　「文人論政式」的報紙

　　中國報紙出現的年代很早，漢唐時有「邸報」，宋明時有「朝報」，清代有「京報」，但都屬於傳達政令的官方佈告性質，與現代報紙的概念相差甚遠。[1]清末隨著通商口岸的開放，西方報刊思想傳入中國，外人為了經商方便而在華籌辦商業報紙，於是以新聞、商業為取向的新式報紙逐漸在中國出現。這些報紙在通商口岸迅速發展，從清末的中外合資到民初國人獨力經營，內容擴展銷量日上，新聞專業也漸有進步，最有名的有上海《申報》及《新聞報》等

---

[1] 袁昶超，《中國報業小史》，臺北：新聞天地出版社，民國46年，頁1-19。

。2

　　不過清末以來還有一種新式報紙也蓬勃發展，迴異於通商口岸的商業性報紙，一些政治都市出現截然不同的政論性報紙。這種報紙是中國知識份子議政傳統與清末時代變局下的產物，面對國難當頭的壓力，有志之士紛紛起而鼓吹改革，他們利用報紙抒己見開民智，呈現一股濃烈的文人論政風格。言論救國的思想在戊戌變法時極為盛行，3梁啓超就表明辦報有益於國事，政治良窳是報人的責任。4

　　民國成立以後隨著組黨風氣，政論性報紙更加流行，自民初到北伐成功前，這些政論性報紙大體仍延續清末時期的特點：第一，多半分佈在政治性的大都市，尤以首都北京為最；第二，報紙內容偏重政論，通常是一兩個知識份子閉門大書己見，並不注重新聞探索，意見的發揮多過於事實的報導；第三，報社資本小廣告少，財務絕少做到自給自足，所以常不得不依賴政治勢力的幕後支持；第四，報紙壽命短暫，不是因經濟破產而倒閉，就是因所言不合於當局而遭封禁。5

　　本書使用的天津《大公報》、北京《晨報》，就屬於這種文人論政式的報紙，二報的歷史甚為悠久，言論傾向也隨著各階段的政治情勢而有改變。北伐時期面臨中國南北內戰的變局，二報的應對

---

22 林友蘭，＜中國報業報學與報人＞，《報學》，5 卷 2 期，民國 63 年 6 月，頁 75-77。

3 胡太春，《中國近代新聞思想史》，太原：山西教育出版社，1994 年 7 月，一版，頁 102。

4 石永貴，《大眾傳播的挑戰》，臺北：東大圖書公司，民國 76 年 3 月，一版，頁 194-197。

5 彭歌，《新聞三論》，臺北：中央日報出版部，民國 71 年，頁 74-75。

方式不甚相同；相較之下，《大公報》的言論立場較支持南方，《晨報》則偏向北方奉系；因此隨著南方北伐的日趨勝利，二報後來的命運亦相差甚多。以下即試圖整理當時《大公報》與《晨報》的相關言論，以釐清北伐威脅下二報所處的新聞環境。

北伐時期南方報界因國民黨的主政而產生許多變化，且這些變化隨著北伐戰事日益衝擊到北方報界。北伐初期因國民黨採取聯俄容共政策，南方報界沾染上工運風潮，罷工加薪時有所聞，《晨報》就多次記載：「廣州報界自民國以來，無往不受人摧殘，報館隨時可以封禁，記者隨時可以槍斃，蓋以數見不鮮。今消息傳來，又因勞工要求加薪，除一二黨報外，餘均全體停刊，實屬駭人聽聞」；[6]「印刷工人之態度，比前尤為強硬，乘此時機，又再正式提出加薪，其要求條件極為苛酷，……其他尚有涉及編輯權限，……以後關於正確之勞動新聞，需盡量刊載，如有誣蔑工人及工會之新聞時，印刷工人得自由抽取之」；[7]可見其對南方報界的左傾激進頗感不以為然。

另外在國民黨一黨專政的言論箝制下，南方報界的發展亦大受影響，為黨服務的黨報如《民國日報》、《中央日報》等，業務蒸蒸日上；原本有名的商業性大報如《申報》、《新聞報》等，反失去以往的自由而漸走下坡。《大公報》就記載：「漢口民國日報，……每月開支六千元，其經濟之充裕，誠為漢口各報空前未有」；[8]

---

6 執中，＜廣州報界大罷工＞，《晨報》，民國 15 年 8 月 4 日，第五版，廣州特約通信。

7 執中，＜廣州報館尚難復業＞，《晨報》，民國 15 年 8 月 10 日，第五版，廣州特約通信。

8 ＜黨治下之漢口新聞界＞，《大公報》，民國 15 年 11 月 22 日，第六版，

《晨報》亦說：「上海報界，自去年國民軍到滬而後，形勢為之一變。向來滬市有大報十一家，小報三十餘家，而在社會上有聲譽者，亦不過三數家耳，民黨機關報，向來礫之無聞。今則時移世邊，黨報隨大勢之激進，一躍而為最時髦之報紙矣」，[9]這些改變實令當時北方報界憂心感慨。

在畏於當局言論管制及尋求發展空間的雙重考量下，南方原本政治相當中立的老字號報紙亦不得不適應環境的改變，紛紛調整自己以配合南方主政的國民黨，《大公報》就說：「滬上自黨軍佔領，各報殆已全成黨化，每日登載消息，千篇一律，令人閱之鬱悶」。[10]《晨報》也記載上海各報在孫中山誕辰時，「均於報頭犧牲四十四行地位，刊登中山像及其遺囑」；[11]而太原各報在閻錫山轉歸北伐陣營後，「為表示誠摯之歡迎起見，皆於一二三四版版欄之外，登載種種標語，如『打倒竊取本黨黨權之共產黨』、『中國國民黨山西省黨部萬歲』等等」。[12]

南方報界在當局黨化宣傳的影響下，亦常出現誇大不實的作風，令當時北方報界反感困惑，《大公報》說：「今年宣傳之最盛而最劣者，是為南方，當津浦戰事相持時，寧滬報紙，口載黨方官電

漢口特訊。

[9] <滬報界一年來變遷>，《晨報》，民國 17 年 2 月 22 日，第六版，上海特約通信。

[10] <南政雜記（八）>，《大公報》，民國 16 年 10 月 15 日，第二版，旅行記者寄自上海。

[11] 了了，<慶祝孫誕中忽樹五色旗>，《晨報》，民國 16 年 11 月 21 日，第五版，上海特約通信。

[12] <宣傳標語之太原>，《晨報》，民國 16 年 6 月 14 日，第二版，太原特約通信。

，不日攻過兗州，即日將迫濟南，千篇一律，每日皆然，而其時事實，僅在臨城滕縣間相持已耳」；[13]而「各報仍一律照例地刊載勝利電報，不惟蚌埠未失，徐州似亦無恙」。[14]南方報界在國民黨強力動員下，一改原先忽視政論專事商情的新聞走向，變成爲黨服務積極宣傳北伐。

隨著南方北伐的日益進展，位居北方的《大公報》、《晨報》本身也漸漸受到衝擊。面對南方勢力的膨脹，北方人民對南方的瞭解也愈急切，北方報紙只好大幅增加報導南方的篇幅，《晨報》曾登改版啓事表示：「現時局日益複雜，政治中心，已非一處，各省新聞，皆極重要，南中制度，變革甚多，社會制度，尤應調查。……務期本報成為今日全國現象之縮影，……各省特約通信通信員已特別增加或改良」。[15]除各地派有特約記者外，二報也常有旅行記者實地南訪，《大公報》曾在民國十六年三月六日至八日，於第二版連載「南行視察記」三篇；十月七日至二十一日，於第二版連載「南政雜記」十二篇；十一月五日至十五日，於第六版連載成季的「南遊雜感」十一篇；十一月二十四日至二十七日，於第二版連載天鵝的「一個來回」四篇。《晨報》曾在民國十六年一月十四日至十七日，於第二版連載憂時生的「喬裝視察武漢記」三篇；七月十日至十三日、八月二十三日至二十七日、九月一日至四日，於第二版分別連載莫愁樓主人的「天下大事究竟如何」三篇、「蔣介石何

13　<宣傳與事實>，《大公報》，民國 16 年 10 月 11 日，第一版，社評。
14　<蔣介石下野之因果（一）>，《大公報》，民國 16 年 8 月 21 日，第二版，上海通信。
15　<本報整理紙面擴充記載及改革內容之新計畫>，《晨報》，民國 16 年 5 月 25 日，第二版。

以下野」五篇、「黨軍前途如何」四篇。顯示二報在北伐戰爭的壓力下，相當用心於南方新聞的發掘。

南方北伐的氣勢強盛，也使支持立場殊異的《大公報》與《晨報》，在南盛北衰的持續消長中，走向完全不同的結果。較傾向北方奉系的北京《晨報》，在整個長達兩年半的北伐戰爭中，基本上是經歷一個由盛轉衰的過程。面對北方不敵的事實，《晨報》與北方當局相對良好的關係便再不是該報有利的籌碼，反成為人心倦離的首要對象。在北軍節節敗退的情況下，《晨報》受制於政府當局的言論檢查，無法刊登北伐的實際戰情，越來越多的「官方消息」與「開天窗」使人懷疑生厭，漸漸走上流失讀者的命運。《晨報》在既不喜歡南方、又無法扭轉北方局面的兩難下，最後隨著奉張退出北京而宣佈停刊歇業：

> 本報創刊倏屆十稔，日處不滿意環境之中，委曲求全，冀有
> 所自獻於社會，聊盡匹夫有責之義。乃為事實所限，所欲言
> 者，既未及什一，而所言者，又未為各方所瞭解，圖求苟存，
> 毫無意義，用是決自本日起停刊，與吾愛護本報之讀者告
> 別！[16]

另一方面，相對於當時北方的諸多報紙，天津《大公報》是其中較不敵視南方的北方報紙；因此隨著南方北伐的日漸進展，本身也因而水漲船高。該報雖在清末即已存在，但其間曾多次中斷改組，因此本書所使用的《大公報》，事實上是民國十五年九月北伐開始後的兩個月，才由胡政之、張季鸞等人接辦的。該報創刊之初，

---

[16] ＜本報停刊啟事＞，《晨報》，民國17年6月5日，第二版。

曾表明「不黨，不賣，不私，不盲」的立場，[17]初期言論亦頗能堅
守中立原則，對北伐雙方不作左右袒；但隨著南方戰事的持續進展
，其立場逐漸有逐步偏向南方的趨勢。另外從業務發展上來說，《
大公報》創刊之初的廣告十分少，報紙的篇幅形式亦未具規模；然
而隨著時間的進展，該報的廣告越來越多，報紙張數也不斷增加。
因此《大公報》在北伐期間大致經歷一個由衰至盛的過程：隨著時
間的進展，其言論日益傾向南方；而隨著言論日漸傾向南方，報紙
的業務反而越來越好。

　　但《大公報》與《晨報》在北伐期間的反應改變，並不能單從
言論傾向歧異上去理解，還要將其放入中國近代報刊發展史的長流
裏，觀察其中展現出文人報與政治力的依違過程。《大公報》與《
晨報》雖在北伐情勢下顯得支持有異，但從政論性報紙的角度來看
，這些分歧亦只是兩派文人的政治取向不同罷了。

　　迴異於通商口岸的商業性報紙，中國政治都市中的文人喜歡以
辦報的方式表達己見；但因這種報紙不重新聞、商情，所以很難招
到廣告，在無法維持之餘，常會淪於拿政黨政客的錢，而成為某黨
某派的機關報。[18]所以政論性報紙的穩定性甚差，一些堅守獨立不
受外援的報紙，常會因財務困難而倒閉破產；而拿政治支助的報紙
，也會因支持派別在政治上失利而隨之傾覆；另外又因批評政事常

---

17 記者，＜本社同仁之旨趣＞，《大公報》，民國15年9月1日，第一版。
18 報紙的成本極高，除記者員工的薪資外，紙張、郵寄的費用也極可觀，故
　單靠售價根本無法維持平衡，只有依賴廣告收入才能彌補虧蝕。但民初戰
　火連天經濟發展有限，除上海外，其他地方根本沒有蓬勃的工商可提供充
　足的廣告來源，所以政論性報紙在迫於經濟艱困的環境下，只好接受政治
　團體的津貼。

遭當局言論檢查，稍有不慎即有遭封遭禁的危險。

　　從新聞發展史的角度來看，中國近代會出現這種政論性報紙並不足爲奇；除清末民初的國事紛亂引人關注外，新聞專業條件不足也是不能快速突破的主因。新聞環境的成熟牽涉到社會各方面條件的配合：人民識字率的提昇，經濟購買能力的穩定、交通通信設施的發展、政治上言論自由的保障等等，都不是短時期就能達成的；故清末才從外國輸入的新聞專業知識，當然不可能立即步上軌道。

　　於是清末民初中國報界呈現一個兩極發展的情況：一種是商業性報紙，如上海《申報》、《新聞報》等；另一種是政論性報紙，如北京《晨報》、天津《大公報》。北伐時期南方的黨報如上海《民國日報》、南京《中央日報》等，也是屬於政論性報紙，只是支持的政權不同而已。直至北伐結束後，因中國政治步入訓政一元化，以及社會上經濟、文化、交通、新聞各方面的發展成熟，政論性報紙才逐漸失去發揮空間，而與商業性報紙合流，發展出兼具社論、新聞、商情的綜合性報紙，經營方式也日益趨向企業化。

　　北伐完成後南京取代北京成爲首都，北方報界的重要地位驟然下降，《大公報》說：「南京新聞記者，乃多如過江之鯽，滬平津各報，競設通信部」。[19]而國民政府亦有自己一套新聞政策，《大公報》脫離北方軍閥的統治，卻也落入另一個言論管制的環境中，故該報雖因傾向南方而在北伐完成後聲勢日高，但亦時常湧現文人獨立論政的感懷，表示：

> 本報續刊之時日，革命軍已越汀泗橋而迫武昌城下，……即
> 屢著論宣告軍閥政治之必崩潰，由今觀之，不曾預言果中。

19　冬心，＜南遊雜記＞，《大公報》，民國17年11月13日，第三版。

　　　　爾來兩年間，雖因環境嚴重，評論記載，俱不免有所諱，然

　　　　始終努力在盡可能範圍內宣佈較正確之消息與言論，各方讀

　　　　者，亦深相愛諒，故銷數日增，信用日著。……但本報絕非

　　　　任何方面之機關報紙，……立論精神，今昔則同。[20]

　　總之，北伐時期《大公報》與《晨報》在南北政權互易中受到
雙重的政治壓力，他們所顯現的種種反應，及所遭遇的種種命運，
只是依靠不同政治勢力的不同結果而已；中國報界在北伐時期的政
治取向抉擇，也只是文人報與政治力依違過程中的一個突出點而已
。

二、　　北伐時期的言論管制

　　翻閱北伐時期的北方報紙，一定能發現報上常有許多「開天窗
」的空白區塊，可見受到政府當局的檢查管制。這些遭刪除的痕跡
與報上存留可見的文字一樣重要；因為北伐期間北方軍閥處心積慮
想要封鎖的消息，正是其面對南方挑戰的反應舉動，故絕對不能加
以忽視。以下即探究北伐時期南北當局的言論管制情形，分析報紙
留白與戰局發展的關係，藉以釐清北方報界所受的輿論限制。

　　西方近代新聞自由的思想，導源於十七、八世紀的自由主義，
一般包括探訪自由、刊載自由以及議論自由三者；清末新式報刊傳
入中國，國人也漸有輿論至上的觀念，認為秉公議政是一種社會責
任。[21]然而政府當局基於鞏固政權的考量，通常不能容忍新聞自由

---

[20] ＜本報續刊二週年之感想＞，《大公報》，民國17年9月1日，第一版，
　　社評。

[21] 謝蕙風，《民國初年新聞自由的研究（1912-1928）》，臺灣師範大學歷史

漫無章法，因此國家與報紙之間，就形成一種政治與社會的角力關係。這種現象在清末民初的政論性報紙中更形明顯，因為政論性報紙不重新聞只靠主筆的政見吸引讀者，常會因針砭時事而冒犯當局。一般政府箝制報業的方式有下列數種：利祿賄賂、郵電檢查、限制刊載、報紙檢查、禁遞禁售、封館拘人等。22

清末西方新式報業傳入中國後造成辦報熱潮，面對難以控制的新聞界，清廷即著手制訂報律，光緒三十二年（1906）頒佈「報章應守規則九條」，表明報章不得詆毀宮廷妄議朝政；光緒三十三年（1907）正式頒佈「大清報律」四十五條，詳細規定違反者的罰金與刑期。23民國成立後滿清時代的報律紛紛撤銷，24「臨時約法」表明人民有言論出版的自由，因此報刊蜂起盛極一時，全國報紙由十年前的一百多種，驟增至五百多家。25但不久因袁世凱專制政權的建立，報界的榮景與自由便快速消失，至民國二年（1913）底，全國只剩下一百三十多家報社，與辛亥革命後蓬勃發展的五百多家相比，急遽減少三分之二。袁世凱在民國三年四月頒佈「報紙條例」三十五條、同年十二月又頒佈「出版法」，對新聞言論大加壓制，總計自民國元年四月至民國五年六月，全國報紙至少有七十一家

研究所碩士論文，民國75年7月，頁9-13。

22 出處同上，頁108-114。

23 劉哲民編，《近現代出版新聞法規彙編》，上海：學林出版社，1992年12月，一版，頁30-34。

24 但民國成立後關於新聞法規的制訂還曾引起一場風波，南京臨時政府曾在民國元年3月4日發佈「民國暫行報律」三條，後因引起各方反對而於3月8日宣佈取消。

25 劉家林編著，《中國新聞通史》，上冊，武昌：武漢大學出版社，1996年5月，一版，頁330-331。

被封，九家被搗毀，四十九家遭傳訊，記者二十四人被槍殺，六十人入獄，報業凋零陷入低潮。[26]袁死後中國進入軍閥割據時期，軍閥對報界的控制也是不遺餘力，許多報人在軍閥派系鬥爭中慘遭犧牲，民國十五年四月《京報》的邵飄萍即被奉系軍閥張作霖以「勾結赤俄，宣傳赤化」為名處死。[27]

民國十五年七月北伐開展後，戰爭狀態使北方軍閥的言論管制更加嚴厲，《大公報》說：「時局現在嚴重極了，……辦報的人，當然要小心火燭，不敢亂發議論」；[28]而「因時局關係，報界不能保持通信之自由」。[29]因此時常有殘害報界的事情發生，《晨報》就記載：「東南風雲，日趨險惡，……孫傳芳為本身利害計，……郵政電報檢查益嚴」；[30]「社會日報經理林白水通敵有證，著即槍斃」；[31]「某軍警機關派兵前往……民立晚報館，逮捕該報記者成濟安」；[32]「某機關兵士至中美晚報館，即令停止出報，並將該報廣告人張德祿及中美通信社黃覺民兩人帶去問話」；[33]「益世報因登載軍事電報，被警廳將編輯朱鑑堂傳去後，前日警廳又將該報佈

---

26 復旦大學新聞系新聞史教研室，《簡明中國新聞史》，福州：福建人民大學出版社，1986年2月，一版，頁134-135。

27 白潤生、張淑華，《百年沈冤：中國新聞人物被難錄》，南寧：廣西人民出版社，頁39-43。

28 ＜時局的注意點＞，《大公報》，民國16年3月11日，第一版，社評。

29 ＜寧蔣行蹤＞，《大公報》，民國17年2月18日，第一版，社評。

30 寒秋，＜風雲色變之東南＞，《晨報》，民國15年8月28日，第五版，南京特約通信。

31 ＜林白水昨晨槍決＞，《晨報》，民國15年8月7日，第六版。

32 ＜成舍我昨早被捕＞，《晨報》，民國15年8月8日，第六版。

33 ＜中美晚報昨日停刊＞，《晨報》，民國15年8月28日，第六版。

告查封」。[34]北方報界面對新聞輿論環境的日趨艱難，態度變為小心謹慎，並常發揮團結合作的精神營救被捕的同業，《晨報》刊載：「北京各報館各通信社記者數十人，……討論營救世界通信社記者孫鑑秋等辦法」；[35]「持北京各報館通信社記者親行簽名之函，分謁陳興亞張學良兩氏，請保釋孫君出廳就醫」。[36]

　　從民國十六年（1927）一月開始，北方軍閥當局因北伐戰事日益緊急，乃擴大新聞報紙的檢查控制，《晨報》遂時常出現被刪的痕跡，曾刊登啟事說明情形：

> 警廳勒令區署傳告本報，每晚發稿，應先送區呈廳檢查，本報自應遵令照送。惟本報銷數過多，不能待稿發還，始行鑄版，以後如有禁載之件，只得就原版刮去原文，報上自不免有空白之處。尚有因檢查費事，或致本報不能準時送達，均祈閱者原諒為幸。[37]

　　但翻閱同時期的《大公報》，卻可發現其報上的文章相當完整，幾乎沒有一點被刪過的痕跡，與《晨報》相較，二報所受的新聞管制並不成比例。《大公報》之所以能躲避北方當局的新聞檢查，主要原因是其位居天津日租界內。清末民初的外國租界不受中國政府管轄，報刊審查制度也因此對租界鞭長莫及，而令避居於外國租界的中國報紙享有較高的言論自由[38]。所以址設北京市內的《晨報

34　＜北京益世報前日被封＞，《晨報》，民國16年6月6日，第六版。

35　＜新聞界營救孫鑑秋＞，《晨報》，民國16年4月5日，第六版。

36　＜新聞界請釋孫鑑秋＞，《晨報》，民國16年4月6日，第六版。

37　＜本報緊要啟事＞，《晨報》，民國16年1月1日，第二版。

38　包濟寧著，李連江譯，《筆桿裡出民主》，臺北：時報文化出版公司，民國84年3月，一版，頁196-197。

》文章經常被刪，但《大公報》卻能得到外國租界的庇護。

　　因爲《晨報》將這些被政府刪除的地方挖白處理，而在其上橫貼社內廣告稍加掩飾，所以這些被刪的痕跡，大致都可以明顯地看出來。下表就統計被刪篇幅的面積，探究北伐期間《晨報》所受言論管制的增長情形；並由對照前後文及時事的方式，推敲這些被刪文字的內容大致爲何。

《晨報》新聞被刪記錄表（民國 16~17 年）

日期			版次	被刪篇名	面積 平方公分	推測內容
年	月	日				
16	1	1	3	豫西戰事轉劇	68	前線戰情
		8	3	（全篇刪無篇名）	448	不詳
		9	3	豫西戰事無大發展	20	前線戰情
		12	2	孫軍進攻嚴州	24	前線戰情
		14	3	褚玉璞到蚌埠	32	前線戰情
			3	孟昭月催魯張南下	22	前線戰情
			3	（全篇刪無篇名）	50	前線戰情
		18	3	（全篇刪無篇名）	32	前線戰情
		20	3	斬田樊劉大聯盟說	20	前線戰情
		25	2	（全篇刪無篇名）	132	前線戰情
		27	2	互相牽制之豫局	16	前線戰情
	2	13	2	孫軍集中富陽	38	前線戰情
				奉軍五萬行將渡河	6	前線戰情
	4	2	2	皖北局面開展	26	前線戰情
				（全篇刪無篇名）	28	前線戰情

				文題		
				（全篇刪無篇名）	28	前線戰情
	5	2		奉軍積極進攻鄲城	12	前線戰情
5	3	2		（全篇刪無篇名）	40	不詳
				（全篇刪無篇名）	56	不詳
	7	2		（全篇刪無篇名）	38	不詳
	29	2		（全篇刪無篇名）	272	前線戰情
6	3	2		時局複雜中閻錫山真態度	8	閻晉態度
	7	2		（篇名被刪）	56	閻晉態度
				東天門晉軍停駐井陘	4	前線戰情
	23	2		（全篇刪無篇名）	24	前線戰情
7	5	2		蔣介石調兵西征	40	南方消息
				魯軍由兗州集中界河	50	前線戰情
	6	7		（全篇刪無篇名）	108	不詳
	13	2		大軍集中徐州	12	前線戰情
	14	2		五大勢力錯綜複雜	32	閻晉態度
	19	6		（全篇刪無篇名）	252	南方消息
8	19	2		孫軍昨晨抵烏衣	54	前線戰情
	29	2		棲霞山附近南北軍激戰	12	前線戰情
9	1	2		唐生智出兵攻皖	28	前線戰情
		6		汪精衛等解釋漢兵南下	92	南方消息
	3	2		烏龍山方面孫軍繼續苦戰	20	前線戰情
				寧漢兩派依然不滿	36	南方消息
	4	2		孫軍力謀鞏固後方	36	前線戰情

		5	6	（全篇刪無篇名）	368	不詳
		6	6	孫軍固守江北	10	前線戰情
		8	6	孫傳芳軍猛攻滁州	80	前線戰情
		14	2	（全篇刪無篇名）	68	前線戰情
			6	孫軍曾迫朝陽門	12	前線戰情
		21	6	（全篇刪無篇名）	336	不詳
		27	7	（全篇刪無篇名）	84	不詳
		28	2	（全篇刪無篇名）	68	南方消息
			7	京大各學長昨訪劉哲	36	學生運動
	10	2	2	（全篇刪無篇名）	80	南方消息
		5	1	（全篇刪無篇名）	12	前線戰情
		7	2	（全篇刪無篇名）	16	前線戰情
			2	（全篇刪無篇名）	6	前線戰情
		9	2	保定南北軍配置	120	前線戰情
				（全篇刪無篇名）	14	前線戰情
				（全篇刪無篇名）	28	前線戰情
		10	2	（篇名被刪）	32	外交關係
		13	2	（全篇刪無篇名）	18	前線戰情
		19	2	（全篇刪無篇名）	26	前線戰情
				奉軍進駐阜平平山	8	前線戰情
		23	2	（全篇刪無篇名）	14	前線戰情
				（全篇刪無篇名）	80	不詳
		29	2	（全篇刪無篇名）	12	前線戰情

17	1	29	2	奉馮軍大決戰在即	24	前線戰情
		30	2	（全篇刪無篇名）	32	不詳
	2	8	2	停戰議和無可能性	44	前線戰情
		16	2	馮軍調動忙	14	前線戰情
	4	19	2	（全篇刪無篇名）	96	前線戰情
		20	2	（全篇刪無篇名）	20	前線戰情
		21	2	（全篇刪無篇名）	32	前線戰情
		22	2	（全篇刪無篇名）	84	前線戰情
				（全篇刪無篇名）	104	前線戰情
			6	（全篇刪無篇名）	180	不詳
		26	2	（全篇刪無篇名）	44	前線戰情
		28	2	孫傳芳赴界首督師	7	前線戰情
	5	2	2	（全篇刪無篇名）	46	前線戰情
		3	2	（全篇刪無篇名）	28	前線戰情
				（全篇刪無篇名）	44	前線戰情
		14	2	風起雲湧之北京學界反日運動	36	學生運動
				（全篇刪無篇名）	24	不詳
		15	2	（全篇刪無篇名）	196	前線戰情
			3	（全篇刪無篇名）	36	不詳
		18	3	（全篇刪無篇名）	64	前線戰情
				濟南日僑	8	外交關係
				（全篇刪無篇名）	72	前線戰情
				（全篇刪無篇名）	384	前線戰情

		22	2	各路戰局無變動	3	前線戰情
		26	3	（全篇刪無篇名）	176	不詳
		30	3	濟南事件與今後救國大計	8	外交關係

由上表可知北伐期間《晨報》常被政府檢查，內容有所刪除，被刪的篇幅面積與戰局進展有密切關係。我們試圖以十天爲一單位，對照時事統計《晨報》被刪篇幅的成長趨勢（見 239 頁折線圖），可發現戰局越是激烈，該時期《晨報》的被刪面積就越多，幾次新聞被刪的高峰都是戰局緊張之時。若是對照時事、前後文推敲被刪內容（見 240 頁餅狀圖），即可發現其中以前線戰情的種類爲最多，顯示北方當局在戰局失利的壓力下，禁止《晨報》刊登不利於北軍的消息。

雖然北伐時期北方的言論管制甚嚴，但當時南方的新聞環境也不佳。南方在北伐壓力及國民黨一黨專政的政策下，報界受到嚴密的言論箝制，《晨報》記載：「黨軍現已下令向前攻擊，因防止軍事消息起見，特由總司令部政治部，制訂檢查新聞條件」。[39]而南方的新聞檢查條例十分嚴厲：「凡報館及通訊社，如有發表違背黨義及不利於革命之記載，而拒絕檢查者，除將該報館通信社即行封禁外，所有負責人員一律以軍律懲辦」。[40]所以南方報界常因不慎而遭迫害，《晨報》即報導：「上海新聞報因登蔣介石北伐一週紀念廣告，蔣字誤刊獎字，結果將誤刊此字之打紙板工人兩名，送至

---

[39] 悟非，＜湘省報界厄運＞，《晨報》，民國 15 年 8 月 30 日，第五版，長沙特約通訊。

[40] 張家森，＜南軍治下之湖北＞，《晨報》，民國 15 年 12 月 4 日，第三版。

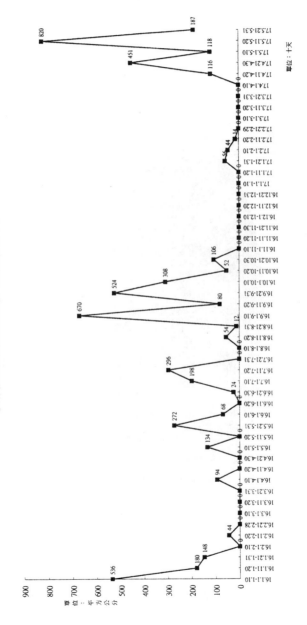

晨報被刪篇幅成長趨勢圖（民國16~17年）

單位：十天

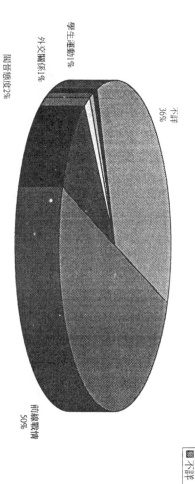

長報被刪內容種類比例圖（民國16~17年）

前線戰情
南方消息
閣嘗態度
外交關係
學生運動
不詳

前線戰情
50%

不詳
36%

南方消息10%

閣嘗態度2%

外交關係1%

學生運動1%

警察司令部，各判徒刑半年」；[41]《大公報》也刊載：「大漢報記者被拘，因發表不利南軍之消息」；[42]而「寧政府以新出之國新日報持論不當，今午由公安局查封之」。[43]

　　對於南方報界的被迫黨化，當時北方報界紛紛表示反感，《晨報》說：「黨軍攻下一地，首先注意之事，即為接辦當地報館，……各報之本外埠新聞，需盡量登黨務，而且各報需常登其黨綱，免費不收，故近來上海報，打開一看，黨務占面積十分之七八耳」；[44]而「上海報紙完全失去自由，每日登載，宛類前清之宮門鈔，戰爭消息不必論，即政治新聞亦只有自公的機關發出者，始許登載。報紙所載並非新聞，盡係宣傳物，對於黨政府自不敢有所忠言，此為我國報界未有之劫運」。[45]所以北方報界嚴厲批評南方殘害新聞界的作為，《大公報》表示：「我們要求的是真正由衷的人類語言，這才表現得出人類的各種思想」；[46]《晨報》亦謂：「吾人所信仰者，民主政治也，而民主政治之基礎，首在言論自由」；[47]故「最可異者，黨政府以為言論可以統一，故憑藉武力，壓迫異己」。

---

[41] ＜滬報純黨化＞，《晨報》，民國16年8月1日，第三版，上海特約通訊。

[42] ＜粵軍在漢情形＞，《大公報》，民國15年9月16日，第三版。

[43] ＜封報館＞，《大公報》，民國17年8月3日，第二版，上海專電。

[44] 了了，＜黨之宣傳政策與報紙＞，《晨報》，民國16年6月18日，第五版，上海特約通訊。

[45] 莫愁樓主人，＜國民黨能統一耶（四）＞，《晨報》，民國16年11月26日，第二版，寄自上海。

[46] 李增濃，＜來一回漫談＞，《大公報》，民國17年11月3日，第十版，公開評論。

[47] ＜民主政治必以言論自由為基礎＞，《晨報》，民國17年3月17日，第二版，社論。

48

　　北伐時期南北報界都受其軍政當局的言論管制，而復因南北處於內戰敵對的戰爭狀態，報界的空間更形狹小敏感，常爲戰事報導的問題動輒得咎，《大公報》就說：

> 新聞界在今日，可謂無立足之地矣，蓋在討赤軍範圍內而所載事實有不利於討赤軍者，輒以赤化目之；而在粵軍範圍內而所載事實有不利於粵軍者，輒以反革命目之；甚至同一地點之同一報紙，當北軍掌權，則受赤化之嫌，及南軍到來，又蒙反革命之禍。……在北則不欲官場以外有消息，而官場復不供給消息；在南則不欲黨的宣傳而外有其他宣傳，而黨之宣傳，復不能正確。[49]

　　北伐完成後中國統一在國民政府下，北方報界剛脫離北洋軍閥的新聞迫害，從此又要接受南方國民黨的言論箝制，《大公報》記載國府：「決議取締報紙載不確及應秘密消息，嗣後會議結果除公佈者外不准登」。[50]因北伐結束後國民政府實行訓政，在一黨專政的言論控制下，民國十九年（1930）十一月正式公佈「出版法」，對言論自由的約束毫不放鬆。[51]爾後隨著國家內憂外患的情形日益加劇，國民黨的新聞檢查更爲嚴厲，文人論政報的自由議政空間於

48　＜新廣告舊商品＞，《晨報》，民國 17 年 3 月 28 日，第二版，社論。

49　記者，＜赤化與反革命＞，《大公報》，民國 15 年 9 月 17 日，第一版，社評。

50　＜政治分會展期裁撤＞，《大公報》，民國 17 年 12 月 28 日，第二版，上海專電。

51　倪心正，《政治控制與新聞媒體之關係——上海「申報」社論研究》，臺灣師範大學歷史研究所碩士論文，民國 82 年 6 月，頁 63-65。

是越來越小。[52]總之由於政治環境的封閉及文人論政報本身的脆弱，報紙在與政治的角力中，常處於被動及受制的地位；北伐時期南北政權轉移下的報界反應，只是近代中國報紙與政治依違過程中的一個突出點而已。

---

[52] Lee-hsia Hsu Ting ,*Government Control of the Press in Modern China* ,Harvard University Press,1974,p.86。

第二節　《晨報》和《大公報》差異的意義

筆者在前已經指出，《大公報》、《晨報》對北伐的反應甚有差距，因二報都屬於文人論政式的報紙，既然身爲「文人」，就不可能沒有傾向；而且又是「論政」，則更不可能完全超脫。[53]所以這兩份北方報紙對北伐的評價歧異自屬難免，與當時其他北方報紙相比，《大公報》對南方的持論較爲中立友好，[54]而《晨報》則傾向支持北方奉張當局。[55]

本節即欲分析二報對北伐的言論差異與意義，在論述中將分兩個步驟加以處理：首先，以內容分析法比較《大公報》、《晨報》對南方北伐言論的差異幅度；其次，由報社政治背景及報人交際網絡解釋二報言論差異的原因與意義。

一、　二報報導及言論上的差異

大眾傳播的內容分析法(Content Analysis)是一種研究新聞媒體言論立場及態度傾向的方法，經由對分析材料予以選樣、分類、

---

[53] 許紀霖，〈中國自由主義之知識份子的參政〉，《二十一世紀》，第 6 期，香港：香港中文大學，1991 年 8 月，頁 38。

[54] 唐際清表示，大公報恢復出版正值北伐開展同時，該報不畏北洋軍閥的壓迫而忠實報導國民革命軍進度；見其著，〈天津報業的回憶〉，《中央日報》，民國 46 年 3 月 12 日，第七版，中央日報遷臺 8 週年特刊。而北伐後時人對大公報有「小罵大幫忙」蔣介石的評價；見曹世瑛著，〈大公報與胡政之〉，《文史資料選輯》，第 97 輯，全國政協文史資料研究委員會編，北京：中國文史出版社，1985 年，頁 105。

[55] 黃河編著，《北京報刊史話》，北京：文化藝術出版社，1992 年 10 月，一版，頁 77-78、140。

量化後，解釋統計出來的結果。本書將以此方法研究北伐當時的天
津《大公報》與北京《晨報》，試圖比較這兩份北方報紙對北伐評
價的差異。

在選樣方面，由於本書所欲探究者僅為有關北伐問題的言論，
故凡二報上與北伐問題無關之言論，皆不在選取範圍內。而選取的
對象主要是二報上的評論部份，即是二報本身的社論社評；純粹報
導性質的新聞部份，便不在選取範圍之內。不過必須先作說明的是
，因當時二報的編輯方式不同，[56]《大公報》的「社評」每天至少
有一篇，但《晨報》的「社論」卻非天天都有，所以就最代表報社
立場的社論社評而言，二報的篇數並不成比例，故酌以《晨報》上
主觀性質極濃的地方特約通訊補充之。就技術層面而言，此舉對分
析結果的公平性並無太大影響；因本內容分析的目的是求出二報的
平均言論指數加以比較，篇數不一的二報社論社評，在平均後仍能
得出該報的言論傾向指數。

分期分類問題上，本研究試圖將長達兩年半的北伐分為七個時
段分別加以分析，不僅能橫向比較二報各時期對北伐的不同反應，
還能縱向分析二報隨著北伐進展言論立場所發生的轉變。上述的分

---

[56] 二報的版面安排如下：《大公報》民國 17 年前都是八個版，一版社評及廣
　　告，二版國內新聞，三版國外新聞，四版經濟新聞，五版原先是廣告，後
　　改為副刊，六版各地通訊，七版本埠新聞，八版副刊；17 年起增為 10 個版，
　　9 月時更再增為 12 個版，一至八版如前，所增的九、十、十一版為週刊，
　　十二版廣告。《晨報》16 年 6 月前為 8 個版，一版廣告，二版國內新聞及
　　不定期的社論，三版國外新聞及不定期的時論投書，四版廣告，五版各地
　　通訊，六版本埠新聞及不定期的插畫，七版經濟新聞，八版廣告，其副刊
　　是另成一單張夾送的；16 年 6 月後增至 10 個版，一至四版如舊，五版改為
　　北京專欄，六版各地通訊，七版本埠新聞及不定期的插畫，八版廣告，九
　　版經濟新聞，原先單張發行的副刊合併移入十版。

期分類方式將在各階段分析時詳加說明。

　　本內容分析法的標準是將二報對南方北伐的言論，依文字意涵將分為三類態度，分別是：（1）贊成或稱許、（2）中立態度、（3）反對或批評；再將（1）與（3）依文字表達強度分為：[1] 極端地支持或反對、[2]適當地支持或反對、[3] 輕微地支持或反對，製成量尺如下圖所示：

量尺

贊成或稱許			中立	反對或批評		
極端贊成	適當贊成	輕微贊成	中立	輕微反對	適當反對	極端反對
+3	+2	+1	0	-1	-2	-3

　　從上面的量尺表中可知，分析是以對南方北伐的態度為基準，指數從 -3 至 +3，數值越大表示對南方越讚許，數值越小表示對南方越批判，試舉例說明如下：

例一：「國黨之擴張勢力，由於容共，因反共矣，國黨以何等政策與國人相見，此為解決國民與該黨之關係計，有絕對必要。」（記為 0）

例二：「彼南方革命，係為嶄新之一種國民運動，然觀最近國民黨少數幹部之行為，彷彿北方前此軍人政客縱橫離合之往跡。」（記為 -1）

例三：「國民黨日日高唱北伐，而不自覺其自身所得之病菌，正在繁殖，北伐成否，本不可知，而只圖北伐，不顧自身之治療，此無乃類患肺癆者，不自度量，而欲學健者之競走乎。」（記為 -2）

例四：「事實最為雄辯，國民黨治下之民眾，果曾享受解放之自由
　　　　否？苛徵暴斂，達於極點，壓迫殺戮，有類獸性。」（記
　　　　為 -3）

例五：「這幾個月來，各國對華願意改正條約的潮流，能忍心說和
　　　　國民黨沒有關係麼？」（記為 +1）

例六：「國民黨標榜的是『打倒軍閥』努力的是『打倒軍閥』的工
　　　　作，其所能博民眾之同情，因而得今日之成效者，也完全
　　　　由此。」（記為 +2）

例七：「國民政府完成統一之業，論其歷史，真不失為艱難險阻，
　　　　燦爛光榮，北方人民在軍閥積威之下，生活已久，想望新
　　　　局面之轉換，差不多是夢寐求之，積思成癖。」（記為 +
　　　　3）

　　　以下就依北伐當時的重要時事，將二報分為七個階段加以內容
分析：誓師北伐時期（民國 15 年 7 月）、攻打吳佩孚時期（民國1
5 年 8~9 月）、攻打孫傳芳時期（民國 15 年 10 月~16 年 3 月）、
南方內訌時期（民國 16 年 4 月~12 月）、重整北伐陣營時期（民國
17 年 1 月~4 月）、濟南慘案時期（民國 17 年 5 月）、接收京津時
期（民國 17 年 6 月）。

1.誓師北伐時期：

《晨報》北伐言論內容分析表(民國 15 年 7 月)

量史　　刊物	贊成或稱許			中立	反對或批評			總計	平均
	+3	+2	+1	0	-1	-2	-3		
《晨報》	0	0	0	4	2	2	0	8	-0.75
總計	0			4	4			8	

百分比	0%	50%	50%	100%	

　　因《大公報》在民國十五年七月北伐出動時尚未出刊，故此月只有《晨報》一報的言論分析。由上表可知，《晨報》在北伐出動時表現出靜默觀察的態度，故以指數 0 的中立言論最多，而平均言論指數為輕度反對之 -0.75，顯示《晨報》自始就不歡迎北伐，但當時南方尚未對北方造成嚴重威脅。

2.攻打吳佩孚時期：

《晨報》、《大公報》北伐言論內容分析表（民國 15 年 8~9 月）

量史 刊物	贊成或稱許			中立	反對或批評			總 計	平 均
	+3	+2	+1	0	-1	-2	-3		
《晨報》	0	0	0	5	2	2	1	10	-0.9
《大公報》	0	0	0	3	2	4	2	11	-1.45
總計	0			8	13			21	
百分比	0%			38.1%	61.9%			100%	

　　本時段研究民國十五年八、九月北伐軍攻打長江上游吳佩孚時二報的反應，因《大公報》在民國十五年九月出刊，故九月開始將《大公報》的言論加入分析，而八月部份仍只有《晨報》一報的言論分析而已。因為北伐初期南方的軍事進展十分快速，不及三個月即攻下武漢，北方人心因而大受震撼，故二報的言論指數都呈負面成長，《晨報》反對指數由北伐之初的 -0.75 擴大至 -0.9，而創刊不久的《大公報》更以強度反對的 -1.45 表示其對南方當局的不信任。

3.攻打孫傳芳時期：

　　　　《晨報》、《大公報》北伐言論內容分析表

（民國 15 年 10 月~16 年 3 月）

刊物 \ 量史	贊成或稱許			中立	反對或批評			總計	平均
	+3	+2	+1	0	-1	-2	-3		
《晨報》	0	0	0	5	15	4	0	24	-0.96
《大公報》	0	0	0	11	4	5	0	20	-0.7
總計	0			16	28			44	
百分比	0%			36.5%	63.5%			100%	

　　北伐軍打敗長江中游的吳佩孚後，不久目標轉向東南，朝長江下游的孫傳芳進攻。民國十五年十月至十六年三月，北伐軍事依舊相當順利，攻佔上海、南京大動天下視聽，更迫使孫傳芳北上求援。面對南方三分天下有其二的凌厲攻勢，《晨報》與《大公報》漸漸表現出不同的態度，《晨報》依舊保持其一貫的反對立場，而反對指數也從攻打武漢時之 -0.9 再擴大至 -0.96；但《大公報》的反對指數 -0.7 不但較《晨報》的 -0.96 爲小，且相較自身於攻打武漢時之 -1.45，有日漸縮小反對幅度的趨勢。

4.南方內訌時期：

《晨報》、《大公報》北伐言論內容分析表（民國 16 年 4~12 月）

刊物 \ 量史	贊成或稱許			中立	反對或批評			總計	平均
	+3	+2	+1	0	-1	-2	-3		
《晨報》	0	0	0	24	13	7	6	50	-0.9
《大公報》	0	0	0	25	9	21	16	71	-1.39
總計	0			49	72			121	
百分比	0%			40.5%	59.5%			100%	

　　北伐中期南方陣營卻陷入自身的嚴重內訌中，民國十六年四月

至十二月，從寧漢分裂、東征討蔣到廣州事變，國民黨內的紛爭始終不斷，南方陣營的聲望因而迅速下降。從上表可知，在南方內訌期間，面對北伐陣營的自亂陣腳，《大公報》與《晨報》一般是採取靜默的態度來觀察南方變化，故此時指數0之中立言論相當多。但二報也對國民黨內鬥流露出輕視的評論，故指數都是負數，《晨報》的反對指數為 -0.9，比攻打東南時之 -0.74 更擴大；而《大公報》更是以 -1.39 之高反對指數表達其對國民黨內訌的失望。

5.重整北伐陣營時期：

《晨報》、《大公報》北伐言論內容分析表

（民國 17 年 1 月~4 月）

量史\刊物	贊成或稱許			中立	反對或批評			總計	平均
	+3	+2	+1	0	-1	-2	-3		
《晨報》	0	0	0	6	4	5	19	34	-2.09
《大公報》	0	0	1	9	5	7	6	28	-1.29
總計	1			15	46			62	
百分比	1.6%			24.2%	74.2%			100%	

民國十七年一月至四月南方結束內爭重啟北伐，但因先前南方國民黨內鬥的印象還深深烙在《大公報》及《晨報》心中，故二報對南方當局依舊沒有好評。且因二期北伐的攻勢凌厲已漸次逼近北方，可謂進入南北雙方的最後決戰階段，二報在倍感戰局壓力的心態下，對南言論皆呈高反對傾向，《晨報》的反對指數高達 -2.09，《大公報》的批判幅度雖較《晨報》稍小，但亦屬於高度反對之 -1.29。

6.濟南慘案時期：

《晨報》、《大公報》北伐言論內容分析表（民國 17 年 5 月）

刊物　　　　量史	贊成或稱許			中立	反對或批評			總計	平均
	+3	+2	+1	0	-1	-2	-3		
《晨報》	0	0	0	5	1	1	1	8	-0.75
《大公報》	0	0	0	12	1	2	0	15	-0.33
總計	0			17	6			23	
百分比	0%			73.9%	26.1%			100%	

　　民國十七年五月日本製造「濟南慘案」阻撓國民革命軍開入北方，因此掀起外交與內戰孰輕孰重的爭論。此時二報基本上採取靜觀的態度，希望南北當局以和平為重，勿因內戰引來外交干涉，故以指數 0 的中立言論最多。同時二報也對蔣介石對日隱忍繞道北伐的作法頗有微詞，《晨報》的反對指數為 -0.75，《大公報》為 -0.33，《晨報》對南方的反對幅度依舊比《大公報》為高。

7. 接收京津時期：

《晨報》、《大公報》北伐言論內容分析表（民國 17 年 6 月）

刊物　　　　量史	贊成或稱許			中立	反對或批評			總計	平均
	+3	+2	+1	0	-1	-2	-3		
《晨報》	0	0	0	2	0	0	0	2	0
《大公報》	1	5	3	13	2	0	0	24	+0.58
總計	9			15	2			26	
百分比	34.6%			57.7%	7.7%			100 %	

　　民國十七年六月北伐戰爭進入最後階段，北方張作霖於六月二日通電下野，《晨報》隨即宣告關閉停刊，以行動表達其與北方當局共進退，並顯出其對南方當政的恐懼。故本時期的《晨報》只有

六天；而因局勢緊急停刊在即，故有關南方的言論很少，指數呈現
中立性質的 0，已不再對局勢表示意見。而《大公報》的反應最堪
玩味，言論指數大幅跳空增長至正面評價之 + 0.58，顯示其在南方
北伐成功接收北京天津後，急於向新政權表達親善歸服的心態。

在分期觀察比較《晨報》與《大公報》對南方北伐的言論傾向
後，最後試圖再將上述各期的分析結果結合在一起，觀察其縱向層
面所顯示出來的變化。首先就言論數量來看，在上述七期中二報對
南方言論的平均篇數如下所示：

北伐期間《晨報》、《大公報》南方言論篇數表

（民國 15 年 7 月~17 年 6 月）

分期	月數	總篇數	平均篇數
15 月 7 月	1	8	8
15 年 8 月~9 月	2	21	10.5
15 年 10 月~16 年 3 月	6	44	7.33
16 年 4 月~12 月	9	121	13.44
17 年 1 月~4 月	4	62	15.5
17 年 5 月	1	23	23
17 年 6 月	1	26	26

從上表可知，平均月篇數有漸漸增加的趨勢，表示隨著北伐戰
事的進展，《晨報》與《大公報》關於南方的言論越來越多，其對
南方的瞭解越來越急切。

其次，再就二報的言論指數加以探討，上述七期《晨報》與《
大公報》對南方的言論指數如下所示：

北伐期間《晨報》、《大公報》南方言論指數差異表

（民國 15 年 7 月~17 年 6 月）

分期	《晨報》	《大公報》	二報差數
15 月 7 月	-0.75	——	——
15 年 8 月~9 月	-0.9	-1.45	0.55
15 年 10 月~16 年 3 月	-0.96	-0.7	0.26
16 年 4 月~12 月	-0.9	-1.39	0.49
17 年 1 月~4 月	-2.09	-1.29	0.8
17 年 5 月	-0.75	-0.33	0.42
17 年 6 月	0	+0.58	0.58

　　由上表可看出下列幾點意義：第一，北伐期間《晨報》與《大公報》對南方的言論指數大體都是負數，顯示其基本上對北伐都心懷芥蒂，只是反對的幅度不同罷了。

　　第二，前後比較二報本身各期的言論轉變，可知《晨報》一直保持持續敵視南方的立場，而批判的強度亦隨時間進展而穩定增加。但《大公報》的言論則前後變化甚多：從北伐初期的輕視南方，到北伐順利後的漸次縮小反對幅度，而南方內訌時又卻對南方大加指責，但北伐末期又一躍而成為積極擁護，其言論傾向可謂曲折多變。

　　第三，若將二報的言論指數加以相互比較，則可發現《晨報》與《大公報》間的差異甚大，《晨報》比《大公報》表現出更加反對南方的立場，且隨著北伐的進展，雙方的言論差異越來越大。《晨報》對北伐的批評日益嚴厲，而《大公報》卻漸漸降低反對北伐的幅度，流露出親善南方的態度。

二、 二報之政治背景與交際網絡

在以內容分析法瞭解北伐期間《晨報》、《大公報》對南方評
價的差異後，以下繼續探究造成二報言論差異的原因，試圖從報社
的歷史風格、政治關係，報人的出身背景、交際網絡等幾方面來談
。

《晨報》是一份頗具歷史的報紙，原名《晨鐘報》，民國五年
（1916）八月十五日在北京創刊，址設北京市宣武門外丞相胡同，
社長是蒲殿俊，屬於進步黨、研究系一派的報紙。[57]民國七年九月
因揭露段祺瑞秘密借款之事而遭封閉，同年十二月改名爲《晨報》
繼續出版，可知該報創刊之初政治立場雖傾向研究系，但也與政府
當局發生過衝突。《晨報》在新文化運動期間因李大釗的主編而一
度相當左傾，曾聘瞿秋白爲特派記者赴俄探訪，刊登了許多「俄鄉
紀事」之旅俄通訊；而副刊在孫伏園主持下，更成爲北方提倡新文
化運動的重鎮，受到廣大青年學生的歡迎。[58]

不過其後《晨報》漸漸發生改變，民國十四年十月副刊開始改
由徐志摩主編，風格有了很大的變化。民國十五年七月南方北伐發
動之後，北方在張作霖的統治下，北京地區的報紙受制政府的言論
檢查，只有紛紛被迫屈服於當局權威，《晨報》就因此漸成爲親奉
系的報紙。從該報歷史可知，其一向依靠當前的政治勢力，故在北
伐期間，《晨報》的言論明顯地支持掌管北京政權的奉系，對南方

---

[57] 管翼賢，＜北京報業小史＞，楊光輝等編，《中國近代報刊發展概況》，
    北京：新華出版社，1986 年 9 月，一版，頁 409。
[58] 楊芹，＜孫伏園與北京晨報副刊＞，《北京晚報》，1988 年 10 月 27 日，
    第三版。

北伐流露出懼斥的態度，北伐末期還隨著張作霖的失敗下野而宣告
停刊。

　　《大公報》的歷史風格及政治背景則與《晨報》大不相同。《
大公報》的歷史比《晨報》更長，但該報亦曾數度易主，政治傾向
變化頗大。《大公報》早在清光緒二十八年（1902）即由維新派滿
人英斂之創刊於天津法租界內，言論立場支持君主立憲，辛亥革命
後遂漸沒落，民國五年九月出讓給該報股東王郅隆。王郅隆與皖系
軍閥關係密切，《大公報》於是漸成為安福國會的機關報，皖系失
敗下臺後該報萎靡不振，勉強支持到民國十四年（1925）十一月停
刊。

　　雖然《大公報》有這些歷史，但我們用來觀察北伐的《大公報
》是與其前兩代無多大關係的；北伐時期的《大公報》，乃是民國
十五年九月由吳鼎昌、胡政之、張季鸞三人接辦復刊的新報紙，址
設天津日租界內。[59]此三人是以成立新記公司的方式經營《大公報
》，強調獨立自主的辦報方針，因資金完全由吳一人籌措，不收外
股不拉政治關係，努力維持其不黨、不賣、不私、不盲的「四不」
主張。[60]

　　《大公報》恢復出版之際，正值國民革命軍出師北伐，在當時

---

[59] 清末英斂之創辦大公報時址設天津法國租界內，光緒三十二年（1906）因
　　法人收回館房，而遷至日本租界。民國成立後的該報雖數度易主，但仍保
　　持原址不變，至民國二十年（1931）九一八事變後中日關係惡化，才又遷
　　回法租界。

[60] 吳廷俊認為新記大公報以並重編輯部、經理部的方式，鞏固報社的財務基
　　礎健全，因而能突破文人論政報的經濟瓶頸，落實獨立論政的目標，見其
　　著，《新記大公報史稿》，武漢：武漢出版社，1994 年 12 月，一版，頁
　　19-20。

南北分裂的戰爭狀態下，基本上對北伐採取觀望的態度，對南北均不作左右袒，以維持該報的中立立場。[61]然而相較於北伐時期的其他北方報紙，該報仍算是較不傾向奉張政權而對南方有所寄望的；且《大公報》在北伐完成之後仍然存在，雖常批評國民黨的訓政獨裁，但在國家內憂外患的壓力下，有漸支持蔣介石不抵抗主義的傾向，更讓人加深《大公報》與國民黨關係密切的印象。[62]

　　究竟北伐時期的《大公報》政治傾向如何？筆者的認為是，因本書所要研究的是北伐期間的《大公報》，所以就算該報在北伐完成後與國民黨有越走越近的事實，也不能代表其在北伐時期的立場。[63]不過問題是相對的，該報在北伐期間的言論也不能說沒有偏向南方，其雖盡力保持言論報導的獨立公正，但相較於其他的北方報紙，仍算相當忠實報導國民革命軍進度的；且該報的確有隨著北伐戰局的進展，漸漸將言論傾向南方當局的跡象。民國十七年（1928）十月十日國慶日當天，《大公報》增張刊登各界之贈文贈題，包括國民黨黨政軍高層（贈文的有蔣介石、胡漢民、蔡元培、閻錫山、馮玉祥、王正廷、商震等，贈題的有白崇禧、李宗仁、于右任、

---

61 該報就曾在報上特別公告自己的獨立經營性質，館內同仁亦不兼政治上之任何職務，見《大公報》，民國17年9月16日，第一版。

62 尤其是中共更習慣誇張大公報與國民黨間的關係，認為其積極支持北伐中期反共後的國民黨，見王芸生、曹谷冰，<1926至1949的舊大公報>，《文史資料選輯》，第25輯，全國政協文史資料委員會，1962年，頁3。

63 鄭靜敏更指出其實北伐完成後的大公報也非國民黨的御用報紙，其在訓政時期常批評國民黨的專制獨裁，並多次遭受政府當局的言論管制，顯示相當成分地保留一貫的獨立主張，見其著，《九一八事變後張季鸞的社評——三〇年代文人論政研究之一》，政治大學歷史研究所碩士論文，民國85年6月，頁25-26。

何其鞏等），即可說明其與國民黨間關係匪淺，[64]只是傾向南方的幅度沒有日後那麼高而已。

　　由於報人是報社的靈魂重心所在，報上的言論與報導皆出自編輯、記者之手，因此報人本身的個性背景、學歷經歷、交友取向等，都會影響報紙的言論立場。以下就分別論述北伐時期《晨報》與《大公報》的內部組成情況，藉以分析二報言論差異的原因。

北伐期間《大公報》主要員工資料表（民國 15~17 年）[65]

職務	姓名	籍貫	學歷	經歷
董事長 兼社長	吳鼎昌 筆名前溪	祖籍：四川	公費留日 東京高等 商業學校	在日加入同盟會 ，曾任財政次長 、鹽業銀行總理
總經理兼 副總編輯	胡政之 筆名冷觀	出生：四川 成長：安徽	東京帝國 大學法科	創立國聞通信社 、國聞週報
總編輯兼 副總經理 要聞、社論	張季鸞 筆名記者	祖籍：陝西 出生：山東	公費留日 東京第一 高等學校	在日加入同盟會 ，曾在民立報、 大共和日報、 中華新報任編輯
副經理	王佩之	河北		英斂之時代 留下來之幹部
經濟、教育	杜協民	貴州	天津	原在北京

---

64 《大公報》，民國 17 年 10 月 10 日，大公報國慶紀念增刊，第一版至第三版。

65 本表內容參見周雨，《大公報史》，南京：江蘇古籍出版社，1993 年 7 月，頁 207-306；孔昭愷，《舊大公報坐科記》，北京：文史出版社，1991 年 12 月，一版，頁 2-3。

、體育新聞			南開大學商學院	國聞通信社
地方通信	許萱伯	蘇北	北京大學	原在北京國聞通信社社
本市新聞	曹谷冰	上海	德國柏林大學	與張季鸞爲世交
國際新聞外電翻譯	楊歷樵	江蘇	上海聖約翰大學	天津南開中學英文教員
北京辦事處主任	金誠夫	江蘇	北京大學法律系	原國聞通信社北京分社
上海辦事處主任	李子寬	江蘇	北京大學政治系	原國聞通信社上海分社主任
副刊電影週刊兒童週刊	何心冷筆名心冷	江蘇		原在國聞通訊社
婦女新聞婦女週刊	蔣逸霄		天津南開大學	
戲劇週刊	徐凌霄筆名彬彬	江蘇		曾在時報、京報任記者
文學週刊	吳宓			清華大學教授
藝術週刊	薩空了筆名了了	蒙族出生：四川		
練習生	孔昭愷	天津	天津公立中學	1928年入大公報社

練習生	曹世瑛	回族 出生：天津	天津 南開中學 高中部	1928 年 入大公報社
練習生	吳硯農	天津	天津 南開大學	1928 年 入大公報社

　　從上中可知，因《大公報》創刊時靠的是胡政之在上海國聞通訊社的班底，因此該報的職員籍貫不盡然都屬於北方，有很多南方人；[66]但他們任職《大公報》後，都北上前往天津本社住在北方。而北伐中後期《大公報》的新進人員，則大多因地緣關係聘用天津人。

　　從學歷來看，編輯記者幾乎都受過高等新式教育，除創報的吳鼎昌、胡政之、張季鸞三人留日外，其他人多出自北方的著名大學，如北京大學、天津南開大學等。

　　若要探討北伐時期的《大公報》言論，為何與其他北方報紙相比會較偏向南方，必須從其社評撰寫人的革命經歷來分析。總編輯張季鸞是該報社評的主要撰寫人，[67]留日時曾加入同盟會，回國後又在革命性質濃厚的《民立報》、《中華新報》服務過，曾因發表反袁文字而入獄三個月，與國民黨的接觸很早。[68]社長吳鼎昌筆名

66　林墨農就指出，大公報用人唯才不論南北，因此能從地方性報紙轉變成全國性大報，見其著，＜紀大公報（二）＞，《傳記文學》，36 卷 3 期，民國 69 年 3 月，頁 94。

67　《大公報》早期社評採署名制，張季鸞用的筆名是記者，後來社評改為不署名制，由社評委員會推派撰寫，但大多仍由張負責。

68　陳紀瀅，＜我對季鸞先生及大公報的體認＞，《傳記文學》，30 卷 6 期，民國 66 年 6 月，頁 15。

前溪，也常在社評中發表意見，其留日時加入過同盟會，後雖在北
洋政府擔任財政次長，但因與革命黨的淵源，民國八年南北議和時
曾被派爲對南方談判的代表之一。[69]總經理胡政之筆名冷觀，也常
在社評中爲文論述，其在創報三人中與國民黨關係較淺，但他亦不
甚贊同北洋軍閥的統治方式，早年創辦國聞通訊社、國聞週報，即
是欲發表獨立的新聞與評論。[70]

接下來則探討北伐期間《晨報》主要參與者的資料，如下表所
示：

北伐期間《晨報》主要參與者資料表（民國 15~17 年）[71]

職務	姓名	籍貫	學歷	經歷
社長	蒲殿俊	四川	留日 法政大學	四川諮議局局長、國會 眾議員、內務部次長， 屬研究系
總編輯	陳博生 筆名淵泉	福建	留日	晨鐘報時即在社內任 編輯，至民國 17 年 蒲殿俊淡出報社後， 實際負責報社社務

---

69 黃季陸，<吳達詮先生與革命的淵源>，《傳記文學》，34 卷 3 期，民國
   68 年 3 月，頁 37。

70 中央通訊社編，《七十年來中華民國新聞通訊事業》，臺北：中央日報出
   版部，民國 70 年，頁 22-23。

71 本表內容參見王檜林、朱漢國編，《中國報刊辭典（1815-1949）》，太原：
   書海出版社，1992 年 6 月，一版；陳旭麓、李華興主編，《中華民國史辭
   典》，上海：上海人民出版社，1992 年 6 月，一版；張玉法，<新文化運
   動時期的新聞與言論>，《中央研究院近代史研究所集刊》，第 23 期，民
   國 83 年 6 月，頁 292。

副刊 詩鐫 劇刊	徐志摩 筆名志摩	浙江	北京大學 留美、留英	新月派
詩鐫	聞一多	湖北	留美	新月派
詩鐫	朱湘	安徽	留美	新月派
常投稿 時論	梁啓超	廣東	舉人	進步黨、研究系
常投稿 時論	馬寅初	浙江	北洋大學 留美	北京大學教授

　　由上表看來，《晨報》社內社外的參與者籍貫也是南北都有，不過他們大多亦成長受教於北方，北伐時期更是在北京任職。學歷上來看，《晨報》主要人員亦受過高等新式教育，程度之高絕對不輸給《大公報》。

　　但是《晨報》報人的政治傾向卻與《大公報》不同，社長、編輯、主要投稿者都有過進步黨、研究系的淵源，與北洋政府關係較為密切，和革命派、國民黨則甚少有接觸。所以北伐期間該報的社論較傾向於北洋奉張當局，而對南方陣營相當排斥。

　　而《晨報》副刊在左傾的孫伏園走後改由徐志摩主編，風格轉趨保守，被崇尚文學之美的新月派所掌握。新月派是民國十二年（1923）在北京出現的一個文學團體，主要成員有徐志摩、聞一多、朱湘、孫大雨等人，[72]民國十五年徐志摩到《晨報》主編副刊後，

---

72 范泉主編，《中國現代文學社團流派辭典》，上海：上海書店，1993 年 6 月，一版，頁 508-511。

新月社的勢力便與《晨報》副刊有甚大重疊。[73]這些留學歐美的新月派文人相當懼斥共產主義，因此北伐期間《晨報》副刊中的一些社會評論，亦時常有批評南方聯俄容共的言論。

　　而另一方面，雖然《大公報》在北伐期間對南方的批評也很多，但問題是相對的，與當時其他的北方報紙相比，《大公報》就顯得對南方較爲友好。這除了能從該報的政治背景與交際網絡加以詮釋印證外，該報位於租界內能獲得較多之言論自由，亦爲其言論較爲大膽的一大因素。

---

[73] 朱壽桐，《新月派的紳士風情》，南京：江蘇文藝出版社，1995 年 9 月，一版，頁 14。

第三節　北方報紙輿論對北伐成敗的影響

　　一般人日常生活中對外接觸的層面總有侷限，因此新聞媒體成為連接個人與社會間的重要橋樑。新聞媒介的種類很多，報紙因其取得方便、價格低廉、長久保存的特性，一直是歷久不衰的個人資訊來源。[74]儘管北伐時期中國識字人口、購買能力、交通便捷不能與今日相比，但當時仍存在著一群會讀報紙的人口，他們對外界的認知，深深受到所閱報紙的影響。

　　所以我們不能將研究焦點只鎖定在北方報紙對北伐的反應上，還需瞭解北方報紙的這些反應究竟影響了多少人？是否改變這些人對北伐的認知？是否對南北當局造成一種足夠強大的輿論壓力？而這些壓力是否間接影響北伐最後成敗的結果？

　　本節即欲釐清北方報紙輿論對北伐產生的影響力，藉由推算北伐期間天津《大公報》、北京《晨報》的實際銷售數目，探討閱讀二報的讀者人數及二報對南北當局產生的影響力。

　　就性質作用而言，報紙是一種販賣、宣傳思想見聞的工具，報人之所以會辦報寫文，一個主要因素就是希望他人接受自己的看法。平常人對外接觸相當有限，需要看報紙來知曉時事，所以讀者閱讀報紙，不論其是否完全接受報紙上的說法，但無形中一定會受到所讀文字或多或少的影響。因此在研究天津《大公報》、北京《晨

---

[74]　黎安友認為報章雜誌在中國現代化史上的地位相當重要，直至一九三○及一九四○年代，中國人很少接觸過收音機，更別說是電視機或新聞影片，因此人民接受外界的資訊主要來自於報紙雜誌，見其著，＜近代中國輿論之興起＞，《中國現代史專題研究報告》，第10輯，臺北：中華民國史料研究中心，民國70年12月，頁139。

報》對北伐的反應後，也需反過來站在讀者的立場觀察他們到底接
受到什麼，並瞭解究竟有多少人受到這些報紙言論的影響。

現今社會要統計一家報紙的發行量十分簡單，今日報社的會計
制度健全、行銷系統分明，人民識字率高、購報習慣普遍，因此十
分容易得出一家報紙的銷量，並推算閱讀此報的人數。但民初中國
卻是一個完全不同的環境，當時的報社規模小，受制於交通發展而
發行有限，人民的識字購報能力均低，因此不能以今日對報紙的概
念去理解民初報紙。而且當時報社留下來的相關銷售資料又相當不
齊全，報紙的派報方式蕪亂複雜，[75]人民購報能力難以捕捉，因此
要精確計算民初報紙的銷量與影響人數，是件相當不容易的工作。

一般而言，所謂的報紙發行份數大致可分為三大類：（一）自
稱份數，這是報紙對外自稱的銷售數量。此種統計缺乏公信力，灌
水誇大的成分居多，且其中包括耗損及退報的份數在內，較不客觀
；（二）估計份數，此為利用報館以外的各種調查方式湊合而來的
結果，或統計該報之印刷用紙消耗量、或估算報販報夫的人數、或
計算該報的郵寄份數，最後將各種調查結果統合估算。此法較為客
觀，但數字籠統難以做到精確，只能得到一個大略的數字；（三）
證明份數，經會計師或查帳員根據報館帳簿仔細統計該報的收益情
況。這種方法雖然麻煩費時，但卻是最能得出精確的發行數字。[76]

---

[75] 民初報紙的遞送相當多樣，在報社所在本埠分直接訂戶與報販批售兩種，
直接訂戶是向報社直接訂閱，由報社雇報夫投送；報販批售是報販頭目向
報社大量批購，再分給報童沿街兜售或託報攤書店零售。外地訂戶是向報
館分社或經銷處訂購，報紙經郵局寄至訂戶家中。見趙君豪，《中國近代
報業》，臺北：文海出版社，民國72年，頁156。

[76] 同上，頁159。

　　北伐時期中國大部份報社的會計制度尚不發達，留下來的相關數據資料很少，所以要統計當時天津《大公報》、北京《晨報》的銷售數字，只能運用上述的前兩種方法。由於報紙實際的銷售數量，報館向不輕易示於人，自己公佈者常以少報多，目的是爲了誘使多量之廣告，故使用時要多加注意。[77]以下就分別估計北伐期間《大公報》與《晨報》的發行銷售量。

　　吳鼎昌、胡政之、張季鸞三人在民國十五年九月開始以新記公司接辦《大公報》，故要統計北伐期間該報的發行數額，就需計算民國十五年九月一日至十七年十二月三十一日的平均發行量。因爲北伐期間的《大公報》算是一份新報紙，從創刊之初的沒沒無聞到漸漸步上軌道，其中的成長過程並非一蹴可幾，所以該報在長達兩年半的北伐戰爭期間，各階段的發行量是不一樣的。《大公報》在民國二十年五月二十二日發行滿一萬號時，曾回顧該報發展的歷史，[78]現將其各階段的銷量與發展表列如下：

《大公報》業務成長表（民國 15 年 9 月~20 年 2 月）[79]

時間	張數	版面	每日發行	每月廣告	每月結餘	其他發展
15 年 9 月	2	8	2000	200	-3000~ -4000	

---

[77] 戈公振，《中國報學史》，臺北：臺灣學生書局，民國 53 年 9 月，二版，頁 303-304。

[78] 吳、胡、張三人為表示尊重大公報的悠久歷史，民國十五年九月一日接辦該報時，乃將報紙號數連著之前的大公報號數下來，所以自清末英斂之創辦大公報，至民國二十年五月二十二日已達一萬期。

[79] 本表資料參考吳廷俊，《新記大公報史稿》，武漢：武漢出版社，1994 年 12 月，一版，頁 61-62、110。

16 年 4 月			5800	2200	賠累逐 月減少	
16 年 5 月			6000		收支平衡	增加報價
16 年 8 月					已有盈餘	
16 年 12 月			12000	3200		首度向 員工分股
17 年 1 月	2.5	10				
17 年 9 月	3	12	13000			
18 年 1 月			20000	6000		改用輪轉 印報機
18 年 12 月						成立 出版部
19 年 12 月			30000	8000- 9000		已有 293 個代銷點
20 年 2 月			50000	10000		

　　因為上表中《大公報》的發行量不是按月連貫記載的，所以我們若要統計北伐期間該報各期的銷量，只能用上表的一些數據，再以平均成長遞增值的方式加以推算，而得出下表：

　　《大公報》銷量統計表（民國 15 年 9 月~17 年 12 月）

時間	日份數	時間	日份數
民國 15 年 9 月	2000	民國 16 年 11 月	11142
民國 15 年 10 月	2543	民國 16 年 12 月	12000
民國 15 年 11 月	3086	民國 17 年 1 月	12111
民國 15 年 12 月	3629	民國 17 年 2 月	12222
民國 16 年 1 月	4172	民國 17 年 3 月	12333
民國 16 年 2 月	4715	民國 17 年 4 月	12444
民國 16 年 3 月	5258	民國 17 年 5 月	12555
民國 16 年 4 月	5800	民國 17 年 6 月	12666
民國 16 年 5 月	6000	民國 17 年 7 月	12777
民國 16 年 6 月	6857	民國 17 年 8 月	12888
民國 16 年 7 月	7714	民國 17 年 9 月	13000
民國 16 年 8 月	8571	民國 17 年 10 月	14750
民國 16 年 9 月	9428	民國 17 年 11 月	16500
民國 16 年 10 月	10285	民國 17 年 12 月	18250

　　由上表可知，北伐期間《大公報》的每日銷售量從北伐初期的
2000 份至北伐末期的 18250 份，報紙銷量隨著北伐的進展快速增加
，顯示看《大公報》的人越來越多。而平均銷量爲每日 9489 份，
亦即大約有 9489 人在北伐期間每天固定購買《大公報》，而或多
或少受到該報言論的影響。

　　北伐期間《晨報》的銷售數字則較難以統計，北伐末期該報因
緊急決定休刊停閉的命運，各項發行業務的數據甚少保存下來，只

好由其他一些資料加以略微估計。[80]該報在北伐結束後改名為《北平晨報》，報社風格、報館發行量都大致如前，「申報年鑑」記載其每日銷售量約有 7000 份，[81]故大體推算北伐期間《晨報》的銷售數量也是 7000 份。

但是報紙的銷售數量並不就等於讀者數量，通常報紙的讀者數量遠比銷售數量大的多，因為一份報紙不只一人看。尤其在民初那種物資欠缺交通不便的環境中，訂閱者訂閱一份報紙，除了自己閱讀外，識字的家庭成員會看、親朋好友間會相互流傳；而機關學校內訂購的報紙、張貼在佈告牆上報紙，閱讀的人則更多。

黎安友（Andrew J. Nathan）曾統計清末民初中國一份報紙期刊的平均讀者人數，他以報紙發行資料、郵政統計數量、都市識字人口比率、鄉紳人數等幾種方法，推算出平均一份報紙期刊會有十五人閱讀[82]。若按此數據計算北伐期間《大公報》與《晨報》的讀者數量，能得到下列結果：

《大公報》：$9489 \times 15 = 142335$

《晨報》：$7000 \times 15 = 105000$

---

[80] 《晨報》在民國 17 年 6 月隨奉張下野而宣告停刊後，接管北京的閻錫山將其改為《新晨報》繼續出版，報館設備、報紙風格、銷售情況都大略依舊；民國 19 年中原大戰閻錫山失敗退出後，張學良又將《新晨報》改為《北平晨報》，並恢復北伐時期的《晨報》社長陳博生繼續出掌該報，總編輯是詹厈生。見劉尊棋，＜往事的回顧＞，《文史資料選輯》，第 20 輯，全國政協文史資料委員會，1991 年 4 月，頁 31。

[81] 民國 22 年「申報年鑑」刊載《北平晨報》的日銷售量是 7000 份，轉引自 Yutang Lin（林語堂），*A History of the Press Public Opinion in China*，New York:Greenwood Press,1986,p.146。

[82] 黎安友，《中國的民主》，臺北：五南圖書出版公司，民國 83 年 1 月，一版，頁 208-209。

因此北伐期間每天大致約有十四萬人閱讀《大公報》，有十萬人閱讀《晨報》，二報加起來的讀者數接近二十四萬人次，[83]這還不包括閱報後再以口頭傳播消息給他人的數量。以民初中國的知識水平來說，這種數量已具相當程度的影響力。

而《大公報》因與其他北方報紙相比顯得較傾向南方，故在北伐期間的持續南盛北衰中，報社規模日漸龐大，銷售數量比支持北方奉張當局的《晨報》多出四萬份。這其間代表的意義是，較爲傾向南方的《大公報》製造了相對有利於北伐的輿論環境，而當時北伐氣盛的局勢也正好給相對支持南方政權的《大公報》發展的機會。蔣介石在民國二十年《大公報》的一萬號紀念作中說：「改組以來，賴今社中諸君之不斷努力，聲光蔚起」，[84]就證明其認爲《大公報》在北伐期間的輿論對南方北伐發揮相當程度的影響力。

然而我們必須知道，報紙輿論對北伐之反應卻只是間接被動的，南方北伐主要不是宣傳幫助了槍，而是槍促進了宣傳。[85]北方報紙輿論對南方北伐的反應雖影響了許多人，並從而造成對南北當局的輿論壓力；但事實上報紙言論政策的形成亦大部份來自於時局進展的壓力，故若說北方報紙輿論促進了南方北伐的成功，不如說北伐戰事的成功促使北方報紙輿論的轉向。

---

83 這其中包含了二報的重複讀者，所以實際閱報人數可能沒有 24 萬人；但閱讀二報的人事實上就受了兩份報紙的影響，因此二報的影響人數仍有 24 萬人次之多。

84 《大公報》，民國 20 年 5 月 22 日，大公報十萬號紀念增刊。

85 羅志田，＜南北新舊與北伐的再詮釋＞，《新史學》，5 卷 1 期，民國 83 年 3 月，頁 109。

第六章　結論

　　起自民國十五年（1926）七月終至十七年（1928）十二月的北伐戰爭是中國現代史上的關鍵大事，它結束長達十餘年的軍閥分裂割據時期，重新開啓國家統一的新紀元。北伐戰爭的重要性自然不言而喻，傳統史學界對其相關的研究也很多，但因國民黨在北伐完成後持續執政的影響，一般對北伐的瞭解容易失於片面。所以北伐這個南方攻打北方的戰爭，不能單由南方的角度去觀察，還需從北方的立場加以思考。

　　本書即是將關注北伐的焦點從南方移至北方，觀察北伐期間北方民眾對南方北伐的反應與感受。不過因北方人民的涵蓋面太廣，無法逐一瞭解其對北伐的看法，故選擇由當時的北方報紙輿論切入，一窺北伐期間的北方民情大概。天津《大公報》與北京《晨報》是當時北方十分重要的兩家報紙，本書即以二報爲代表深入分析，從其對南方的反應，試圖給北伐一個再評價。

　　從本書對北伐期間《大公報》與《晨報》的探討中，可發現其對北伐的看法與我們熟知的甚有差異。在厭戰心態方面，長期處於軍閥混戰下北方民眾十分痛恨戰爭所帶來的傷害，其雖不喜歡北方軍閥混戰，但對南方北伐亦無多大好感。對普遍具有厭戰心理的北方報紙輿論來說，號召結束軍閥混戰的北伐本身也是一場戰爭，同樣會讓北方民眾受到戰火的摧殘。

　　在軍閥評價方面，北方報紙輿論認爲北伐戰爭中的南北雙方基本上都是軍閥，而其對軍閥之個人評價則深受北伐戰局的影響。在

北方軍閥力有不支時，報紙輿論就對其批評再三；但當北軍反攻順利時，報紙輿論又會對其重燃熱望。北伐雙方陣營的敵我認同亦因時因地而易，劃分的標準不盡然是地理因素，如北伐前期地處東南的孫傳芳就屬於「北方」，而北伐後期位居山西的閻錫山卻歸於「南方」。

在外交正統方面，北伐期間南北雙方在對外關係上也有角力戰。面對中國南盛北衰的持續消長，列強漸漸將對華承認的政府與交涉的對象從北方轉移至南方；同時南方這種走民族統一路線的外交戰略，益令北方報紙輿論排斥恐懼。北方報紙輿論認為北伐初期南方強硬的革命外交手段過於激烈左傾，但北伐後期南方軟化對外姿態以換取列強的支持承認，則又視為反帝政策的退縮怯懦。

在南北心結方面，地域意識在南方打北方的北伐戰爭中占有重要地位。隨著北伐軍事的日漸向北進展，北方民眾對南方奮起的懼斥之心日益加劇。當北伐末期南軍兵臨城下之時，北方民眾表現出捍衛家鄉的本能，南北實際利益的衝突也更形尖銳。

在新舊文化上，北方報紙輿論認為南方當局以宣傳新文化的方式造成國人南新北舊的印象，藉以爭取吸收社會上的新興勢力投效北伐陣營。對此北方報紙輿論表示出對國民黨浮誇作風的質疑，並指出北方大量知識份子的南投，事實上絕大部份出自於實際的經濟因素。

在黨政問題上，北方報紙輿論表示雖然南方改組後的黨與黨軍具有政治意識、紀律較為嚴謹，但亦認為這種列寧式的一黨專政制度有流於獨裁之嫌。面對北伐期間南方國民黨的日趨腐化與內爭連連，北方報紙輿論對此予以批判；而南方黨軍的日益軍閥化傾向，

更令北方報紙輿論感到輕視與不齒。

在聯共問題上，北方報紙輿論因反赤恐共的心態影響，對北伐初期南方的聯俄容共政策表示反對，認爲共產主義不適合中國國情，中國革命不應依靠外援。至北伐中期南方自身聯共政策發生轉變，北方報紙輿論雖大致贊同南方當局的分共主張，卻仍對南方革命決策的草率多變與清黨過程的殘暴血腥提出批判。

在時局壓力上，隨著北伐的日漸進展，局勢壓力讓北方報紙輿論愈益感到沈重。北伐末期當南軍兵臨城下時，無力回天的北方報紙輿論也只有從恐懼排斥改爲接受與期待，甚至在今後生存利益的最佳競爭考量下，各種附和新政權的表態言詞也大量出現。

在研究北方報紙輿論對北伐的反應時，我們會發現天津《大公報》與北京《晨報》對南方的看法不甚相同。因此使用北方報紙輿論探討其對南方北伐的觀感，不僅可瞭解當時北方民眾的基本心態，同時亦能觀察到北方報界在中國南北政權轉移下的應對之道。清末民初的政論性報紙與現代報紙極爲不同，基本上是憂時文人發表政見的園地；但因政論性報紙本身的脆弱性，使其獨立言論極不易維持；而報社報人自身不可避免的政治背景，更常左右報紙言論的傾向。北伐期間天津《大公報》與北京《晨報》，就表現出文人論政報在政權轉移過程下的不同生存抉擇，其本身的遭遇即是北方報紙輿論對北伐反應之直接體現。

在北伐期間，北方當局因面對戰事日趨緊張的壓力，對報紙言論的管制也愈益嚴格。除《大公報》位居租界能迴避政府的新聞箝制外，從民國十六年一月開始，《晨報》就遭受政府當局嚴格的新聞檢查。統計該報在北伐期間被刪篇幅的面積，可發現刪除的幅度是隨著北方戰事的失利而增長；且從前後文與時事推敲被刪內容的

種類，以前線軍情爲最多，顯示北方政府禁止北方報紙刊載北軍失
利的記載。

其次我們也發現《大公報》及《晨報》對北伐的評價不甚相同
，若以內容分析法比較二報對南方的言論指數差異，可發現《大公
報》對南方的觀感比《晨報》友好，且這種差異有隨著北伐進展而
日漸擴大的趨勢。若試圖解析此言論差異的意義，則印證二報政治
背景與交際網絡的不同。然而整體來說，北伐期間《大公報》與《
晨報》對南方的平均言論指數都是負數，顯示其對南方北伐均心懷
芥蒂，只是反對的程度不同而已。

最後我們要討論的是，這些北方報紙輿論的反應對北伐成敗有
無造成影響。儘管北伐時期中國閱報人數與今日相比顯的十分稀少
，但在當時普遍欠缺其他新聞管道的環境下，報紙輿論不失爲一個
瞭解北方民情的重要線索。由北伐期間《大公報》、《晨報》總共
每日近二十四萬人次的讀者數字來看，我們認爲二報言論一定程度
地影響北方民眾對南方北伐的觀感，甚至造成一個影響南北當局的
輿論壓力，而間接影響北伐戰爭的最後結果。

徵引書目

壹、 中文部份

一、 報紙

《晨報》，民國 15 年 7 月 1 日至民國 17 年 6 月 3 日

《大公報》，民國 15 年 9 月 1 日至民國 17 年 12 月 31 日

二、 專書

中央通訊社編，《七十年來中華民國新聞通訊事業》，臺北：中央日報出版部，民國 70 年

王文裕，《北伐前後的桂系與國民政府》，政治大學歷史研究所碩士論文，民國 81 年 6 月

王成斌等編，《民國高級將領列傳》，第 1 集，北京：解放軍出版社，1991 年 3 月，一版

王檜林、朱漢國編，《中國報刊辭典（1815-1949）》，太原：書海出版社，1992 年 6 月，一版

戈公振，《中國報學史》，臺北：臺灣學生書局，民國 53 年 9 月，二版

方漢奇，《中國近代報刊史》，太原：山西教育出版社，1991 年 11 月，一版

孔昭愷，《舊大公報坐科記》，北京：文史出版社，1991 年 12 月，一版

文公直，《最近三十年中國軍事史》，上冊，臺北：文海出版社影印，民國 60 年

北伐統一六十週年學術討論集編輯委員會，《北伐統一六十週年學術討論

集》，臺北：編者印行，民國 77 年 10 月

古屋奎二編著，中央日報社編譯，《蔣總統秘錄》，第 7 冊，臺北：中央
日報社，民國 65 年 8 月

包澹寧著，李連江譯，《筆桿裡出民主》，臺北：時報文化出版公司，民
國 84 年 3 月，一版

朱壽桐，《新月派的紳士風情》，南京：江蘇文藝出版社，1995 年 9 月，
一版

朱漢國編，《中國報刊辭典（1815-1949 年）》，太原：書海出版社，199
2 年 6 月，一版

任秀姍，《北伐時期宣傳工作之研究》，臺灣大學三民主義研究所碩士論
文，民國 70 年 6 月

臼井勝美著，陳鵬仁譯，《張學良與東北》，臺北：聯經出版事業公司，
民國 83 年 8 月，一版

杜勒（Leonard Doob）著，辛季霖譯，《輿論與宣傳》，臺北：黎明文化
事業公司，民國 60 年 12 月，二版

李璜，《學鈍室回憶錄》，臺北：傳記文學出版社，民國 62 年

李仕德，《北伐前後時期中英外交關係之研究：1925-1928》，中國文化大
學史學研究所碩士論文，民國 78 年 6 月

李恩涵，《北伐前後的「革命外交」（1925-1931）》，臺北：中央研究院
近代史研究所，民國 82 年 8 月

李盈慧，《抗戰前三種刊物對中日問題言論之分析——東方雜誌、國聞週
報、獨立評論之比較研究》，政治大學歷史研究所碩士論文，民國 72 年 6
月

李雲漢，《中國近代史》，臺北：三民書局，民國 74 年

李普曼（Waltor Lippmann）著，林珊譯，《輿論學》，北京：華夏出版社
，1989 年 7 月，一版

李達嘉，《民國初年的聯省自治運動》，臺北：弘文館，民國 75 年 5 月
，一版

李新總編，楊天石主編，《中華民國史.2 篇 5 卷：北伐戰爭與北洋軍閥的

覆滅》，北京：中華書局，1996 年 2 月，一版

李劍農，《中國近百年政治史》，臺北：臺灣商務印書館，民國 81 年 9 月，臺一版第十九次印刷

李澤厚，《中國現代思想史論》，北京：東方出版社，1987 年

呂芳上，《革命之再起——中國國民黨改組前對新思潮的回應》，臺北：中央研究院近代史研究所，民國 78 年 4 月

車雄煥，《戰前平津地區知識份子對日本親華反應之研究（1931-1937）——以獨立評論、大公報、國聞週報爲中心的探討》，政治大學歷史研究所博士論文，民國 85 年 6 月

林大椿編著，《新聞評論學》，臺北：陽明出版社，民國 47 年

林明德譯著，《中國近代軍閥之研究》，臺北：金禾出版社，民國 83 年，一版

林貞惠，《馮玉祥與北伐前後的中國政局》，政治大學歷史研究所碩士論文，民國 69 年 6 月

林毓生著，穆善培譯，《中國意識的危機》，貴陽：貴州人民出版社，1988 年 1 月，一版

周雨，《大公報史》，南京：江蘇古籍出版社，1993 年 7 月

周陽山編，《五四與中國》，臺北：時報文化出版公司，民國 79 年 11 月，一版

邵云瑞等著，《中國革命史》，天津：天津人民出版社，1986 年 8 月

邵銘煌，《抗戰前北方學人與獨立評論》，政治大學歷史研究所碩士論文，民國 68 年 6 月

吳廷俊，《新記大公報史稿》，武漢：武漢出版社，1994 年 12 月，一版

吳怡萍，《北伐前後婦女解放觀的轉變》，政治大學歷史研究所碩士論文，民國 83 年 6 月

吳翎君，《美國與中國政治（1917-1928）——以南北分裂政局爲中心的探討》，臺北：東大圖書公司，民國 85 年 2 月

范泉主編，《中國現代文學社團流派辭典》，上海：上海書店，1993 年 6 月，一版

胡太春，《中國近代新聞思想史》，太原：山西教育出版社，1994 年 7 月，一版

胡道靜，《新聞史上的新時代》，上海：世界書局，民國 35 年

胥仕元編，《物換星移——舊中國歷次政府首腦更換實錄》，保定：河北大學出版社，1996 年 5 月，一版

孫中山，《國父全集》，第 2、3 冊，臺北：近代中國出版社，民國 78 年 11 月

袁昶超，《中國報業小史》，臺北：新聞天地出版社，民國 46 年

倪心正，《政治控制與新聞媒體之關係——上海「申報」社論研究》，臺灣師範大學歷史研究所碩士論文，民國 82 年 6 月

曹子西主編，《北京通史》，第 9 卷，北京：中國書店，1994 年 10 月

莫世祥，《護法運動史》，臺北：稻鄉出版社，民國 80 年 10 月

張中良、中井政喜和著，楊義主筆，《中國新文學圖志》，上冊，北京：中國人民大學出版社，1996 年 8 月，一版

張玉法，《中國現代政治史論》，臺北：東華書局，民國 77 年 9 月，一版

張玉法，《中國現代史》，臺北：東華書局，民國 80 年 9 月，九版

張玉法，《辛亥革命史論》，臺北：三民書局，民國 82 年 1 月

張仲禮著，《中國的紳士》，上海：上海社會科學院出版社，1991 年

張光宇主編，《中國社團黨派辭典》，西安：陝西人民出版社，1992 年，一版

張順良，《陳公博在北伐前後的政治活動》，政治大學歷史研究所碩士論文，民國 80 年 6 月

張緒心（Sideny H. Chang）、高理寧（Leonard H.D. Gordon）著，卜大中譯，《孫中山未完成的革命》，臺北：時報文化出版公司，民國 82 年 10 月，一版

張靜廬，《中國的新聞記者與新聞紙》，上海：光華書局，民國 19 年 7 月，一版

梁啓超，《飲冰室文集》，第 1、4、11 冊，臺北：臺灣中華書局，民國 4
9 年，臺一版

郭廷以，《近代中國史綱》，香港：香港中文大學出版社，1989 年，三版

國父建黨一百週年學術討論集編輯委員會，《國父建黨一百週年學術討論
集.第 2 冊：北伐統一史》，臺北：近代中國出版社，民國 84 年 3 月

國防部史政局編著，《北伐戰史》，臺北：國防部史政局與中華大典編印
委員會聯合出版，民國 56 年 10 月

國防部史政編譯局編輯，《北伐統一五十週年特刊》，臺北：編輯者印行
，民國 67 年 7 月

陳存恭，《列強對中國的軍火禁運：民國 8 至 18 年》，臺北：中央研究
院近代史研究所，民國 72 年

陳旭麓、李華興主編，《中華民國史辭典》，上海：上海人民出版社，19
92 年 6 月，一版

陳序經，《中國南北文化觀》，臺北：牧童出版社，民國 66 年 12 月，二
版

陳國祥，《新青年雜誌對中國文化與政治發展問題的言論分析》，政治大
學新聞研究所碩士論文，民國 68 年 6 月

陳聖士，《近代中國報紙社論之演變》，政治大學新聞研究所碩士論文，
民國 47 年 5 月

陳儀深，《獨立評論的民主思想》，臺北：聯經出版事業公司出版，民國
78 年 5 月

彭歌，《新聞三論》，臺北：中央日報出版部，民國 71 年

黃河編著，《北京報刊史話》，北京：文化藝術出版社，1992 年 10 月，
一版

黃仁宇，《從大歷史的角度看蔣介石日記》，臺北：時報文化出版公司，
民國 83 年 3 月，一版

曾虛白，《中國新聞史》，上冊，臺北：政治大學新聞研究所，民國 55
年

曾虛白，《民意原理》，臺北：臺北市新聞記者公會，民國 63 年 9 月

曾華璧，《民初時期的閻錫山：民國元年至十六年》，文史叢刊之 57，臺灣大學出版委員會，民國 70 年 6 月

葉蕙芬，《唐生智與北伐前後政局》，政治大學歷史研究所碩士論文，民國 81 年 6 月

復旦大學新聞系新聞史教研室，《簡明中國新聞史》，福州：福建人民出版社，1986 年 2 月，一版

雷震，《輿論與民主政治》，臺北：自由中國出版社，民國 41 年

楊天石，《尋求歷史的謎底》，下冊，臺北：文史哲出版社，民國 83 年 12 月，一版

趙君豪，《中國近代報業》，臺北：文海出版社，民國 72 年

齊錫生著，楊云若、蕭延中譯，《中國的軍閥政治》，北京：中國人民大學出版社，1990 年

黎安友，《中國的民主》，臺北：五南圖書出版公司，民國 83 年 1 月，一版

蔣介石，《蔣校長演講集》，廣州：中央軍事政治學校，民國 16 年

鄭靜敏，《九一八事變後張季鸞的社評——三〇年代文人論政研究之一》，政治大學歷史研究所碩士論文，民國 85 年 6 月

墨爾（Ernst Gunther Mohr）著，張采欣譯：《蔣介石的功過——德使墨爾駐華回憶錄》，臺北：臺灣學生書局，民國 83 年 12 月，一版

劉哲民編，《近現代出版新聞法規彙編》，上海：學林出版社，1992 年 12 月，一版

劉家林編著，《中國新聞通史》，上冊，武昌：武漢大學出版社，1996 年 5 月，一版

劉秉榮，《北伐祕史》，下冊，北京：知識出版社，1995 年 9 月，一版

劉鳳翰、張力訪問，毛金鳥記錄，《丁治磐先生訪問記錄》，臺北：中央研究院近代史研究所，民國 80 年 5 月

賴光臨，《七十年中國報業史》，臺北：中央日報社，民國 70 年

賴光臨，《中國近代報人與報業》，下冊，臺北：臺灣商務印書館，民國 76 年 10 月，二版

盧嵐蘭，《近代中國社會變遷中報紙整合功能之研究（1912-1921）——以申報與大公報為例》，政治大學新聞研究所博士論文，民國 82 年 6 月

謝蕙風，《民國初年新聞自由的研究（1912-1928）》，臺灣師範大學歷史研究所碩士論文，民國 75 年 7 月

簡明輝，《北伐時期中國國民黨宣傳策略之研究》，中國文化大學政治學研究所新聞組碩士論文，民國 74 年 1 月

蘇啓明，《北伐期間工運之研究》，政治大學歷史研究所碩士論文，民國 73 年 6 月

P.M.Coble, Jr 著，蔡靜儀譯，《金權與政治——江浙財團與國民政府》，臺北：風雲論壇出版社，民國 80 年 5 月，一版

三、　期刊論文

川島真，＜華盛頓會議與北京政府的籌備——以對外「統一」爲中心＞，《民國研究》，第 2 輯，南京：南京大學出版社，1995 年 7 月

方治，＜北伐時期文宣工作憶往＞，《近代中國》，第 54 期，臺北：近代中國雜誌社，民國 75 年 8 月

毛丹，＜文化變遷與價值重建運動＞，許紀霖、陳達凱主編，《中國現代化史》，第 1 卷，上海：上海三聯書店，1996 年 2 月，一版

王躍，＜北洋軍閥統治時期社會意識變遷的趨勢＞，《近代史研究》，1987 年 3 期

王躍，＜軍紳政權與國民革命＞，許紀霖、陳達凱主編，《中國現代化史》，第 1 卷，上海：上海三聯書店，1996 年 2 月，一版

王正華，＜廣州時期國民政府的外交＞，《中國國民黨黨史論文選集》，第 4 冊，臺北：近代中國出版社，民國 83 年 11 月，一版

王芸生、曹谷冰，＜1926 至 1949 的舊大公報＞，《文史資料選輯》，第 25 輯，全國政協文史資料委員會，1962 年

王禹廷，＜北伐告成，全國統一（下）＞，《傳記文學》，42 卷 4 期，臺北：傳記文學雜誌社，民國 72 年 4 月

尹萍，〈意見領袖：誰的意見？誰是領袖？〉，《遠見雜誌》，第 19 期

，民國 77 年 1 月 1 日

尹俊春，＜北伐時期奉系軍閥與日本＞，《思與言》，28 卷 4 期，臺北：思與言雜誌社，民國 79 年 12 月

中共中央馬克思、恩格斯、列寧、斯大林著作編譯局研究室編，＜晨報副刊＞，《五四時期期刊介紹》，第 1 集，上冊，北京：三聯書店

孔庚，＜到山西聯絡閻錫山之經過＞，蔣永敬編，《北伐時期的政治史料——1927 年的中國》，臺北：正中書局，民國 70 年

＜北伐統一六十周年學術研討會學者，對蔣公領導才略給予極高歷史評價＞，《臺灣新生報》，民國 77 年 8 月 14 日

＜北伐成功給我們的啓示——祝「北伐統一六十周年學術研討會」揭幕＞，《中央日報》，民國 77 年 8 月 13 日

立民，＜北方兩大勢力之衝突與調節＞，《東方雜誌》，22 卷 2 號，民國 14 年 1 月

田柚，＜新文化運動與國民黨北伐（下）＞，《中時晚報》，民國 81 年 6 月 11 日，副刊

田柚，＜邊緣知識份子與近代中國政治＞，《中時晚報》，民國 81 年 9 月 7 日，副刊

田柚，＜「主義」在民初中國＞，《中時晚報》，民國 82 年 5 月 14 日，副刊

田雨時，＜我辦北平晨報＞，《傳記文學》，26 卷 4 期，民國 64 年 4 月

白潤生、張淑華，《百年沈冤：中國新聞人物被難錄》，南寧：廣西人民出版社

朱浤源，＜廣西與北伐＞，《現代中國軍事史評論》，第 5 期，高雄：中山大學中山學術研究所，民國 79 年 4 月

朱浤源，＜白崇禧與北伐最後一戰＞，《中華軍史學會會刊》，第 2 期，紀念北伐七十週年專號，臺北：中華軍史學會，民國 86 年 5 月

朱寶綬，＜關南北分治之謬說＞，《滿夷華夏始末記》，外編，中華文史叢刊之 71，民國元年刊本影印，臺北：華文書局，民國 58 年

沈雲龍，＜陳炯明叛變與聯俄容共的由來＞，《傳記文學》，32 卷 2 期，

民國 67 年 2 月

沈雲龍，＜北伐統一五十週年＞，《傳記文學》，33 卷 1 期，民國 67 年 7
月

余英時，＜知識份子邊緣化＞，《二十一世紀》，第 6 期，香港：香港中
文大學，1991 年 8 月

呂芳上，＜娜拉出走以後——五四到北伐青年婦女的活動＞，《近代中國
》，第 92 期，民國 81 年 12 月

呂芳上，＜尋求新的革命策略——國民黨廣州時期的發展＞，《中國國民
黨黨史論文集》，第 3 冊，臺北：近代中國出版社，民國 83 年 11 月，一
版

呂芳上，＜國民黨改組前後的宣傳刊物＞，《中國國民黨黨史論文集》，
第 4 冊，民國 83 年 11 月，一版

李雲漢，＜「上海中央」與北伐清黨＞，《中國近代史論集》，第 2 輯，
臺北：近代中國出版社，民國 83 年 4 月，一版

李雲漢，＜北伐史的面面觀＞，《近代中國》，第 113 期，民國 85 年 6
月

李歐梵，＜五四運動與浪漫主義＞，《中國現代史論集.第 6 輯：五四運動
》，臺北：聯經出版事業公司，民國 79 年 9 月，一版

何應欽，＜北伐的回憶＞，《傳記文學》，33 卷 1 期，民國 67 年 7 月

杜恂誠，＜北洋政府時期的經濟＞，許紀霖、陳達凱主編，《中國現代化
史》，第 1 卷，上海：上海三聯書店，1996 年 2 月，一版

周作人，＜南北＞，《談虎集（上）》，翻印自民國 18 年北新書局版，
臺北：里仁書局，民國 71 年 5 月

林友蘭，＜中國報業報學與報人＞，《報學》，5 卷 2 期，臺北：報學編
輯委員會，民國 63 年 6 月

林能士，＜護法運動經費的探討——聯盟者的資助＞，《中華民國史專題
論文集：第 2 屆討論會》，臺北：國史館，民國 82 年 12 月

林能士，＜試論孫中山聯俄的經濟背景＞，《國立政治大學歷史學報》，
第 11 期，民國 83 年 1 月

林毓生，＜「問題與主義」論辯的歷史意義＞，《中國歷史轉型時期的

知識份子》，臺北：聯經出版事業公司，民國 81 年 9 月，一版

林墨農，＜紀大公報（二）＞，《傳記文學》，36 卷 3 期，民國 69 年 3 月

林德政，＜北伐初期國民革命軍與孫傳芳之間的和與戰＞，《成功大學歷史學報》，第 17 號，民國 80 年 6 月

胡適，＜聯省自治與軍閥割據＞，《東方雜誌》，19 卷 17 號，上海：上海商務印書館，民國 11 年 9 月

胡春惠，＜北伐前後的民眾運動＞，《國立政治大學歷史系學報》，第 2 期，民國 73 年 3 月

胡春惠，＜聯邦主義與民國初年的分與合＞，《中國歷史上的分與合學術討論會論文集》，臺北：聯經出版事業公司，民國 84 年 9 月，一版

吳相湘，＜北伐誓師六十週年＞，《傳記文學》，48 卷 1 期，民國 75 年 1 月

吳梧軒，＜南人與北人＞，《禹貢半月刊》，5 卷 1 期，北平：禹貢學會，民國 25 年 3 月

吳學明，＜孫中山與蘇俄＞，《中國現代史論集.第 10 輯：國共鬥爭》，臺北：聯經出版事業公司，民國 71 年 6 月，一版

金耀基，＜中國國家社會主義下知識份子的角色＞，《中國歷史轉型時期的知識份子》，臺北：聯經出版事業公司，民國 81 年 9 月，一版

茅家琦，＜地方勢力與晚清政局＞，《中國歷史上的分與合學術討論會論文集》，臺北：聯經出版事業公司，民國 84 年 9 月，一版

近代中國雜誌社所編，＜「從黃埔建軍到北伐統一」大事記要＞，《近代中國》，第 6 期，民國 67 年 6 月

高華，＜國民政府權威的建立與困境＞，許紀霖、陳達凱主編，《中國現代化史》，第 1 卷，上海：上海三聯書店，1996 年 2 月，一版

孫子和，＜從黃埔建軍到北伐前夕革命軍之餉械問題＞，《中華民國歷史與文化討論集》，第 4 冊，民國 73 年 6 月

唐啓華，＜北伐時期的北洋外交——北洋外交部與奉系軍閥處理外交事務的互動關係初探＞，《中華民國史專題論文集：第 1 屆討論會》，臺北：國史館，民國 81 年 12 月

唐啓華，＜英國與北伐時期的南北和議（1926-1928）＞，《興大歷史學報》，第 3 期，民國 82 年 4 月

唐際清，＜天津報業的回憶＞，《中央日報》，民國 46 年 3 月 12 日，第七版，中央日報遷臺八週年特刊

徐炳憲，＜段祺瑞的三次組閣＞，張玉法主編，《中國現代史論集.第 5輯：軍閥政治》，臺北：聯經出版事業公司，民國 69 年

韋慕庭（C. Martin Wibur），＜國民革命：從廣州到南京，1923-1928 年＞，費正淸主編，《劍橋中華民國史》，上冊，北京：中國社會科學出版社，1993 年

容鑑光，＜黃埔軍校與黃埔精神＞，《中華民國歷史與文化討論集》，第 1 冊，民國 73 年 6 月

張灝，＜再論中國共產主義思想的起源＞，《中國歷史轉型時期的知識份子》，臺北：聯經出版事業公司，民國 81 年 9 月，一版

張水木，＜北伐期間國民政府與德國外交關係之建立＞，《近代中國》，第 54 期，民國 75 年 8 月

張玉法，＜新文化運動時期的新聞與言論＞，《中央研究院近代史研究所集刊》，第 23 期，民國 83 年 6 月

張本楠，〈大眾傳播與近代知識份子〉，《近代中國與亞洲學術討論會論文集》，上冊，胡春惠編，香港珠海書院亞洲研究中心出版，1995 年 6 月

張世瑛，＜龍潭戰役的評價與反思＞，《中華軍史學會會刊》，第 2 期，紀念北伐七十週年專號，臺北：中華軍史學會，民國 86 年 5 月

張朋園，＜黎著「北洋政治：派系政爭與憲政不果」＞，張玉法主編，《中國現代史論集.第 5 輯：軍閥政治》，臺北：聯經出版事業公司，民國 69 年

張朋園，＜近代中國的軍事與現代化＞，《歷史月刊》，第 8 期，民國 77 年 9 月

張梓生，＜國民革命軍北伐戰爭之經過＞，張玉法主編，《中國現代史論集.第 7 輯：護法與北伐》，臺北：聯經出版事業公司，民國 71 年，一版

張憲文，＜試論袁世凱的集權政治與省區的地方主義＞，《中國歷史上的分與合學術討論會論文集》，臺北：聯經出版事業公司，民國 84 年 9 月，一版

張靜如、劉志強，＜北洋軍閥統治時期的社會與革命＞，《教學與研究》，1986 年第 6 期，北京：中國人民大學出版社

陳志讓，＜中國軍閥派系詮釋＞，張玉法主編，《中國現代史論集.第 5 輯：軍閥政治》，臺北：聯經出版事業公司，民國 71 年

陳紀瀅，＜我對季鸞先生及大公報的體認＞，《傳記文學》，30 卷 6 期，民國 66 年 6 月

陳能治，＜評介梁肇庭著「中蘇外交關係，1917-1926」＞，張玉法主編，《中國現代史論集.第 10 輯：國共鬥爭》，臺北：聯經出版事業公司，民國 71 年

陳福霖，＜孫中山與中國國民黨改組的起源＞，《中國現代史論集.第 10 輯：國共鬥爭》，臺北：聯經出版事業公司，民國 71 年 6 月，一版

陳慈蓉，＜「孫越宣言」的再解讀及其相關的幾個問題＞，《中華軍史學會會刊》，第 2 期，紀念北伐七十週年專號，臺北：中華軍史學會，民國 86 年 5 月

陳鵬仁，＜北伐、統一與日本＞，《中華文化復興月刊》，21 卷 10 期，民國 77 年 10 月

許紀霖，＜中國自由主義之知識份子的參政＞，《二十一世紀》，第 6 期，香港：香港中文大學，1991 年 8 月

曹世瑛，＜大公報與胡政之＞，《文史資料選輯》，第 97 輯，全國政協文史資料研究委員會編，1985 年

黃季陸，＜吳達詮先生與革命的淵源＞，《傳記文學》，34 卷 3 期，民國 68 年 3 月

黃國建編，＜國民革命軍北伐大事記＞，《國民革命軍北伐親歷記》，北京：中國文史出版社，1994 年 12 月，一版

幹，＜雜評＞，《東方雜誌》，32 卷 21 號，民國 15 年 11 月 10 日

楊芹，＜孫伏園與北京晨報副刊＞，《北京晚報》，1988 年 10 月 27 日，第三版

碩巴（R. Kelth Schoppa），＜省與國：浙江省的自治運動（1917~1927）＞，《中國現代史論集.第 5 輯：軍閥政治》，臺北：聯經出版事業公司，民國 69 年，一版

蔣永敬，＜鮑羅廷與中國國民黨之改組＞，《中國國民黨黨史論文集》，
第 4 冊，臺北：近代中國出版社，民國 83 年 11 月，一版

蔣永敬，＜中國國民黨改組的意義與歷史背景＞，《中國國民黨黨史論文
集》，第 4 冊，臺北：近代中國出版社，民國 83 年 11 月，一版

蔣永敬，＜孫中山對中國統一的主張＞，《「近代中國與亞洲」學術討論
會論文集》，香港：珠海書院亞洲研究中心，1995 年 6 月

廖天祿，＜北伐的軍紀＞，《郴縣文史資料》，第 2 輯，湖南：郴縣政協
文史資料研究委員會，1988 年

管翼賢，＜北京報業小史＞，楊光輝等編，《中國近代報刊發展概況》，
北京：新華出版社，1986 年 9 月，一版

魯迅，＜北人與南人＞，《南人與北人》，北京：大世界出版有限公司，
1996 年 4 月，一版

閻沁恆，＜傳播內容之定量分析與定質分析＞，《新聞學研究》，第 1 集
，臺北：政大新聞研究所，民國 56 年 5 月 20 日

閻沁恆、蔣永敬，＜北伐時期的對外交涉＞，《國立政治大學歷史學報》
，第 5 期，民國 76 年 5 月

黎安友，＜近代中國輿論之興起＞，《中國現代史專題研究報告》，第 1
0 輯，臺北：中華民國史料研究中心，民國 70 年 12 月

鄭彥棻，＜北伐時期中國國民黨的黨務與組織發展＞，《中國國民黨黨史
論文集》，第 4 冊，臺北：近代中國出版社，民國 83 年 11 月，一版

劉妮玲，＜從李大釗與陳獨秀的早年思想看中共的起源＞，《中國現代史
論集.第 10 輯：國共鬥爭》，臺北：聯經出版事業公司，民國 71 年 6 月，
一版

劉維開，＜北伐收復京津之役＞，《近代中國》，第 45 期，民國 75 年 8
月

劉尊棋，＜往事的回顧＞，《文史資料選輯》，第 20 輯，全國政協文史
資料委員會，1991 年 4 月

劉鳳翰，＜黃埔初期組織及其人事＞，《中國國民黨黨史論文集》，第 4
冊，臺北：近代中國出版社，民國 83 年 11 月，一版

劉鳳翰，＜馮玉祥與北伐＞，《中華軍史學會會刊》，第 2 期，紀念北伐

七十週年專號,臺北:中華軍史學會,民國 86 年 5 月

錢穆,＜中國史之南北強弱觀＞,《禹貢半月刊》,3 卷 4 期,北平:禹貢學會,民國 24 年 4 月

冀建中,＜毛將焉附?──論中國知識份子的出路＞,《論傳統與反傳統》,臺北:聯經出版事業公司,民國 78 年 5 月,一版

薛立敦(James E. Sheridan),＜軍閥時代:北京政府下的政治鬥爭和黷武主義＞,《劍橋中華民國史》,上冊,北京:中國社會科學出版社,1994 年 1 月,一版

簡笙簧,＜晉綏軍與國民革命軍北伐＞,《中華軍史學會會刊》,第 2 期,紀念北伐七十週年專號,臺北:中華軍史學會,民國 86 年 5 月

謝文孫,＜軍閥的經濟解釋＞,張玉法主編,《中國現代史論集.第 5 輯:軍閥政治》,臺北:聯經出版事業公司,民國 71 年

聶榮臻,＜北伐戰爭的回憶＞,《國民革命軍北伐親歷記》,北京:中國文史出版社,1994 年 12 月,一版

羅久蓉,＜歷史情境與抗戰時期「漢奸」的形成＞,《中央研究院近代史研究所集刊》,第 24 期,下冊,民國 83 年 6 月

羅志田,＜「二十一條」時期的反日運動與辛亥五四期間的社會思潮＞,《新史學》,3 卷 3 期,民國 81 年 9 月

羅志田,＜南北新舊與北伐的再詮釋＞,《新史學》,5 卷 1 期,民國 83 年 3 月

蘇啟明,＜論國民革命軍在北伐期間的發展＞,《中華軍史學會會刊》,第 2 期,紀念北伐七十週年專號,臺北:中華軍史學會,民國 86 年 5 月

貳、 外文部份

Isaacs, Harold R., *The Tragedy of the Chinese Revolution* , Stanford: Stanford University Press,1951

Jordan, Donald A., *The Northern Expedition:China's National Revolution of 1926-1928*, Honolulu:The University Press of Hawaii,1976

Lary , Diana , *Warlord Soldiers :Chinese Common Soldiers ,1911-1937*, Cambridge:Cambridge University Press,1971，臺北：南天書局翻印，民國 78 年 2 月

Lin, Yutang （林語堂）, *A History of the Press Public Opinionin China*,New York:Greenwood Press,1986

McCormark, Gavan ,*Chang Tso-Lin in Northeast China,1911-1928:China, Japan and the Manchurian Idea* , the Board of Trustees of Leland Stanford Junior University,1977

Nathan , Andrew J., *Peking Politics ,1918-1923 : Factionalism and the Failure of Constitutionalism* ,Berkeley:University of California Press,1976

Pye , Lucian W., *Warlord Politics : Conflict and Coalition in the Modernization of Republican China*,New York:Praeger Publishers,1971

Sheridan , James E., *China in Disintegration : the Republican Era in Chinese History,1912-1949*,New York:The Free Press,1975

Ting , Lee-hsia Hsu（丁許麗霞）, *Government Control of the Press in Modern China*,Cambridge:Harvard University Press,1974

國家圖書館出版品預行編目資料

北方報紙輿論對北伐之反應—以天津大公報、北京晨報爲代表的探討

高郁雅/著.—初版.— 臺北市：臺灣學生，1998-[民87]

　ISBN 957-15-0919-1(精裝)
　ISBN 957-15-0920-5(平裝)

1. 中國 - 歷史 – 北伐(1926 - 1928)

628.3　　　　　　　　　　　　　　　　　87015698

北方報紙輿論對北伐之反應

—以天津大公報、北京晨報爲代表的探討(全一冊)

著　作　者：高　　　　郁　　　　雅
出　版　者：臺　灣　學　生　書　局
發　行　人：孫　　　善　　　治
發　行　所：臺　灣　學　生　書　局
　　　　　　臺北市和平東路一段一九八號
　　　　　　郵政劃撥帳號00024668號
　　　　　　電　話：(02)23634156
　　　　　　傳　真：(02)23636334
本書局登
記證字號：行政院新聞局局版北市業字第玖捌壹號
印　刷　所：宏　輝　彩　色　印　刷　公　司
　　　　　　中和市永和路三六三巷四二號
　　　　　　電　話：(02)22268853

定價：精裝三二〇元
　　　平裝三五〇元

西　元　一　九　九　九　年　三　月　初　版

臺灣 學生書局 出版

史學叢刊（叢書）